Martina Panke

Arbeiten lernen

Forschung Soziologie
Band 188

Martina Panke

Arbeiten lernen

Erfahrungen junger Arbeiter
im Prozess der Qualifizierung

VS VERLAG FÜR SOZIALWISSENSCHAFTEN

VS Verlag für Sozialwissenschaften
Entstanden mit Beginn des Jahres 2004 aus den beiden Häusern
Leske+Budrich und Westdeutscher Verlag.
Die breite Basis für sozialwissenschaftliches Publizieren

Bibliografische Information Der Deutschen Bibliothek
Die Deutsche Bibliothek verzeichnet diese Publikation in der Deutschen Nationalbibliografie;
detaillierte bibliografische Daten sind im Internet über <http://dnb.ddb.de> abrufbar.

1. Auflage April 2005

Umschlaggestaltung: KünkelLopka Medienentwicklung, Heidelberg

Gedruckt auf säurefreiem und chlorfrei gebleichtem Papier

ISBN-13:978-3-8100-3938-5   e-ISBN-13:978-3-322-80951-3
DOI: 10.1007/978-3-322-80951-3

Vorbemerkung

Diese Arbeit beruht auf empirischem Material, das in den Jahren 1988 bis 1995 erhoben wurde. Die Verzögerung zwischen der Phase der Materialerhebung und der Auswertung erklärt sich vordergründig aus einer beruflichen Veränderung: Ich arbeite seit 1995 als Jugendbildungsreferentin (zuerst beim Kirchlichen Dienst in der Arbeitswelt der Evangelischen Kirche in Berlin-Brandenburg und seit 1997 in einer Jugendbildungsstätte des Deutschen Gewerkschaftsbundes). Daraus ergab sich eine Verlangsamung bei der Auswertung und Interpretation, doch lieferte die praktische Arbeit letztlich den Grund, die Untersuchung fertig zu stellen: Meine Erfahrungen in der Bildungsarbeit mit Jugendlichen haben mir gezeigt, dass die hier dargestellten Probleme weiterhin akut sind und ihre Reflexion von Bedeutung bleibt. Jugendliche bzw. ihre Haltungen in der Auseinandersetzung mit existentiellen Fragen – zu denen die Arbeit gehört – verändern sich weniger schnell als die berufspädagogischen Erwartungen.

Die Verzögerung der Materialauswertung hat aber auch die Fragestellung verändert. Die Frage, mit der die Materialsammlung begonnen worden war, bezog sich auf die Situation Jugendlicher in Arbeitsbeschaffungsmaßnahmen: Arbeitsbeschaffung als sinnvolle, bezahlte Arbeit, verbunden mit Qualifizierung, galt zu Beginn der 90iger Jahre als vielversprechendes Angebot für Jugendliche, die beim Übergang in das Berufsleben erfolglos blieben. Aufgrund der ernüchternden Ergebnisse, die die Analyse der Realität in den Maßnahmen erbrachte, habe ich das Blickfeld erweitert und zusätzliches Material wurde in die Untersuchung einbezogen. Durch den Vergleich mit den Arbeitserfahrungen Jugendlicher in anerkannten Ausbildungsberufen wurde die Reflexion der Enttäuschungen in den Arbeitsbeschaffungsmaßnahmen in einen erweiterten Kontext gestellt. Die »Arbeit« im pädagogischen Schonraum sollte konfrontiert werden mit »normalen«, anerkannten Ausbildungsberufen. Neben die Berichte von Jugendlichen in Arbeitsbeschaffungsmaßnahmen im Garten-Landschaftsbau sind nun die Erfahrungen von zukünftigen Malern und Kommunikationselektronikern gesetzt. Die Gegenüberstellung öffnete den Blick für neue Einsichten und Fragen; besonders überraschend war die Beobachtung, dass ähnliche Probleme wie in Arbeitsbeschaffungsmaßnahmen auch von jungen Männern in einer hochqualifizierten technischen Ausbildung geschildert wurden.

Mit dem neuen Material entstand ein neuer Fokus für die Untersuchung: die Spannung zwischen Erwartung und Realität. Enttäuschung ist keine Erfahrung, die denjenigen, die eine Ausbildung beginnen konnten, erspart bleibt und nur arbeitslosen Jugendlichen vorbehalten ist. Ergebnis der Untersuchung ist, dass es in der Vorstellungswelt junger Männer am Übergang von der Schule in den Beruf einen gemeinsamen Maßstab gibt, mit dem sie ihre Arbeitserfahrungen bewerten, einen Maßstab, der im Topos der »richtigen Arbeit« beschrieben ist und dessen Gehalt weiterhin von exemplarischer Bedeutung ist.

Die Diskussion um die Zukunft der beruflichen Bildung und die Situation Jugendlicher im Übergang von der Schule in das Arbeitsleben ist während meiner Arbeit an Auswertung und Interpretation des Materials weitergegangen. Die einschlägige Literatur der letzten Jahre wurde durchgesehen und verarbeitet. Auch vor diesem Hintergrund scheint mir, dass die hier vorgelegten Ergebnisse relevant bleiben.

Diese Arbeit wurde als Dissertation am Fachbereich Erziehungswissenschaft und Psychologie der Freien Universität Berlin vorgelegt. Sie wurde begutachtet von Prof. Ernst-H. Hoff und Prof. Dr. Ulf Kadritzke. Das Verfahren wurde im Mai 2002 abgeschlossen. Beiden Gutachtern sei an dieser Stelle herzlich gedankt für Kritik, Anregungen und Unterstützung.

Inhaltsverzeichnis

Kapitel 6: »Richtige Arbeit«

Ergebnisse einer vergleichenden Untersuchung **174**

Kapitel 1:
Fragen

1. Lob des Lernens

»Lernen lernen« - vor diese Forderung sehen sich Jugendliche heute am Beginn ihrer Ausbildung gestellt. Rasant verändert sich die Arbeitswelt: Neue Techniken, neue Produkte und Werkstoffe, neue Formen der Arbeitsorganisation lassen Qualifikationen rapide veralten und machen Weiterbildung zur Daueraufgabe. Wer mithalten will, muss lernen können; Lernen wird zur entscheidenden Fähigkeit zukunftsfähiger Arbeitskräfte und sogar zu einem wesentlichen Element des Arbeitens selbst – so jedenfalls lautet der Tenor aller einschlägigen Ratgeber. Es sind jedoch nicht allein kognitive, »theoretische« Kompetenzen gefragt; die ganze Persönlichkeit wird in Dienst genommen und zur »Entwicklung« verpflichtet: Kommunikation über Ziele und Projekte in Teams statt Erfüllung eindeutiger Vorgaben »von oben« wird ebenso gefordert wie selbständige Realisierung vereinbarter Ziele in dezentralisierten Betriebsteilen. Die Arbeitskraft von morgen braucht die flexible Persönlichkeit. Kontrollierte Autonomie, Commitment und Kommunikationskompetenz, Mobilitätsbereitschaft und zeitliche Verfügbarkeit – so liest sich beispielhaft eine Liste wünschenswerter Eigenschaften. Auf steten Wechsel vorbereitet zu sein, dies wird augenscheinlich zur zentralen Qualifikation aller nachrückenden Arbeitskräfte. »Lernen lernen« in der Erstausbildung markiert nur mehr den Einstieg in das »lebenslange Lernen« und eine Erwerbsbiographie, die Berufswechsel einschließt.

Mit der Neuordnung der industriellen Metall- und Elektroberufe Mitte der 80er Jahre zog die Perspektive des »Lernen lernens« auch in die Ausbildungspläne ein und wurde Zug um Zug in weitere Ausbildungsordnungen als Ziel eingeschrieben: Jugendliche sollen durch Beteiligung an Planungs- und Kontrolltätigkeiten, durch komplexe Projektaufgaben und Arbeit im Team potentiell berufsübergreifende Methoden- und Sozialkompetenzen entwickeln. Solche »Schlüsselqualifikationen« gelten als Sesam-öffne-dich für die Zukunft. Erhöhter Theorieanteil, Selbständigkeit und Eigenkontrolle, Einübung in Kooperation über enge Fachgrenzen hinweg und das Erlernen von Fremdsprachen wurden Bestandteil vieler Berufsausbildungsordnungen. Die Einführung der neuen IT(Informationstechnik)-Berufe seit 1997 bringt bereits den nächsten Entwicklungsschub.

Der Aufstieg des Prinzips »lernen lernen« signalisiert nicht allein Veränderungen der Qualifikationsstruktur und der Arbeitsorganisation, sondern auch einen Verteilungskampf. Technische Entwicklungen und arbeitsorganisatorische Rationalisierungen haben viele Arbeitsplätze verändert; Qualifikations- wie Persönlichkeitsanforderungen sind gestiegen. Zugleich verknappen Unternehmensstrategien der Konzentration und Auslagerung von Produktionsteilen sowie striktes Kostenmanagement die Arbeits- und Ausbildungsplätze und unter dem Druck der Konkurrenz werden die Anforderungen an Arbeitsplatz- und Ausbildungsplatzbewerber in die Höhe getrieben. So entsteht von verschiedenen Seiten ein Druck in Richtung immer höherer Qualifikation als Voraussetzung zum Eintritt in den Arbeitsmarkt – ein Bildungszwang.[1] Das Abitur wird zur Voraussetzung selbst für viele Ausbildungen im Dualen System. (Fach-)Hochschulabsolventen besetzen qualifizierte Arbeitsplätze und verdrängen langsam dual ausgebildete Berufsgruppen aus angestammten Arbeitsfeldern.

Unter diesen Vorzeichen verliert die Kombination von Ausbildung und Beschäftigung, die das deutsche System der Berufsbildung prägt, an Plausibilität. Das Duale System beruht traditionell auf der Kombination von Arbeiten und Lernen – die Orientierung auf »Lernen lernen« bedeutet deshalb einen Einschnitt, eine »soziale Neubewertung der Qualifikation, in der die in der Ausbildung wie in den Betrieben gemachten Erfahrungen, gesammelten Kenntnisse und erworbenen Fertigkeiten zurücktreten...« (Baethge, 1995, 42). Das duale System der Berufsausbildung ebnete über Jahrzehnte den Weg der Mehrheit aller Jugendlichen in den Beruf; genauer gesagt: vor allem den Weg männlicher Jugendlicher aus den unteren und mittleren sozialen Schichten. Qualifizierung im Betrieb, also »in der Praxis«, galt allen tragenden politischen Kräften wie auch in der Öffentlichkeit über lange Zeit als Königsweg der Qualifizierung breiter Bevölkerungsschichten. Nun aber übertönt die Forderung nach dem »Lernen lernen« den guten Ruf der Arbeitserfahrungen als Lernerfahrung.

---

[1]   Bildung verliert den Charakter eines persönlichen Gutes und gewinnt die Züge von Kapital – Bildungskapital. Vgl. Bourdieu 1983; Krais 1983.

2. »Arbeiten und Lernen« als Traditionsbestand in der Berufsbildung

Idealtypisch gegenübergestellt gibt es zwei verschiedene Formen des Lernens: Lernen in realen Welten und Lernen in symbolischen Welten. Oder konkreter ausgedrückt: Lernen in der Arbeit und Lernen in der Schule (vgl. Stiehl 1985, 98). Nicht für die Schule, sondern für das Leben lernen – in diesem sprichwörtlichen Gegensatz sind die Lernphilosophien unterschiedlicher Lernorte formuliert. In der Schule lernt man für Zwecke, die sich erst später realisieren können. Im Betrieb lernt man beim Arbeiten; der Zweck des Lernens erfüllt sich hier unmittelbar. Symbolvermitteltes, von konkreten Zusammenhängen abstrahierendes Lernen erweitert die Möglichkeiten der intellektuellen Durchdringung der Gegenstände, schafft jedoch zugleich die Schwierigkeit, die Lernenden zu motivieren. Lernen in der Praxis dagegen vermittelt auch emotionale und soziale Orientierungen im kooperativen Zusammenhang, findet seine Grenze allerdings in der theoretischen Erfassung der Gegenstände. Die Kombination von systematischem, symbolvermitteltem und »kasuistischem« Lernen an konkreten, realen Aufgaben gilt deshalb als pädagogischer Idealfall. Im Berufsbildungssystem der Bundesrepublik sind beide Lernformen verbunden: Es sieht für die Auszubildenden systematisches Lernen ebenso vor wie Praxislernen und wird auch deshalb als den stark schulisch geprägten Ausbildungsformen anderer Länder überlegen angesehen. Die Verbindung von Arbeiten und Lernen galt und gilt als eine der großen Vorteile dieses Systems, ja als eine seiner Bestandsvoraussetzungen. (vgl. Baethge 1995)

Diese Kombination hat eine lange (Vor-)Geschichte: Die Berufsbildung in Deutschland beruht auf handwerklichen Traditionen und hält Elemente vorindustrieller Arbeitsformen lebendig. Lernen bei der Arbeit, direkte Anschauung und Imitation stellen das grundlegende, ursprüngliche Vermittlungsmuster in der Berufsausbildung dar. Die Hierarchie von Lehrling, Geselle und Meister prägt bis heute die sozialen Beziehungen, in denen berufliches Lernen organisiert ist.

In den 20er Jahren des 20. Jahrhunderts entwickelte sich unter dem Einfluss der Wissenschaftlichen Betriebsführung die Ausbildung des »Facharbeiters«; in den Lehrwerkstätten der Großbetriebe, die eingerichtet wurden, um Jugendliche auf Tätigkeiten in der industriellen Massenfertigung vorzubereiten, entstand ein System, das Mitarbeit in der Produktion mit systematischem Lernen, Unterweisungen und Übungen in Lehrwerkstätten durch dafür freigestellte Ausbilder und Meister kombinierte. Beide Formen der Ausbildung existieren heute nebeneinander und prägen das Grundmuster betrieblicher Ausbildung, die ergänzt wird durch den Besuch einer staatlichen Berufsschule.

Das »duale System« der Berufsausbildung in Deutschland beruht auf staatlich regulierten Marktmechanismen[2]; sowohl Betriebe als auch staatliche Schulen stellen Lernorte zur Verfügung, vielfach wird diese duale Struktur von überbetrieblichen Ausbildungsstätten ergänzt. An der Ausformulierung der Qualifikationsziele wirken nicht allein die Unternehmen bzw. ihre Verbände, sondern auch andere gesellschaftliche Interessengruppen mit; doch strukturell wird die Ausbildung von den Betrieben dominiert. Der Betrieb blieb in Deutschland – über alle Neuregelungs- und Reformversuche hinweg – das Zentrum der Ausbildung. Berufsausbildung im Dualen System vermittelt nicht allein technische Qualifikationen und handwerkliche Fertigkeiten: Lernen in der Arbeit, in kollegiale Zusammenhänge und in die betriebliche Hierarchie eingebunden, schafft »betriebliche Erfahrung«. In diesem Prozess der beruflichen Sozialisation verbinden sich fachliche Qualifizierung, motivationale und emotionale Entwicklung, soziale Orientierung und nicht zuletzt die Ausbildung von Wahrnehmung und körperlichen Fähigkeiten. Die Ausbildung im Betrieb kombiniert fachliches Lernen und die Integration in kooperative Zusammenhänge mit der Unterordnung unter betriebliche Ziele und Zwänge. Berufliches Lernen und berufliche Sozialisation stehen in engem Zusammenhang.[3]

Die Kombination von Ausbildung und Beschäftigung bedeutet, dass die Ausbildungsqualität letztlich vom ausbildenden Unternehmen abhängt: Die Chancen, bei der Arbeit auch zu lernen, sind in verschiedenen Betrieben und Branchen sehr unterschiedlich. Die Einbindung der Jugendlichen als billige Arbeitskräfte war immer auch die Kehrseite eines betriebsorientierten Ausbildungssystems.[4]

In den 50er Jahren wurden vor allem Ausbildungsstellen in Handwerks- und Einzelhandelsberufen in großer Zahl angeboten, um arbeitslose Jugend-

---

2 Auf diese Weise wird ein Kompromiss unterschiedlicher Interessenssphären erreicht, der ein wichtiger Teil des Systems der industriellen Beziehungen in Deutschland ist: »Auch die Institutionen der dualen Fachausbildung, welche der Wirtschaft und dem Staat eine geteilte Verantwortung für die Ausbildung in Schule und Beruf auferlegen und die ›Beruflichkeit‹ der Arbeit sicherten, galten über Jahrzehnte als wesentliche Stütze des deutschen Erfolgsmodells.« (Mahnkopf 1987, 221f; vgl. auch Greinert 1997, 139ff). In der wiederbelebten Diskussion steht jedoch die Reformfeindlichkeit dieser Konstruktion im Vordergrund (vgl. Geißler 1991, 68ff; Greinert 1997, 149ff, Mahnkopf 1997, 231; Mayer 1995).

liche »von der Straße zu holen«. Die Ausbildungsnot überschattete alles andere und Ausbildungsqualität war damals kein Thema. Die Lehrlinge dienten in den kleinen Betrieben vor allem als Arbeitskräfte, und viele erhielten nur geringe fachliche Qualifikationen. (vgl. Schelsky 1952) Viele dieser in Kleinbetrieben ausgebildeten Kräfte begannen dann als Angelernte in der Industrie einen zweiten Berufsweg. In den 60er Jahren schließlich wurden Inhalte und Qualität von Berufsausbildung Gegenstand öffentlicher Debatten und ein Thema der Politik – wenn auch weniger publikumswirksam als die »Bildungskatastrophe« im allgemeinen Bildungswesen.

Es fehlte eine einheitliche Gesetzesgrundlage für die Berufsbildung; die ausbildenden Unternehmen waren auf ihre Handlungsspielräume bedacht und erleichterten Einblicke in die reale Ausbildung keineswegs. Es gab also kaum öffentliche Kontrolle. Vor diesem Hintergrund ist verständlich, dass in der sozialwissenschaftlichen Diskussion der 70er Jahre die kritische Haltung gegenüber dem Lernort Betrieb überwog; tonangebend waren Analysen, die berufliche Sozialisation als zerstörerisch, als Verlusterfahrung, als Anpassung und Desillusionierung betrachteten (wie zum Beispiel: Baethge 1970; Lempert 1974; Volmerg 1978). Kritiker erkannten hinter der Macht betrieblicher Verhältnisse, die den »heimlichen Lehrplan des Betriebs« bestimmten, eine Gewalt, die sich jede neue Arbeitskräftegeneration untertan machte, Persönlichkeiten brach und Qualifizierung lediglich auf betriebsspezifisches Anlernen zu

---

3   In Deutschland gilt Berufsbildung als wesentlicher Beitrag zur Integration Jugendlicher in die Gesellschaft: »Berufsbildung bzw. der Beruf als Weg der Integration für die proletarischen und kleinbürgerlichen Jugendlichen in den bürgerlichen Nationalstaat, diese Idee Kerschensteiners von 1891 markiert ... bis heute »the German philosophy of vocational education« – in Abgrenzung zu den verbreiteten Mustern bloßen Job-»Trainings«. (Greinert 1997, 140) Diese starke Betonung des beruflichen Lernens als Berufs-»Erziehung« ist eine ambivalente Erbschaft. Während der NS-Zeit wurde der »Beruf als Kampf« propagiert, Berufsbildung als Kampf an der Arbeitsfront (Seubert 1992, 356ff). Der DAF(Deutsche Arbeitsfront)-Lehrgang »Eisen erzieht« gehörte noch lange nach der Zeit des Nationalsozialismus zum industriellen Standardprogramm der Metallgrundausbildung. »Daß die Berufspädagogik nach 1945 über ihre intellektuelle Beteiligung an diesem Erziehungskonzept nicht nachdachte, ist mehr als ein nur ein moralisch einzuklagendes Defizit. Hier liegt eine Ursache für ihre bildungs- und wissenschaftstheoretische Stagnation.« (Seubert 1992, 372).

4   Zu den Kosten und Erträgen betrieblicher Ausbildung vgl. Berufsbildungsbericht 1994 (Bundesministerium für Bildung und Forschung 1994, 102).

reduzieren suchte: der Ausbildungsbeginn als Unterwerfung unter die Lohnarbeit.[5]

Die berufliche Bildung war in Deutschland grundsätzlich geschieden von den Wegen (hoch-)schulischer Ausbildung (und ist es im Prinzip bis heute); »Lernen lernen« und »arbeiten und lernen« waren in Deutschland immer verschiedenen Abteilungen des Bildungssystems vorbehalten. Die Trennung beider Bildungswege hat allen Reformversuchen widerstanden und selbst die Bildungsexpansion der 70er Jahre überdauert; die Gleichwertigkeit von allgemeiner und beruflicher Bildung ist eine uneingelöste Forderung geblieben. (vgl. von Friedeburg 1992; Stratmann/Schlösser 1990) »Charakteristisch für dual organisierte Modelle der Berufsausbildung ist die relativ scharfe Abgrenzung eines Berufsbildungssystems gegenüber dem allgemeinen öffentlichen Schulsystem.« (Greinert 1997, 19). Doch war die Ausbildung im Betrieb Jahrzehnte lang auch eine Voraussetzung für Qualifikation und Aufstieg. Die Trennung zwischen beruflicher und allgemeiner Bildung war Teil, ja Voraussetzung des »Erfolgsmodells« duale Ausbildung: Dieses System eröffnete einen eigenen Bildungsweg neben den höheren Schulen; es war das Rekrutierungsfeld der Industrie für aufstiegsorientierte, leistungsfähige Arbeitskräfte. Die Industrie gewann die »besten Söhne des Volkes« (Lutz) und bot Teilen dieser Arbeitskräfte auch Qualifizierung und Aufstiegschancen. Burkhardt Lutz zum Beispiel hat herausgearbeitet, dass die Leistungsfähigkeit der deutschen Industrie nicht zuletzt auf den Grundlagen beruhte, die mit dem Ausbildungssystem geschaffen wurden: Gründliche berufliche Ausbildung der Facharbeiter, vergleichsweise flache Hierarchie und die spezifische Qualifikation der Aufsteiger aus der Werkstattpraxis (vgl. Lutz 1995; Mayer 1995; Lappe 1993).[6]

Die Trennung von akademischer und betrieblicher Ausbildung ist in ihren Wirkungen also durchaus ambivalent. Sie ist einerseits als Ausschluss zu betrachten, denn an höheren Schulen boten sich Kindern von Arbeitern und unteren Angestellten in den 50er und 60er Jahren nur wenig Chancen.[7] Andererseits erhielten Jugendliche im Betrieb eine im internationalen Vergleich qualifizierte Ausbildung. Lange Zeit galt das deutsche System der dualen Berufsbildung auch als Garant einer relativ geringen Arbeitslosenquote junger Menschen. Mehr noch: Es bot eigene Aufstiegsmöglichkeiten. Noch bis in die 70er

---

5   Das Motiv der persönlichkeitsgefährdenden Krise beim Eintritt in die Lohnarbeit ist auch in aktuelleren Untersuchungen weiterhin präsent. Ein Beispiel: Die Untersuchungen von Bohnsack (vgl. Bohnack et al 1995).

Jahre war der betriebliche Aufstieg zum Meister oder Techniker – oder der Eintritt in den damals im Ausbau befindlichen öffentlichen Dienst – für viele eine realistische Perspektive. »Die Aufstiegsmöglichkeiten vom Facharbeiter/von der Fachkraft zum technischen Angestellten machten Teil der Attraktivität des dualen Systems aus. Und boten in gewisser Weise eine Entschädigung dafür, dass die Trennung von allgemeiner und beruflicher Bildung in Deutschland nie aufgehoben werden konnte.« (Greinert 1997, 125)[8]

Die zum Ende der 60er Jahre geforderten Reformen: anerkennungspflichtige Ausbildungsordnungen, Ausbildung der Ausbilder, Gleichwertigkeit von beruflicher und allgemeiner Bildung, überbetriebliche Finanzierung durch ein

---

6   Festzuhalten ist, dass die Chancen vor allem Chancen junger deutscher Männer waren. Die Verbreitung der Berufsausbildung für die männlichen Arbeiter hatte einen Schichtungseffekt innerhalb der Arbeiterschaft: »Die ›obere Schicht‹ der Gelernten und Facharbeiter wurde noch 1970 fast ausschließlich von deutschen Männern gebildet, die mittlere Schicht der Angelernten nur mehr zur Hälfte, die Unterschicht der Ungelernten nur mehr zu 40%... Diese Effekte zeigen, dass der Zugang zu Berufspositionen in der Arbeiterschaft heute wie im Kaiserreich ein harter Prozess der Auslese und Anpassung ist, in dem die schlechteren Positionen heute eher noch deutlicher an strukturell schwache Gruppen fallen.« (Mooser 1984, 59ff) Von der »relativen Offenheit« der Berufsperspektiven, die es für einen Teil der männlichen deutschen Facharbeiterschaft durchaus gab, blieben andere Beschäftigtengruppen ausgeschlossen: Frauen und Arbeitskräfte ausländischer Herkunft bildeten die Schicht der Ungelernten.

7   »Gleichwohl ist festzuhalten, daß viele Arbeiter im dualen, stark handwerklich bestimmten System der Berufsbildung einen hohen Preis zahlten. Für viele war und ist sie eine ›Ausbildung zur Umschulung‹.« (Mooser 1985, 57) Arbeiterberufe bleiben gefährlicher, gesundheitsbeeinträchtigender und schlechter bezahlt als andere. (Mooser 1984, 225) vgl. auch Hradil 1997; Hradil 1999; Steinkamp 1998.

8   Peukert (Peukert 1987) beschreibt, wie sich in den Jahren der Weimarer Republik die Wertschätzung beruflicher Ausbildung in der Facharbeiterkultur durchsetzte. Eine Ausbildung wurde in den Arbeiterfamilien zum Qualifizierungsziel für die Kinder und zum Bestandteil eines positiv bestimmten biographischen Musters: »der Gelernte«. In den 20iger Jahren war eine Lehre noch etwas besonderes: Nur ungefähr ein Drittel der Arbeiterjugend erhielt eine Ausbildung. In den Jahrzehnten nach dem 2. Weltkrieg wurde die Berufsausbildung zur Qualifizierung für die große Mehrheit der Jugendlichen eines Jahrgangs. Ein vormals durchaus (arbeiter-)elitäres Orientierungsmuster verbreitete sich und damit auch eine biographische Orientierung, die noch in den 20er Jahren, mit den Heeren ungelernter Arbeiter und berufsloser Jugendlicher, für die Mehrzahl der Arbeiterkinder unerreichbar scheinen musste. (vgl. auch Peukert 1986; Rosenbaum 1992).

Fondssystem, sind bis heute nicht erreicht. Die Bedingungen, die mit dem Berufsbildungsgesetz von 1969 (einem Gesetz, das zweimal vergeblich zu novellieren versucht wurde, vgl. Offe, 1975) gesetzt wurden, blieben weit hinter solchen Reformvorstellungen zurück, die eine Angleichung der Ausbildungsbedingungen ermöglichen wie erzwingen sollten. Wenn auch das Gesetz weder den Hoffnungen der Lehrlingsbewegung, noch denen der Gewerkschaften und der reformorientierten Berufspädagogen und Berufsbildungspolitiker entsprach – es brachte gleichwohl einige, im Rückblick deutlicher erkennbare Verbesserungen (Greinert 1997, 34): Die staatliche Zuständigkeit für die Vereinheitlichung von Ausbildungsberufen wurde gesetzlich verankert und damit auch die Voraussetzung für Mindestnormen geschaffen; Qualifikationsziele wurden nun unter Beteiligung der Tarifparteien festgelegt und der Anspruch qualifizierter Ausbildung für alle Jugendlichen festgeschrieben; der einseitige Einfluss der Arbeitgeber wurde reduziert: Bund, Länder und Gewerkschaften erhielten nun, wenn auch beschränkte, Einflussmöglichkeiten; die Transparenz des Marktes hat sich erhöht (zum Beispiel durch die Arbeit des Bundesinstituts für Berufsbildung). Das Berufsbildungsgesetz und in seiner Folge die langwierige, aber erfolgreiche Modernisierung der Metall- und Elektroberufe waren wichtige Einschnitte in der Geschichte der Berufsbildung in Deutschland. Die Umsetzung der Neuordnung hielt schließlich einen anspruchsvollen Bildungsbegriff fest, der Fachwissen wie Persönlichkeitsbildung umfasste und die Vermittlung lediglich betriebsspezifischer Kenntnisse als unzureichend ausschloss. Das moderne Konzept der Grundberufe wurde zur Basis der Neuordnung der Ausbildungsberufe; in den Ausbildungsnormen wird vorgeschrieben, dass der Facharbeiter nicht nur ausführt, sondern auch plant und kontrolliert. Lernen in umfassenden Zusammenhängen, selbständiges Lernen werden gefordert. Diese Grundlinien sind in vielen Bereichen bis heute nur unzureichend realisiert. Doch seit Mitte der 80er Jahre ist eine Trendumkehr in der Diskussion zu bemerken; auch auf Seiten der Kritiker hat sich im Laufe der Überarbeitung vieler Ausbildungsordnungen Akzeptanz und Anerkennung für das duale System der Berufsausbildung eingestellt. (Mayer 1995, 90)

3. Ende der Dualität?

Das Lernen in realen Welten konfrontiert die Lernenden mit den Herausforderungen wie mit den Zumutungen konkreter Arbeits- und Ausbildungsbedingungen. Zudem ist die Ausbildungsqualität in verschiedenen Branchen und Betrieben noch immer außerordentlich unterschiedlich. Doch seit die Veränderungen von Technik, Arbeitsanforderungen und betrieblichen Strukturen das Lernen allem Anschein nach zum Bestandteil der Arbeit selbst werden lassen, rücken die Potenzen des betrieblichen Lernens wieder in den Vordergrund vieler Betrachtungen. Es wird gar eine »Renaissance« des Lernorts Betrieb diagnostiziert (Dehnbostel 1998, 17). Verantwortung, Selbständigkeit, eigener Verdienst und soziale Beziehungen unter Kollegen und zu Vorgesetzten – das Arbeiten in der realen Welt der Betriebe eröffnet Jugendlichen Lernchancen, die in »schulförmigen« Institutionen nur simuliert werden können. Mit »Lernbüros« und »Juniorfirmen« wird versucht, Praxiserfahrungen auch in der schulischen und außerbetrieblichen Ausbildung anzubieten. Die Förderung praxisnaher Studien durch den Ausbau der Fachhochschulen oder durch Neugründungen von Betriebsakademien zeigt, dass Wert und Anziehungskraft »dualer« Lernorganisation bis in die Höhen des akademischen Lernens hinauf zu wirken scheinen. (vgl. Greinert 1997, 159; Dybowski / Pütz et al 1994)

Doch während sich die Wertschätzung des betrieblichen Lernens zu verallgemeinern beginnt, scheint in der betrieblichen Erstausbildung selbst die vielbeschworene Kombination von Arbeiten und Lernen überflüssig zu werden. Dem System gehen seine Grundlagen verloren, die Rahmenbedingungen ändern sich: Hochkomplexe technische Anlagen verringern die Einsatzmöglichkeiten für Jugendliche in der Praxis; der hohe Stellenwert betrieblich ausgebildeter Fachkräfte in der Firmenhierarchie und in der Arbeitsorganisation geht verloren; ja schließlich sogar die Ausbildungsplätze selbst.

In technischen Berufen können Auszubildende immer weniger an den Arbeitsplätzen unmittelbar tätig werden. In vielen Industriebetrieben wurden die Zeiten in der Lehrwerkstatt für die Auszubildenden stetig verlängert, doch die Erweiterung theoretischer Schulungen verkürzt die Praxisphasen. Systematisches Lernen und Übungen in Lehrgängen haben nicht nur in den Großbetrieben die Möglichkeiten zum praktischen Lernen am Arbeitsplatz schon lange stark zurückgedrängt. Für die Überwachung von komplexen, teuren Anlagen sind auszubildende Jugendliche nicht einsetzbar. Im Umgang mit kapitalintensiven technischen Ausstattungen ist die Sammlung von Erfahrungen daher erst auf der Grundlage theoretischer Ausbildung, ja unter Umständen gar erst nach der Erstausbildung möglich. Vielerorts werden Arbeitsaufgaben für die Auszubildenden nur noch punktuell, buchstäblich als „Lerninseln", in den Produktionsablauf reintegriert. Der Lernort Betrieb und die dort zu sammelnde Erfahrung verlieren, so scheint es, unaufhaltsam an Bedeutung in der Facharbeiterausbildung. Denn es »löst sich das traditionelle Konzept erfahrungsbasierter Ausbildung... real auch in dieser Richtung auf, daß die theoretische Kompetenz als Voraussetzung für umfangreiche Erfahrungsprozesse dienen kann, die selbst nicht mehr in der Erstausbildung vermittelt werden können...« (Baethge 1995, 43)

Doch nicht nur in der Ausbildung selbst, auch als Voraussetzung betrieblicher Karrierechancen scheint die betriebliche Erfahrung an Bedeutung zu verlieren. Die Betriebe haben ihre Zurückhaltung gegenüber akademisch ausgebildeten Kräften aufgegeben (Lutz 1995; Baethge 1995; Mayer 1995), und an die Stelle des mit breiter betrieblicher Erfahrung und theoretischem Grundwissen ausgestatteten Facharbeiters tritt nun eine Arbeitskraft, die theoretisch umfassend und system-, nicht berufsorientiert ausgebildet ist. Der Facharbeiter, der seine Qualifizierung und seinen Status »von der Pike auf« im Betrieb erwirbt, weicht dem Ingenieur, der an einer Fachhochschule oder gar Universität ausgebildet worden ist. Betrieblicher Aufstieg gelingt heute vor allem denjenigen, die über eine (Fach-)Hochschulbildung verfügen. (Lutz 1995, 8ff; Greinert 1997, 152) Die traditionellen Aufstiegswege in Techniker-, Meister- oder Vertriebspositionen oder ein Wechsel in den öffentlichen Dienst sind heute selten geworden, weil zunehmend akademisch Gebildeten vorbehalten. Zuvor hatten viele der aufgestiegenen Facharbeiter als Ausbilder, Meister selbst wieder Jugendliche ausgebildet. Auch an den Berufsschulen unterrichteten viele Lehrkräfte, die ihren Berufsweg im Betrieb über einen betrieblichen Ausbildungsweg begonnen haben. Auch dieser Weg ist heute nicht mehr offen. Diese »Selbstreproduktion« der Facharbeiterschaft, die nicht nur betriebliche Qualifikationen weitergab und sicherte, sondern vermutlich auch das Selbstbewusstsein dieses Standes tradierte, geht mit dem massenhaften Einzug der Akademiker in diese Positionen zu Ende. Für Jugendliche, die heute ohne höhere Schulbildung den Weg einer gewerblichen Berufsausbildung gehen, sind diese Aufstiegswege verstopft; Weiterbildung, die zu Karrierechancen verhelfen soll, verlangt den Sprung an die (Fach-)Hochschulen und lässt sich über betriebliche Kontinuität kaum mehr erreichen. Diese Verengung des Zugangs zu den betriebsinternen Arbeitsmärkten für betrieblich Qualifizierte vollzieht sich bei gleichzeitig sinkendem oder zumindest stagnierendem Arbeitskräftebedarf in Handwerk und Industrie. Das duale System wird zur Karrieresackgasse. Wert und Status betrieblicher Ausbildung sinken.[9]

Die Ausbildungsplätze, an denen überhaupt noch dual im ursprünglichen Sinne ausgebildet wird, werden weniger; in allen Berufsbereichen sinken die Ausbildungsquoten (vgl. DIW 1996, 653 ; Bundesministerium für Bildung und Forschung 2000, 135ff). Am deutlichsten macht sich dies bei den teuersten Plätzen bemerkbar, also bei der Ausbildung in den industriellen Großbetrieben. Die Ausbildungszahlen in vielen Facharbeiterberufen im Produktionsbereich wurden zurückgefahren und zwar soweit, dass es in einigen Regionen bereits einen Facharbeitermangel gibt. Da von der Industrie die innovativen Entwicklungen in der Berufsausbildung ausgegangen sind, geht die Breite der Spitzenausbildungen verloren.[10] Selbst im Handwerk, das jahrzehntelang wie ein Schwamm zusätzliche Auszubildende aufsog, um sie bei Bedarf als anzulernende Arbeitskräfte an die Industrie abzugeben, wird das Angebot reduziert.

Während die Ausbildungsplätze in der Industrie und im Handwerk abgebaut werden, übernehmen außerbetriebliche Ausbildungseinrichtungen privater Träger oder staatliche Schulen die Ausbildung weniger leistungsstarker »sozial benachteiligter« Jugendlicher. In den neuen Bundesländern scheint der Aufbau dualer Strukturen gar nicht erst zu gelingen. Immer größere Teile der Jugendlichen werden außerbetrieblich versorgt; es wächst die Zahl der Ausbildungen, die nicht mehr im Betrieb stattfinden, sondern bei privaten oder öffentlichen Trägern, als schulische Ausbildungen oder als Ausbildung im „kooperativen Modell". Im Rahmen solcher Ausbildungen wird die Mitarbeit in Betrieben auf

---

9   Vgl. Lutz 1983: »…der historische Prozeß der Expansion höherer Bildung ist nicht möglich, ohne daß das konkurrierende Muster des Aufstiegs durch Bewährung im Berufsleben entweder auch vorher schon keine wesentliche Rolle gespielt hat oder zur gleichen Zeit rasch an Bedeutung verliert.« (Lutz 1983, 237)

10   Es gibt allerdings auch weniger besorgte Stellungnahmen, die auf die weiterhin große Zahl der Bewerbern und Bewerberinnen hinweisen und darauf aufmerksam machen, dass der Rückzug der Industrie durch die Ausbildung in anderen Wirtschaftsbereichen ausgeglichen wird: in Dienstleistungsberufen, im Handwerk, bei den Freien Berufen und im Öffentlichen Dienst (Münch, 1997,168). Greinert jedoch sieht gerade im Rückzug der Industrie das wichtigste Symptom für eine Krise der Berufsbildung (Greinert 1997).
Zur Diskussion um die Krise und Perspektive der dualen Berufsbildung vgl. Alex 1997; Geißler 1991; Greinert 1997 und 1999; Reier 1997; Stratmann 1990; Tessaring 1993.

Praktika reduziert; die Jugendlichen werden nicht Beschäftigte des Ausbildungsbetriebs, sondern bleiben Schüler; sie erhalten keine Ausbildungsvergütung und haben mehr Schwierigkeiten an der »2. Schwelle«.

Diese Entwicklungen – der Verlust von Erfahrungsmöglichkeiten bei der Ausbildung an modernster Technik, Statusverlust betrieblicher Qualifikationen, Abbau von Ausbildungskapazitäten – entziehen der Verbindung von Arbeiten und Lernen in der Ausbildung ihre Basis. Die Zugänge zu betrieblicher Erfahrung werden enger und in wachsender Zahl werden Jugendliche in schulische oder schulähnliche Formen des Lernens gedrängt. Einerseits weichen Jugendliche mit guter Schulbildung nach »oben« aus, indem sie sich an (Fach-)Hochschulen qualifizieren, andererseits fallen Jugendliche »unten« aus dem System heraus: Diejenigen, die im Wettbewerb um die verbleibenden Ausbildungsplätze verlieren, werden – wenn überhaupt – außerbetrieblich oder schulisch ausgebildet.[12] Die Kombination von Arbeiten und Lernen verschwindet aus der Ausbildung und es bleiben immer weniger Jugendliche, die »ausgebildet« werden, also berufliche Sozialisation als betriebliche Sozialisation erfahren. Für betrieblich ausgebildete Jugendliche wiederum gilt, dass sie einen Statusverlust hinnehmen müssen – ihre beruflichen Chancen und ihr gesellschaftlicher Status sind gesunken.[13]

---

11 Nach einer vom Bundesministerium für Bildung und Forschung in Auftrag gegebenen Repräsentativbefragung bei jungen Erwachsenen im Alter von 20 bis 24 Jahren waren 1990 in den alten Bundesländern rund 14% der Jugendlichen in dieser Altersgruppe ohne Berufsabschluss und absolvierten zum Befragungszeitpunkt auch keine Ausbildung. Für die neuen Bundesländer wird eine Zahl von 9% angegeben (Kloas 1994, 47; Bundesanstalt für Arbeit 1996, 2).

12 In einigen Regionen Deutschlands wird – für gewerbliche Berufe – bereits ein Mangel an geeigneten Bewerbern beklagt und eine Negativauswahl behauptet. In diesen Regionen macht sich der Statusverlust betrieblicher Ausbildung bereits bemerkbar. Die Lage der Bewerber und Bewerberinnen ist je nach Heimatregion sehr unterschiedlich (vgl. Hübner-Funk 1988).

4. Motivationsprobleme

In der Diskussion um die Perspektiven Jugendlicher im dualen System werden der Verlust betrieblicher Erfahrung und die Auflösung des praktischen Zusammenhangs von Arbeiten und Lernen vor allem als Gefahr für die Motivation betrachtet. Die warnenden Stimmen beschwören die motivierende Kraft des Lernens im Betrieb und zeichnen bedrohliche Szenarien. Es wird befürchtet, dass der Verlust von Erfahrungsmöglichkeiten im betrieblichen Alltag und die Verdrängung der Auszubildenden in Lehrwerkstätten und schulähnliche Ausbildungsorte »bezahlt (wird) ... mit wachsenden Motivationsproblemen, weil die wohl kaum zu unterschätzende (es muss wohl heißen ›überschätzende‹, MP) Motivationsbasis beruflichen Lernens, die anregende Kombination aus Lernen und Arbeiten des originären dualen Systems zerfällt. Bildungs-Subsysteme aber können – wie die Geschichte der allgemeinen Fortbildungsschule lehrt – auch an Motivationsproblemen scheitern.« (Reier 1997, 381)[14]

Im Vordergrund stehen in dieser Sichtweise die Verlierer im Wettbewerb, die sogenannten »benachteiligten Jugendlichen«; Gefährdung von Motivation und Persönlichkeitsentwicklung wird vor allem für jene Jugendlichen angenommen, die eher am Rande des Arbeitsmarktes stehen. Der Verlust der betrieblichen Ausbildung und Erfahrung schafft Motivationsprobleme vor allem für diejenigen, die keine Möglichkeit haben, eine aussichtsreiche schulische bzw. Hochschulausbildung anzustreben; befürchtet wird, dass der Anteil von Jugendlichen ohne berufliche Ausbildung und mit geringen Beschäftigungschancen zunehmen wird (Mayer 1995, 96f; Lappe 1999, 32). »Pädagogisches Dilemma

---

13 Einer solchen Problemkonstellation angemessene Forschungskonzepte bleiben ein Desiderat und die Diagnose von Kruse / Kohlhoff (Kruse/Kohlhoff 1987) weiterhin aktuell: »Die arbeitsbezogene Jugendforschung hat sich in letzter Zeit verstärkt mit den Wirkungen der Ausbildungs- und Beschäftigungskrise auf Orientierungen und Handlungskompetenzen von Jugendlichen befaßt. In der Perspektive der Untersuchung der Wirkung von Strukturwandlungsprozessen werden allerdings häufig die Orientierungen und Handlungsstrategien von Jugendlichen als bloße Reaktionsweise verstanden... Gerade wenn man davon ausgeht, daß die Jugendlichen nicht nur in Bezug auf ein vorausgesetztes und sozusagen fertiges Übergangssystem handeln, sondern durch ihre Entscheidungen und Verarbeitungsweisen Struktur und gesellschaftliche Legitimation des Übergangssystems mitgestalten, werden die bisherigen Mängel in der Integration von Jugendforschung und Berufsausbildungsforschung besonders spürbar.« (Kruse/Paul-Kohlhoff 1987, 121) Vgl. auch Friebel 1985; Heinz 1988; Lappe 1993.

dieser Entwicklung ist, daß die motivierende Mischung aus Lernen und Arbeiten, die den wesentlichen Vorzug der dualen Berufsausbildung ausmacht, ausgerechnet für die Gruppen verloren geht, die auf einen Motivationsschub besonders angewiesen sind.« (Reier 1997, 378)[15]

Diese Schlussfolgerung klingt plausibel. Es ist zu vermuten, dass die Aufforderung »Lernen zu lernen« und eine theoretische und systematische Qualifizierung außerhalb der Betriebe anzustreben, gerade bei denen am besten »ankommt«, für die höhere Schulbildung bereits den Grundstein für lernorientierte Haltungen gelegt hat. Dies nicht nur deshalb, weil breiteres Vorwissen die Anforderungen leichter zu bewältigen erlaubt, sondern auch, weil im Zusammenhang einer erfolgreichen höheren Schulbildung Lernen als Teil der Persönlichkeitsentwicklung, als Entwicklungschance und positives Element des Selbstbildes etabliert ist und nicht lediglich als Reflex auf äußere Anforderungen wahrgenommen wird. Dass Jugendliche, die diese Voraussetzungen nicht mitbringen und im Wettlauf um Bildungszertifikate nicht in den ersten Reihen über die Ziellinie kamen, hier mehr Probleme haben, ist auf den ersten Blick überzeugend. Gleichwohl scheint mir eine Vereinfachung, ein Kurzschluss, darin zu liegen, wenn die Verluste der Dualität des Lernens vor allem den »Benachteiligten« zugeschrieben werden: Das Prinzip »Arbeiten und Lernen« wird aus dieser Perspektive vor allem als Lernhilfe für lernschwächere

---

14 Der Begriff »Benachteiligte« ist vieldeutig und liegt semantisch auf der Mitte zwischen »normal« und »behindert«. »Unter dem Aspekt der Förderung und Qualifizierung wird der Begriff der Randgruppe durch den Begriff der Zielgruppe abgelöst. Durch diese Begriffswahl sollen Stigmatisierungen und Diskriminierungen vermieden und auf gesellschaftliche Bedingungen und Ursachen von Benachteiligungen aufmerksam gemacht werden....Als Benachteiligte galten Jugendliche, die wegen der Situation auf dem Ausbildungsstellenmarkt keine Ausbildung erhielten, Jugendliche mit Lernbeeinträchtigungen, mit Verhaltensauffälligkeiten, mit Motivationsproblemen, mit Drogenproblemen, Jugendliche in der Erziehungshilfe und ausländische Jugendliche. Der Benachteiligtenbegriff blieb ähnlich unscharf und deskriptiv wie der Randgruppenbegriff... [Der Anspruch)] stigmatisierende, sozial deklassierende und ausgrenzende Etikettierungen zu vermeiden, [konnte] nicht eingelöst werden.« (Rützel 1995, 114) Adressat von Maßnahmen für »Benachteiligte« ist, wer auf dem Markt erfolglos ist, aber nicht zu den amtlich definierten Behinderten zählt. Damit wird im Prinzip die Gruppe angesprochen, die schon immer als »schwervermittelbar« galt: jüngere Arbeitslose ohne Beruf. Eine »Gruppe«, deren Berufschancen mit der Verringerung von Einfacharbeitsarbeitsplätzen immer geringer werden.

Jugendliche betrachtet. Für alle anderen erscheinen die Verluste gering, ja im Gegenteil ein Gewinn an Lernfreiheit. Aber wären nicht auch die Gefahren, die Nachteile einer zunehmenden Ausrichtung an kognitiven Elementen und umfassender Flexibilität für alle zu bedenken? Ist die Verlagerung von Qualifizierung in Schulen und Hochschulen, die mit der Ausrichtung auf »Lernen lernen« praktisch verbunden ist, unbedingt ein Vorteil? Gäbe es nicht auch Anlass zu der Befürchtung, dass sich mit zunehmend beschränktem Zugang Jugendlicher zum Arbeitsleben und zu betrieblicher Erfahrung und der damit zwangsläufig einhergehenden »Verschulung« beruflicher Qualifizierung Motivationsprobleme weiter verallgemeinern? (Lappe 1999, 32) Meine Frage ist, ob der Verlust betrieblicher Erfahrung im Prinzip nicht für alle Jugendlichen eine potentielle »Motivationslücke« bedeuten kann.

Das Lob des Lernens wird getragen von einer veränderten Auffassung von dem, was Arbeit sei: nicht mehr ausführende Tätigkeit, sondern vor allem Planen und Kontrollieren. »Was im tayloristischen Zuschnitt der geistigen Arbeit vorbehalten war..., scheint nun zu einer wesentlichen Aufgabe der ›Produktionsarbeit‹ selbst zu werden.« (Böhle 1999, 98). Fritz Böhle hat auf die blinden Flecke hingewiesen, die am Rande des Blickfeldes entstehen, wenn Arbeit vor allem als zweckrationales Handeln betrachtet wird: Durch die »Brille« eines Konzepts von Arbeit, das in Planung und Kontrolltätigkeit als Inbegriffe geistiger Arbeit die höchste Form der Arbeit sieht, erscheint menschliche Tätigkeit vor allem als geistige, weniger als körperlich-sinnliche. »Der Körper und die Sinne sind in diesem Konzept von nachrangiger Bedeutung... es scheint, als zählten sie selbst zu den ›Mitteln‹, die es ähnlich wie externe Ressourcen einzuschätzen und zu nutzen gilt.« (Böhle 1999, 95) Böhle gesteht zu, »daß nicht nur in der wissenschaftlichen, sondern auch in der praktischen Auseinandersetzung mit industrieller Rationalisierung dies ein zentraler ... Bezugsrahmen für Kritik und für die Forderung nach einer ›menschengerechten Gestaltung‹ von Arbeit war und auch immer noch ist.« (Böhle 1999, 97) Gleichwohl wendet er ein, dass bei dieser Stoßrichtung der Kritik auch ein Gehalt verloren gehe, der sich allerdings – so sieht es Böhle selbst – »...im neuzeitlichen Verständnis von Arbeit jedoch nur schwer verorten läßt. Gemeint ist hiermit die Orientierung an handwerklicher Arbeit bzw. die Konfrontation tayloristischer Arbeitszergliederung mit der als komplex und ganzheitlich konzipierten Facharbeit. Doch genau gesehen gelang es letztlich nie, diesen Typ von Arbeit entwicklungsgeschichtlich angemessen zu plazieren. So war er einerseits als Folie für die Kritik des Taylorismus geeignet, gleichwohl bestand aber immer auch die Gefahr konservativer Vereinnahmung. Es scheint daher durchaus plausibel, daß einer solchen Verteidigung handwerklich geprägter Arbeitsformen das Defizit einer mangelnden theoretischen Durchdringung gegenübergestellt wurde oder als positive Aspekte nicht die körperlich-sinnliche Tätigkeit sondern die Autonomie bei der Gestaltung von Arbeitsverrichtungen sowie die Verknüpfung körperlicher und geistiger Tätigkeit bzw. planenden und dispositiven Aufgaben betont wurde.« (Böhle 1999, 97) In der Betonung handwerklicher Dimensionen geht es Böhle also ausdrücklich nicht darum, Bilder, die der Vergangenheit und Vorgeschichte industrieller Arbeit entlehnt sind, zur Projektionsfläche für Kritik zu machen. Es geht nicht um eine Verherrlichung von »Praxis« gegenüber »Theorie« oder wohlfeiles Lob für all diejenigen, die bereit sind »praktisch« zu arbeiten und deshalb auf »Theorie« verzichten können sollen. Ein solches »Glück auf bornierter Grundlage« (Marx) ist nicht gemeint.[16]

Die Orientierung an geistiger Arbeit birgt nicht allein die Gefahr, die körperlich-sinnliche Dimension menschlicher Tätigkeit vorschnell auszublenden, sondern auch die soziale Dimension der Arbeitserfahrungen gering zu schätzen. Die Verdrängung Jugendlicher aus den Betrieben bedeutet auch Verluste sozialer Erfahrung: Die Sozialisation der Jugendlichen wird Sozialisation »für« die Arbeit statt Sozialisation »in« der Arbeit. Sozialisation wird herausgelöst aus (kollektiven) Arbeitszusammenhängen, wird »konsumistische Sozialisation«, das heißt, sie findet vor allem in der Schule statt und wird erst spät von der Konfrontation mit dem betrieblichen Ernstfall bestimmt (vgl. Baethge 1986, 108ff). Jugendliche verbleiben länger in praxisfernen, rezeptiven Lernprozessen und in altershomogenen Gruppen; sie verbringen Jahre in einer Lebenssituation, die eher individuelle Leistungsmoral und Identitätsbildungsmuster begünstigt als kollektive. Die zunehmend in Schulen und Hochschulen stattfindende Sozialisierung Jugendlicher ist »formale Individualisierung«: Individualisierung unter Bedingungen, die verlängerte Abhängigkeit bedeuten. »Es mag noch so viele geplante Aktivitäten und Inszenierungen von gemeinsamem Lernen und gemeinsamer Freizeitgestaltung geben, insgesamt sind sie bereits kompensatorische Akte für den Verlust von arbeits- und lebensweltlich vermittelter Gesellschaftlichkeit und verkünden unwiderruflich, daß der Prozeß der Individualisie-

---

15 Diese Motive kehren im Rahmen der Diskussion um Berufe mit ermäßigtem Qualifizierungsanspruch bzw. teilqualifizierende Berufsabschlüsse immer wieder auf die Tagesordnung der berufspädagogischen bzw. berufsbildungspolitischen Diskussion zurück (vgl. Kloas 1999).

rung als Vereinsamung vorangeschritten ist, da die Erfahrung der Abhängigkeit von sich selbst wächst, die feste Eingebundenheit in die Realität und damit eine wichtige Stütze für das noch labile Ich fehlt und die zeitlichen Anteile des verbindlichen Auf-andere-Bezogen-Seins (in der Arbeit) abnehmen, die selbst noch dem entfremdeten Proletarier-Dasein eine außer seiner selbst liegende, auf Gesellschaft und ihre notwendige Veränderbarkeit verweisende Sinndimension gab.« (Baethge 1986, 111)

5. Arbeit als soziale Institution

Lernorientierung und Lernzwänge, Statusverluste der Facharbeiter und Selektionsdruck, Bedeutungsverlust betrieblicher Erfahrung: Wie werden diese Veränderungen der Rahmenbedingungen des Lernens von Jugendlichen erlebt? Wie nehmen sie ihre Situation wahr? Welche Bedeutung geben die Jugendlichen ihrer Arbeit und welche Lernprozesse erkennen sie darin? Welchen Wert messen sie einer betrieblichen Ausbildung bei?

Meine Fragen sind offen gestellt. Die Untersuchung richtet sich nicht allein auf die Beziehung der Subjekte zu Arbeitsinhalten und Qualifikationsanforderungen; sie erkundet Arbeitserfahrungen im Zusammenhang der sozialen Welt der Arbeitenden.[17] Die Analyse erfordert deshalb ein Konzept, das »Arbeit« und »Lernen« nicht auf instrumentell-zweckgerichtetes Handeln reduziert und damit von »Interaktion« trennt.[18] Als hilfreich für die Orientierung in diesem weiten Feld erwiesen sich die Arbeiten von Marie Jahoda (Jahoda et al 1975, Jahoda 1983).[19] Jahoda betrachtet »Arbeit« als soziale Institution, die dem Menschen bestimmte Kategorien der Erfahrung aufzwingt: »Die Struktur der Erwerbstätigkeit in der modernen Welt hat sich über mindestens zwei Jahrhunderte entwickelt. Während die Macht der organisierten Arbeiterschaft und veränderte Technologien diese Struktur bedeutend verändert haben, ist sie zumindest in zwei Aspekten unverändert geblieben: Zum einen ist sie das Mittel, durch das die große Mehrheit der Menschen ihren Lebensunterhalt verdient; und zum anderen zwingt sie, als ein unbeabsichtigtes Nebenprodukt ihrer Organisationsform, denjenigen, die daran beteiligt sind, bestimmte Kategorien der Erfahrung auf. Sie gibt dem wach erlebten Tag eine Zeitstruktur; sie erweitert die Bandbreite der sozialen Beziehungen über die oft stark emotional besetzen Beziehungen zur Familie und zur unmittelbaren Nachbarschaft hinaus; mittels Arbeitsteilung demonstriert sie, daß die Ziele und Leistungen eines Kollektivs diejenigen des

Individuums transzendieren; sie weist sozialen Status zu und klärt die persönliche Identität; sie verlangt regelmäßige Aktivität.« (Jahoda 1986, 136)[20,21]

Arbeit ist in dieser Sichtweise eine Institution, deren Sozialisierungsfunktion in Kategorien von Zeitstruktur, sozialen Beziehungen, Teilhabe an kollektiven Zielsetzungen, Zuweisung sozialer Identität und persönlichem Status zu fassen ist. Dieses offene Kategoriensystem stellt einen Rahmen zur Verfügung, der meine Beobachtungen leiten kann.[22]

So unterliegt die Arbeitsorganisation einem besonderen Zeitrhythmus, der den Grad selbstbestimmter Organisation des Arbeitsprozesses durch die Arbeitenden festlegt. Wie eine Fülle sozialpsychologischer Studien zeigt (zusammengefaßt in Jahoda 1986, 104ff), konstituiert sich auf dieser Ebene die Erleb-

---

16 Das Geflecht von Bedeutungen und Beziehungen, das sich »hinter« der Wirkung von »Arbeit« für das »Lernen« verbirgt bzw. das spannungsreiche Ineinander, das diese »Wirkung« erzeugt, wird in der berufspädagogischen Debatte kaum je untersucht, sondern vorausgesetzt. Der Begriff »Lernort« bzw. »Lernort Betrieb« markiert eine Leerstelle. Er verbirgt die soziale Struktur, in der das Lernen stattfindet. So läßt sich die alte Kritik von Dörschel weiterhin aufrechterhalten: »Die pädagogische Sinnverarmung und die Neutralisierung des Pädagogischen kennzeichnen den Begriff »Lernort«, wenn das isolierende Denken dabei vor allem oder nur die instrumentellen Funktionen... in Schule und Betrieb hervorhebt und die existentielle Bedeutung dieser Sozialgebilde im ganzen für den einzelnen zumindest unterbewertet, wenn nicht ganz außer acht läßt.« (Dörschel 1974, 25)

17 Vgl. J. Habermas: Erkenntnis und Interesse (Habermas 1977, 36ff); zum Arbeitsbegriff bei Habermas vgl. auch Ganßmann 1990.

18 Obwohl die Studie »Die Arbeitslosen von Marienthal« (zuerst 1933), an der neben Paul Lazarsfeld und Marie Jahoda auch Hans Zeisel und andere mitgearbeitet haben, immer wieder zitiert und bis heute als beispielgebende empirische Arbeit vorgestellt wird (vgl. Flick et al 1995, 119ff) und das Buch »Wieviel Arbeit braucht der Mensch« (Jahoda 1983) mehrere Auflagen erlebte, so ist doch die Vielfalt von Marie Jahodas Arbeiten, die seit ihrer Emigration aus Österreich 1938 in den USA und in England lebte und arbeitete, hierzulande kaum bekannt (vgl. u.a. Jahoda 1942; Jahoda 1958; Jahoda 1966; Jahoda 1969; Jahoda 1981; Christie/Jahoda 1954; Selltiz et al 1972). Sie gilt eher als historische Figur denn als zeitgenössische Sozialpsychologin. 1994 ist eine Auswahl ihrer Schriften unter der Überschrift »Sozialpsycholgie der Politik und Kultur« erschienen (Jahoda 1994), doch auch hier steht eine wissenschaftsgeschichtliche Perspektive, das Interesse am »Zusammenhang von erzwungener Migration und sozialwissenschaftlicher Analyse« (Fleck 1994, 8) im Vordergrund. (vgl. auch Fleck 1988; Fleck 1990).

Marie Jahoda starb im April 2001 in England.

nisweise des Arbeitens. In welchem Maß wird die Arbeit als Monotonie oder als strukturierter Zeitablauf mit Elementen der Autonomie erlebt? Danach lassen sich verschiedene Berufsgrupen unterscheiden. Dabei darf nicht einfach vorausgesetzt werden, dass der Qualifikationsgrad der Arbeit unbedingt auch den Grad an Autonomie und Zeitsouveränität festlegt. Es ist gerade bei modernen Berufen, die hohe intellektuelle Anforderungen (zumindest in der Ausbildung) stellen, zu beobachten, dass hier das von der Fließbandarbeit bekannte Problem der leeren Zeit, der Monotonie und Langeweile, wiederkehrt. Umgekehrt ermöglicht Arbeit mit wesentlich geringerer Qualifikation, zum Beispiel in Bereichen des Handwerks, unter Umständen eine hohes Maß an Zeitsouveränität.

Die Welt des Betriebs ist hierarchisch organisiert und Auszubildende stehen auf der untersten Stufe der Betriebshierarchie. Die Unterordnung wird aber unterschiedlich erlebt. Typische Konfliktkonstellationen und ihre Wahrneh-

---

19 Die Macht der Arbeit beruht auf deren zentraler ökonomischer Bedeutung, die zu ignorieren sich die große Mehrheit der Individuen nicht leisten kann: »Die moderne Erwerbstätigkeit ist in den Industriegesellschaften gewiß nicht die einzige Struktur, die diese Bedürfnisse befriedigt. Aber sie ist im Augenblick die vorherrschende und die einzige, die eine automatische Bereitstellung dieser Kategorien mit der für die meisten Menschen bestehenden, überwältigenden ökonomischen Notwendigkeit verbindet, ihren Lebensunterhalt zu verdienen«. (Jahoda 1986, 137) Jahoda kommt also, anders als beispielsweise Gehlen in seiner Institutionentheorie, in ihrem Denken ohne die unbedingte Bindung der Menschen an die Institution Arbeit aus; die Integrationsfunktion beruht nicht auf der Unbewußtheit des Zusammenhangs, sondern ist dem Bewußtsein zugänglich und Veränderung denkbar. Jahoda vermeidet die harmonistischen Implikationen einer Theorie sozialer Integration, die die Institution als Spiegelbild der Bedürfnisnatur des Menschen, eines »nicht festgestellten, plastischen, instinktentbundenen Wesen(s)« (Gehlen 1986, 21ff) begreift. Vgl. auch Gehlen 1986a, Honneth/Joas 1980, 52ff.

20 Zum Thema »Betrieb als Lebenswelt« vgl. auch Volmerg et al 1986; Leithäuser / Volmerg 1988.

21 Jahoda selbst hat ihr Kategorien-Konstrukt nicht als Ergebnis ihrer Arbeiten betrachtet, sondern lediglich als einen Wegweiser, als einen »approach« für wissenschaftliche Notlagen: für die Situationen, in denen das Ziel einer empirischen Untersuchung als Erkundung und Beschreibung eines Problemfeldes angelegt sein muss. Auf ihrem Ansatz, verschiedene Dimensionen von Arbeitserfahrungen zu unterscheiden, gründet auch meine Studie. Ihre Kategorien leiten und strukturieren meine Untersuchung nicht im Sinne von Hypothesen, sondern als ein orientierendes Konstrukt: Es »... directs us to what to look for...« (Jahoda 1981, 186).

mung sind herauszuarbeiten. Wie erleben und bewältigen die Auszubildenden die Zwänge und die Hierarchie der Betriebsordnung? Wie werden Konflikte geregelt? Wo liegen Blockaden bei der Konfliktbewältigung?

So verschieden die hierarchische Ordnung der Betriebe so verschieden ist auch der Realisierungsgrad der Mitbestimmung. Während Handwerksbetriebe kaum Institutionen der Gegenmacht kennen, verfügen Großbetriebe über ein elaboriertes System der Mitbestimmung. Welche Formen der Interessenvertretung gibt es und wie werden diese von den Jugendlichen wahrgenommen?

Die Arbeit definiert den sozialen und persönlichen Status der Individuen in entscheidendem Maße. Allerdings nicht unmittelbar: Der Status realisiert sich erst in der Wertschätzung durch andere. Das Prestige eines Berufes definiert sich in einer Rangskala, auf der jede Berufsgruppe durch ihre soziale Umwelt eingeordnet wird. Die Wertschätzung durch die Gesellschaft steht möglicherweise im Kontrast zum Selbstbild einer Berufsgruppe. Wie sehen die Jugendlichen selbst, wie sie von anderen Berufsgruppen gesehen werden? Wie erleben sie die Statusordnung dieser Gesellschaft und ihren eigenen Platz darin?

6. Arbeitswelten – ein Vergleich

Diese Fragen sollen hier für drei Gruppen exemplarisch untersucht werden. In drei Fallanalysen sollen Situation und Wahrnehmung der Jugendlichen in der Ausbildung betrachtet werden. Die erste Gruppe sind Jugendliche im Beruf des Malers / Lackierers, die in verschiedenen Klein- und Mittelbetrieben ausgebildet werden; Jugendliche für die die Ausbildung im Betrieb vor allem bedeutet, auf den Baustellen mitzuarbeiten. Die zweite Gruppe sind Jugendliche, die in einem anspruchsvollen technischen Beruf ausgebildet werden, in dem die Anforderung des »Lernen lernens« bereits einbezogen ist: Kommunikationselektroniker in einem Großbetrieb mit einer theoretisch orientierten Ausbildung. Die dritte Gruppe schließlich sind Jugendliche, die sich im Rahmen einer ABM-und-Lernen-Maßnahme im Garten-Landschaftsbau darauf vorbereiten sollen, ausbildungsmarktfähig zu werden. Hier wird Arbeit quasi simuliert, um die motivationsstiftenden und orientierenden Effekte entfalten zu können: Übungsarbeit.[23]

Der Vergleich verschiedener Berufseinstiegssituationen, einer handwerklichen Ausbildung, einer technisch-theoretischen Ausbildung und der Arbeitsbe-

---

22   vgl. Scherr 1995, 192.

schaffungs-Maßnahme, soll typische Konstellationen aus der Sicht der beteiligten Jugendlichen zeigen. In verschiedenen, ja gegensätzlichen Konstellationen soll herausgearbeitet werden, was »Arbeit« für Jugendliche jeweils bedeutet und welche Lernerfahrungen sie in den jeweiligen Arbeitszusammenhängen machen.

In der Ausbildung zum Maler/Lackierer wird von den Jugendlichen die Einordnung in Abläufe gefordert, die von hohen physischen Leistungsanforderungen und in persönlicher Autorität gegründeter Hierarchie bestimmt sind. Die Erfahrungen von Jugendlichen in einer technischen Ausbildung sind einbezogen, da diese Auszubildenden sich in einer stark von »theoretischer Erfahrung« bestimmten Situation befinden und in ihrer Ausbildung mit der Anforderung »Lernen zu lernen« konfrontiert sind. Die Ausbildung zum Kommunikationselektroniker ist eine relativ neue Ausbildung, die von »modernen« Lernzielen her strukturiert worden ist. Ein Vergleich der Erfahrungen Jugendlicher, die im Betrieb »arbeiten und lernen«, mit den Erfahrungen in »ABM und Lernen« war von großem Interesse. Zumal unter den zukünftigen Kommunikationselektronikern (aufgrund des sozialen Anspruchs ihres Ausbildungsbetriebs) ein für den Beruf des Kommunikationselektronikers überdurchschnittlich großer Anteil von Hauptschülern ist. Ein mögliches Argument gegen einen Vergleich – die zu große Bildungsdifferenz unter den Jugendlichen – verliert so an Gewicht. Im Vergleich der Erfahrungen von Jugendlichen beim »Arbeiten und Lernen« im Betrieb und mit „ABM und Lernen" in einer Maßnahme kann eine vertiefte Sicht auf die Probleme im Umgang mit dieser Anforderung gewonnen werden. Der Versuch, Orientierungsprozesse in einer betrieblichen Ausbildung nachzuvollziehen, trägt bei zum Verständnis der Orientierung(slosigkeit) in Übergangsmaßnahmen.

Die vergleichende Analyse ist im Sinne des »theoretical sampling« (Glaser/Strauß 1967) konzipiert. Der Anspruch der drei Fallstudien ist es, dass jede der genannten Ausbildungssituationen in ihrer Spezifik erfasst werden kann und sich zugleich für die jeweils anderen Konstellationen neue Blickwinkel und Fragestellungen ergeben. Ohne ein solches Korrektiv qua Kontrast verlöre sich diese Arbeit schnell in kurzschlüssiger Kritik, die vor allem im Hinblick auf die Situation der Jugendlichen in Arbeitsbeschaffungsmaßnahmen zwar nahe gelegen, doch kaum überraschende Gesichtspunkte erbracht hätte.

Alle drei exemplarischen Berufsbereiche sind »Männerdomänen«: Die Kommunikationselektronik ebenso wie der Beruf des Malers/Lackierers und der Garten-Landschaftsbau. Die große Mehrheit der für diese Studie befragten Jugendlichen (88%) ist männlich und die Untersuchung wird sich auf die Erfahrungen der jungen Männer konzentrieren.[24] Bei der Beurteilung der Ergebnisse der drei Fallstudien und des Vergleichs wird die Tatsache, dass es sich um eine männliche Perspektive auf Arbeits- und Lernerfahrungen handelt, zu beachten sein.

Es sind insgesamt 185 Jugendliche aus den drei verschiedenen Berufsfeldern, deren Stellungnahmen hier verarbeitet worden sind. Es ist jedoch nicht das Ziel dieser Arbeit, repräsentative Ergebnisse vorlegen zu können; die Ergebnisse dieser explorativen Studie haben vor allem heuristischen Wert. Dynamik und Ambivalenz exemplarischer Ausbildungssituationen sollen herausgearbeitet werden.

Im nächsten Kapitel werden die Grundlagen für den Vergleich der drei Gruppen und das methodische Vorgehen beschrieben. Die drei folgenden Kapitel stellen die drei Fallstudien zur Ausbildung der Maler, der Kommunikationselektroniker und zur Arbeit in Arbeitsbeschaffungsmaßnahmen vor. Die Arbeit schließt mit einer vergleichenden Betrachtung zur Sicht der Jugendlichen auf ihre Arbeitserfahrungen: »Richtige Arbeit«.

---

23   Im Text wird deshalb in der Regel auch die männliche Form gewählt; also z.B. »Maler« und nicht »Malerin«.

Kapitel 2:
Material und Auswertung

Gegenstand dieser Untersuchung sind die Erfahrungswelten junger Arbeiter. Genauer: die Erfahrungswelten Jugendlicher, die sich in Arbeitsbeschaffungsmaßnahmen, in der Maler-Ausbildung und in der Ausbildung zum Kommunikationselektroniker befinden. Im Kontrast von Maßnahmesituation, Handwerksausbildung und technisch-theoretisch ausgerichteter Ausbildung will ich herausarbeiten, welche Bedeutung die Jugendlichen ihren Arbeitserfahrungen geben. Grundlage dafür sind Gruppeninterviews, die vorwiegend im Rahmen von Bildungsseminaren entstanden sind.

1. Die befragten Jugendlichen – Auszubildende im »Bildungsurlaub«

Die empirische Grundlage dieser Arbeit bilden Gesprächsmitschriften und Arbeitsergebnisse aus Seminaren mit Auszubildenden zu arbeitsbezogenen Themen, vor allem zum Thema »Arbeit und Gesundheit«. Die Teilnehmenden sind Jugendliche, die – in der Regel unterstützt durch das Engagement einer Jugendvertretung oder eines Berufsschullehrers – an einer als »Bildungsurlaub« anerkannten Veranstaltung teilnehmen möchten.[1] Das Berliner Bildungsurlaubsgesetz ermöglicht die Freistellung von der Arbeit zu Weiterbildungszwecken. Für die Teilnehmenden an den Seminaren steht in der Regel zunächst der Wunsch im Vordergrund, gemeinsam etwas zu unternehmen; weniger das gerichtete Interesse für das angebotene Thema. Die Jugendlichen nehmen freiwillig an den Veranstaltungen teil und bezahlen dafür einen Unkostenbeitrag. Die Gruppen, die zu den Seminaren kommen, sind bereits »Kollegen«, sie lernen in einer Berufsschule, teilweise auch im selben Betrieb: Sie kennen sich seit dem Beginn ihrer Ausbildung.

Eine Auswahl der Teilnehmenden fand nicht statt; die ausgewerteten Protokolle und Materialien beziehen Seminarergebnisse aus allen zurückliegenden

---

1 Dies gilt für die Jugendlichen in AB-Maßnahmen allerdings nicht in gleicher Weise; zu den Voraussetzungen für die Zusammenarbeit s. Kapitel 5. Die Gespräche, die mit den jugendlichen ABM-Arbeitern geführt wurden, folgten jedoch den selben Orientierungen wie die Seminargespräche mit den Auszubildenden.

Veranstaltungen mit der jeweiligen Berufsgruppe ein. Für die Materialstudie zum Thema Malerarbeit liegen vor: Protokolle und Gesprächsmitschnitte aus Seminaren zum Thema »Arbeit und Gesundheit« zwischen 1989–1995; die Äußerungen von 76 Jugendlichen sind in diese Auswertung einbezogen (70 männliche und 6 weibliche). Es sind Jugendliche, die in sehr kleinen Firmen (bis zu 10 Beschäftigten) aber auch in mittelständischen Unternehmen mit mehreren hundert Beschäftigten ausgebildet werden. Fast alle befinden sich im zweiten Ausbildungsjahr.

Die Materialstudie zur Kommunikationselektroniker-Ausbildung beruht auf Gesprächen aus Seminaren, die in den Jahren 1988 bis 1994 stattgefunden haben. Insgesamt gehen die Stellungnahmen von 56 Jugendlichen ein. Alle lernen im selben Großbetrieb. Ihre Ausbildung findet vorwiegend in Lehrwerkstätten statt; Lehrgänge an Übungsarbeitsplätzen und Praxiseinsätze im Außendienst ergänzen das Programm im zweiten und dritten Ausbildungsjahr. Die Gruppen, die zu Seminaren kommen, lernen gemeinsam, sowohl in der Berufsschule als auch im Betrieb. Der Ausbildungsstart der Jugendlichen liegt in den Jahren 1987 bis 1993; die Auszubildenden befinden sich zum Zeitpunkt der Interviews im zweiten (20) und dritten Ausbildungsjahr (20), einige am Ende ihres ersten Jahres (6), wenige kurz vor Ende der Ausbildung (3). Bis auf zwei Kolleginnen handelt es sich um junge Männer. Das Material für diese Studie entstammt nicht nur dem beschriebenen Seminartyp »Arbeit und Gesundheit«, sondern umfasst auch die umfangreichen Mitschriften aus einem Seminar »Ausbildungsforum«, an dem Auszubildende aus verschiedenen Lehrjahren sowie Ausbilder teilgenommen haben. In diesem Seminar übernahm ein Protokollant die Aufzeichnungen, es gibt keine Tonbandaufnahmen. Zudem wurden auch die Erfahrungen von Mitgliedern der Jugend- und Auszubildendenvertretung einbezogen, vor allem derjenigen, die sich selbst auch in der Kommunikationselektroniker-Ausbildung befanden (7); eine davon war eine junge Frau; seit 1984 besteht ein regelmäßiger Kontakt und es gibt ausführliche Protokolle und Tonbandaufnahmen von Gruppendiskussionen.

Die Fallstudie »ABM-Arbeit« beruht ebenfalls auf Interviews, auf Interviews mit Jugendlichen, die für jeweils ein Jahr als Arbeiter in zwei verschiedenen ABM-und-Lernen-Projekten beschäftigt waren. Diese Gespräche sind nicht im Rahmen von Bildungsseminaren, sondern auf Baustellen während der Arbeitszeit, im Rahmen von Unterrichtsstunden und Projektwochen geführt worden. Die Materialsammlung entstand 1990–1992 im Anschluss an eine Untersuchung zur Berufsorientierung und Mitarbeiterqualifikation in ABM-

und-Lernen-Maßnahmen (vgl. Panke/Sötje 1995). Insgesamt wurden 63 Jugendliche in Gruppengesprächen und auf Baustellen befragt. Die Gruppeninterviews fanden jeweils gegen Ende des Maßnahmejahres statt. Rund 80% dieser Jugendlichen sind junge Männer.

Alle Jugendlichen kommen aus Berlin; unter den Auszubildenden im Malerberuf befindet sich sich eine Minderheit von Jugendlichen aus dem Osten der Stadt. Es waren die beruflichen Schulen, in denen zuerst Jugendliche aus Ost und West gemeinsam »eingeschult« wurden, während Jugendliche in AB-Maßnahmen getrennt untergebracht wurden. Alle hier zu Worte kommenden jungen ABM-Arbeiter leben im Westen der Stadt, ebenso wie die angehenden Kommunikationselektroniker.

Die Mehrheit der Jugendlichen hat als maximalen Bildungsabschluss einen Hauptschulabschluss. Während der Seminare wurden zwar keine Umfragen über die Schulabschlüsse und zu persönlichen Daten gemacht, doch einen Hinweis geben die Statistikbögen, die über die Teilnahme an Bildungsurlaubsveranstaltungen nach dem Berliner Bildungsurlaubsgesetz geführt werden, sowie Äußerungen in den Gesprächen. Von den Jugendlichen in ABM haben annähernd 50% einen Hauptschulabschluss oder einen erweiterten Hauptschulabschluss; 20% haben einen Realschulabschluss; 30% dagegen haben gar keinen Schulabschluss. Die Maler-Auszubildenden haben fast alle einen Hauptschulabschluss; einige wenige haben keinerlei Schulabschluss oder einen Realschulabschluss. Von ihrem Bildungsstand her ist die Gruppe der Maler den ABM-Teilnehmern durchaus ähnlich. Unter den Auszubildenden für den Beruf des Kommunikationselektronikers befindet sich – aufgrund des sozialen Anspruchs ihres Ausbildungsbetriebs – ein für diesen Beruf überdurchschnittlich großer Anteil von Hauptschulabsolventen von ungefähr 20%. Alle anderen haben einen Realschulabschluss.[2]

Die Seminare, die für diese Arbeit ausgewertet wurden, wurden nach dem Beruf(sfeld) der Teilnehmenden und dem Seminarthema ausgewählt. Eine Auswahl der Auszubildenden fand nicht statt; ich muss allerdings davon ausgehen,

---

2 Schulische Vorbildung in der KE-Ausbildung im Bundesdurchschnitt (Zahlen für 1986–1988): ohne Hautschulabschluss (HSA) 0,2% / HSA 15.5% / Realschulabschluss (RS) 71,5% / Hochschul(HS-)Reife 7,8% / Berufsgrundbildungsjahr (BGJ/(Schule): 0,8% / Berufsfachschule (BFS) 4,0% Sonstige: 0.2% (Hitschfel/Zimmer 1990). Für die Ausbildung zum Maler/Lackierer (Zahlen für 1986–1988): ohne HSA: 11,2; HSA 61,4%; RS 8,7&, HS-Reife: 1,6%, BGJ (Schule) 5,1%, BFS 5,3%; Sonstige 6,8% (Hitschfel/Zimmer 1990).

dass insgesamt vor allem die Perspektive »erfolgreicher« Auszubildender zur Sprache kommt. Diejenigen, die die Ausbildung bereits abgebrochen haben, sind nicht mehr dabei – dies ist bei den Auszubildenden im Malerberuf eine nicht unerhebliche Zahl: Bundesweit liegen der Anteil der Ausbildungsabbrecher bei 12,5 % (Hitschfel / Zimmer 1990, 184). Betrachtet man die Zahlen für das erste Ausbildungsjahr, so wird ein drastischer Einbruch erkennbar: 1991 wurden in Berlin 41% aller neuen Ausbildungsverträge in diesem Beruf aufgelöst. (Gellhardt/Kohlmeyer/Theisen 1995,14) Die Abbruchquote bei Kommunikationselektronikern ist deutlich geringer: Bundesweit wird für das Jahr 1988 die Zahl mit 1,9% für alle Auszubildenden angegeben; die Statistik weist für das erste Ausbildungsjahr in Berlin für 1991 allerdings immerhin 16% aus. (Gellhardt/Kohlmeyer/Theisen 1995,14). Eine Größenordnung, die – nach unseren Beobachtungen – im hier in Frage stehenden Ausbildungsbetrieb nicht erreicht wird.[3] In AB-Maßnahmen gibt es eine beträchtliche Fluktuation, die von erfahrenen Betreuern und Fachkräften der Arbeitsämter in der Regel mit ungefähr einem Drittel beziffert wird. Für die verbleibenden Teilnehmer ist jedoch davon auszugehen, dass sie in der Regel die maximale Maßnahmedauer ausschöpfen. Der Standpunkt, der im vorhandenen Material dominiert, ist der derjenigen, die bereits geraume Zeit »durchgehalten« und ihre Ausbildungs- bzw. Arbeitssituation akzeptiert haben.

2. Entstehung der Materialien: Bildungsarbeit zum Thema Arbeit und Arbeitskultur

Veranstalter der Seminare, an denen die Jugendlichen teilgenommen haben, war der Kirchliche Dienst in der Arbeitswelt (KDA) Berlin-Brandenburg / Evangelische Industriejugend, ein Amt der evangelischen Landeskirche in Berlin-Brandenburg.[4] Erfahrungen der Mitarbeiter und Mitarbeiterinnen aus langjähriger Arbeit mit Auszubildenden sind in die Konzeption der Seminare zu »Arbeit und Gesundheit« eingegangen. (vgl. Czock 1990; Czock 1993; Czock 1997; Panke 1993; Panke/Kuhn 1996; Sötje 2000)[5]

---

3   In späteren Jahren steigt allerdings auch in diesem sehr neuen Beruf die Abbruchquote.
     Im Jahr 1997 sind es 7,9% (Abbrüche in allen Ausbildungsjahren zusammengenommen).
     Quelle: Hitschfel/Zimmer 1990 (132) und Hitschfel/Zimmer 1999 (36).

Ein wesentliches Ziel dieser Seminare ist es, die Reflexion von Arbeitserfahrungen und Erfahrungsaustausch unter den Kollegen zu initiieren. Das Thema »Arbeit und Gesundheit« erwies sich als ein aufschlussreicher Zugang zu den Arbeitserfahrungen der Auszubildenden, denn es erlaubt, eine große Breite von Themen zu erarbeiten. Die Interviewpartner beschreiben ihre Arbeitstätigkeiten, ihre Beziehungen zu den Kollegen, ihre Erfahrungen mit dem eigenen Körper, den Umgang mit der Zeit, ihre Zukunftspläne und ihre Strategien, der Arbeit Sinn zu geben. Die Sprechsituation ist offen; jedes Thema, das für die Auszubildenden wichtig erscheint, kann angesprochen werden.

Die Basis des Seminarkonzepts und die Grundlage für den Seminarablauf bildet ein Gruppengespräch mit den Jugendlichen über ihre Arbeitssituation; dieses Gespräch ist – nach organisatorischen Klärungen – der eigentliche Beginn der Veranstaltung und wird in kleinen Gruppen durchgeführt. Die Arbeitsgruppen umfassen in der Regel sechs bis acht Teilnehmer; diese Arbeitsphase dauert ungefähr zweieinhalb Stunden und wird auf Tonband aufgenommen. Ein Teamer oder eine Teamerin leitet das Gespräch, das nicht als Gruppendiskussion angelegt ist, sondern als eine Reihe von Dialogen. Am Anfang

---

4   Zur Struktur und Arbeitsweise des Kirchlichen Dienstes in der Arbeitswelt vgl. Sozialwissenschaftliches Institut der Evangelischen Kirche in Deutschland / Wissenschaftliche Arbeitstelle des Oswald-von-Nell-Breuning-Hauses 1998.

5   Ausgehend von den Erfahrungen aus der Bildungsarbeit zu »Arbeit und Gesundheit« sind weitere Seminarthemen für Auszubildende entwickelt worden: »Lebensperspektiven – Abschied von der Ausbildung« und »Männerbilder« zum Beispiel. Einen dritten thematischen Schwerpunkt der Arbeit mit Auszubildenden bildet das Thema »Heimat«. (vgl. Steil 1995, Czock/Panke/Steil 1999) Seit die Arbeit des Kirchlichen Dienstes in der Arbeitswelt / Ev. Industriejugend der Ev. Kirche in Berlin-Brandenburg eingestellt wurde, werden Bildungsveranstaltungen in der Tradition dieser Arbeit durch den Verein Forum Arbeit e.V. durchgeführt.

Eine gemeinsame Prämisse aller Seminarkonzeptionen liegt in der Annahme, dass die Lebens- und Arbeitssituation junger Arbeiter starken Wandlungsprozessen unterworfen ist. Diese Abhängigkeit von gesellschaftlichen und technischen Entwicklungen ist nicht vor allem als ein historisch neues Phänomen, als »Individualisierung« (Beck), zu begreifen, sondern als geschichtliches Moment in der Geschichte von Arbeitern und ihren Familien (vgl. Bahrdt 1975; Bahrdt 1995, 212f; Osterland 1978; Mooser 1984); die Seminarkonzeption verfolgt das Ziel, die Entwicklung »biographischen Bewusstseins« (Bahrdt 1995, 219) zu unterstützen und berufliche Handlungsfähigkeit wie soziale und politische Kompetenzen zu fördern. Eine solche Konzeption folgt dem Motto »Aus Geschichten lernen« (vgl. Baacke/Schulze 1993).

stehen die Leitfragen »Was ist schön?« und »Was ist schwer in der Arbeit?« Das Thema der Seminare lautet zwar »Arbeit und Gesundheit«, doch das Interesse der Pädagoginnen und Pädagogen richtet sich nicht allein auf die Gesundheitsprobleme und Gefahren der Arbeit, sondern auf den Alltag der Jugendlichen, auf aus subjektiver Sicht herauszuhebende Momente: das »Schöne« und das »Schwere«. So erhalten die Befragten Raum, ihr Relevanzsystem zu entfalten (vgl. Bohnsack 1999, 22). Würden die Themen im Seminargespräch eingeschränkt auf Gefahren, Belastungen und gesundheitsgefährdende Verhaltensweisen, so würde diese Dimension gerade verfehlt. Die offene Fragestellung beruht auf einem ganzheitlichen Konzept von Gesundheitsförderung, das die Aufmerksamkeit auf die subjektiven Handlungsgründe richtet, und das den Sinn der Arbeit und das Betriebsklima ebenso einbezieht wie Arbeitssicherheit und materielle Arbeitsbedingungen. Die Arbeitsweise in den Seminaren beruht auf der Erfahrung, dass individuelles Gesundheitsverhalten nur reflektiert und unter Umständen auch verändert werden kann, wenn auch die betriebliche »Arbeitskultur« mit in den Blick genommen wird. Gesundheitsverhalten am Arbeitsplatz ist in kulturelle Gegebenheiten eingelagert und davon mit bestimmt. Die Jugendlichen wachsen im Laufe ihrer Ausbildung in die »Arbeitskultur« ihres Betriebes hinein. Vermittelt über die älteren Kollegen lernen sie Strategien der Alltagsbewältigung und den Umgang mit Belastungen ebenso kennen wie Traditionen, die entwickelt wurden, um Würde zu wahren und Identität zu verteidigen.[6] Wenn Jugendliche eine Ausbildung beginnen, müssen sie nicht nur fachliche Qualifikationen erwerben: Die Kollegen und Kolleginnen sind unbekannt; die Handlungsweisen der Vorgesetzten noch nicht vorhersehbar. Auszubildende müssen die Regeln kennen lernen, wie man miteinander umgeht. In jedem Betrieb gibt es neben den »offiziellen« Vorschriften eine Fülle ungeschriebener Gesetze und informeller Verhaltensanforderungen. Kleidung,

---

6 Einen gelungenen Versuch, die Ambivalenz der gemeinten Ebene zu beschreiben, findet sich in einem Beitrag von Ulf Kadritzke (Kadritzke 1995) zur »Welt der Angestellten«: »Sofern wir uns umwenden und den Blickwinkel der Menschen im Büro einnehmen, erleben wir Akteure, die aus den Umständen nicht das Beste, aber doch etwas machen, was mehr ist als das bloße Überleben... auch das praktische Zusammenspiel von regelhaftem und subversivem Verhalten, das wissenschaftlich als ›informelle Organisation‹, als ›Bürokultur‹ oder als individualistische ›Mikropolitik‹ bestimmt wird, verweist auf höchst unbürokratische Beziehungen und auf Momente subjektiver Widerständigkeit. Ist die Wirkung harmonisch oder subversiv?« (Kadritzke 1995, 284) Vgl. auch Peukert 1983; Lüdtke 1983.

Arbeitstempo, Erfolgskriterien oder auch nur Dauer und Häufigkeit kleiner Pausen – diese Beispiele deuten an, wie vielfältig sich Neulinge im Betrieb orientieren müssen.[7]

Die Auszubildenden sind (sofern es nicht um große Betriebe mit eigenen Ausbildungswerkstätten geht) erst einmal allein und stehen zudem in der betrieblichen Hierarchie sehr weit unten. Noch vor der fachlichen Qualifizierung ist für die Jugendlichen das Hineinwachsen in das Verhältnis zu den älteren Kollegen von entscheidender Bedeutung. Wer sich nicht arrangieren kann, hat kaum Chancen auf einen erfolgreichen Ausbildungsverlauf. »Um es sich mit den Kollegen nicht zu verderben oder überhaupt akzeptiert zu werden, muss jeder Neue die Spielregeln und Gepflogenheiten des jeweiligen Arbeitsmilieus zunächst einmal kennen lernen. Wer sich anders verhält als ›allgemein üblich‹, handelt sich unweigerlich Konflikte ein: Entweder wird er gleich ausgegrenzt oder er muss sich für sein abweichendes Verhalten rechtfertigen und wird dann mit den Erfahrungen der älteren Kollegen konfrontiert.« (Göbel/Guthke 1995, 142f) Aus diesem Verhältnis erwächst auch ein Konformitätsdruck, die Nötigung zur Anpassung an die herrschende Arbeitskultur. Doch sollen die Routinen älterer Kollegen nicht gering geschätzt werden. Im Gegenteil: »Diese Erfahrungen sind immer vielschichtig und komplex. Die durch sie tradierten Gewohnhei-

---

7   Über Begriffe wie »Organisations-«, , »Unternehmens-« oder »Betriebskultur« wird seit den 80iger Jahren heftig diskutiert. Die Beiträge zu dieser Diskussion lassen sich in zwei Lager teilen, die Ulrike Berger folgendermaßen klassifiziert: »Das erste Lager interessiert sich primär für den Beitrag der Unternehmenskultur zum Unternehmenserfolg.... Dieses Lager der ›Unternehmenskultur‹ oder ›corporate culture‹ konzipiert Unternehmenskultur als Variable, mit deren Hilfe das Handeln der Organisationsmitglieder gesteuert und erklärt werden kann. ... Das zweite Lager ... bezieht sich auf die ›soziale Konstruktion der Wirklichkeit‹ (Berger / Luckmann 1969). Diesem Lager geht es primär darum , den Sinn organisationaler Phänomene zu deuten und zu verstehen.« (Berger 1993, 12) Gleichwohl ist das »kulturtheoretische Defizit industriesoziologischer Forschung«, das Birgit Mahnkopf zu Beginn der 80er Jahre diagnostiziert hat (Mahnkopf 1982), bislang kaum gefüllt. Vgl auch Wittel 1997, 276; Berger 1993, 34.
   Der hier gebrauchte Begriff der »Arbeitskultur« ist nicht systematisch auf diese Debatten bezogen, sondern geprägt von Erfahrungen auf dem Feld der betrieblichen Gesundheitsförderung; seinem Anspruch nach orientiert dieser Begriff auf den selbstbewussten Umgang der Beschäftigten mit kulturellen Phänomenen. (vgl. Czock / Göbel / Guthke 1990; Czock / Göbel / Guthke 1995: Kuhn / Panke 1996).

ten und Verhaltensweisen sind keinesfalls durchwegs gesundheitsgefährdend, im Gegenteil! Sie enthalten auch immer viele Tricks und Tips, wie man sich schützen kann, wo es gefährlich wird, was man auf keinen Fall tun sollte. Zugleich aber wird darin vermittelt, was jemand aushalten können muss, um als vollwertiger Kollege anerkannt zu werden.« (Czock/Göbel/Guthke 1995, 143) So dienen die Gruppengespräche auch dazu, diesen kulturellen Rahmen des Gesundheitshandelns der Einzelnen im Betrieb kennen zu lernen und die darauf bezogenen Handlungsgründe der Jugendlichen zur Sprache zu bringen.

Die Ergebnisse aus dem Gruppengespräch über »das Schöne« und »das Schwere« in der Arbeit werden am nächsten Seminartag der ganzen Gruppe vorgestellt und eröffnen allen Seminarteilnehmern Einblicke in individuelle, persönliche Sichtweisen auf den Arbeitsalltag. Zugleich liefern diese ersten Seminarergebnisse in ihrer Gesamtheit einen Überblick über die Breite der berufsrelevanten und betriebsspezifischen Themen und über die Gesundheitsprobleme der Auszubildenden.[8] Die Kollegen erkennen sich in den geschilderten Erlebnissen anderer wider; es werden nicht nur individuelle, persönliche Verhaltensmuster deutlich, auch kollektive Übereinkünfte werden transparent, die im Alltag auf der kaum hinterfragbaren Ebene der Selbstverständlichkeiten verbleiben.

Der auf Tonband festgehaltene Gesprächsmitschnitt wird für diese erste Sammlung von Arbeitsergebnissen komprimiert und für jeden Auszubildenden ein eigener Text zusammengestellt. Die Pädagoginnen und Pädagogen treffen eine Auswahl, verändern jedoch nichts an den Formulierungen; alle Beteiligten werden wörtlich zitiert. Die Zitate werden unter dem Gesichtspunkt der persönlichen Stimmigkeit und Bedeutung ausgewählt. Es wird herausgearbeitet, wie jeder Teilnehmer seine Arbeit und seine Situation beschreibt; es soll herausgestellt werden, welche Begründungen jeweils für das eigene Handeln genannt werden. Es steht also nicht die Frage im Vordergrund, ob »richtig« oder »falsch« gehandelt wird: »Bei der Planung unserer Bildungsseminare haben wir uns vor Augen geführt, dass die Art der Erinnerung und die Formulierung der Erfahrung der Teilnehmer eine Konstruktion ist, um die gesellschaftlichen Widersprüche

---

8 In der Auswertung der Seminargespräche für diese Arbeit bilden die Gesundheitsprobleme der Jugendlichen im Zusammenhang der gesamten Arbeitssituation nur einen Teilaspekt. Doch liegt hier ein eigenes Thema von großer Brisanz: Repräsentative Studien (vgl. Engel/ Hurrelmann 1994; Mansel/Hurrelmann 1994; Müller et al 1999) ebenso wie regional bezogene Übersichten (vgl. Landesarbeitskreis Arbeit und Gesundheit des Landes Brandenburg 2000; Kuhn 2001) bestätigen dies.

auszuhalten und lebbarer zu machen. Deshalb ist es wenig nützlich, nur über Probleme zu reden, weil die Teilnehmer so reden, als wären sie selbst schon Meister ihres Lebens.«(Czock 1990, 137)

Die komprimierten Mitschriften aus den Gruppengesprächen bilden dann die Grundlage für die weitere Seminararbeit:»Lösemittel«,»Unfallgefahren«,»Stress« beispielsweise sind Stichworte, die in den Seminaren mit angehenden Malern und Lackierern immer wieder bearbeitet wurden.»Stress« und »Lernen« wurden oft in Seminaren mit Kommunikationselektronikern thematisiert. Texte, Expertengespräche, Recherchen per Telefon und Interviews mit Passanten auf belebten Straßen werden genutzt, um diese Problembereiche weiter zu bearbeiten. In der Abschlussphase der Seminare wird dann über ein gemeinsames Produkt diskutiert und abgestimmt: In der Regel sind es Plakate für die Berufsschule oder den Betrieb und Seminarzeitungen, die zum Abschluss erarbeitet werden.

Die Gesprächsmitschriften sind Materialien für die Seminargruppe; sie entstanden nicht zu Forschungszwecken sondern mit dem Ziel, wichtige Aspekte der Arbeitssituation zum Thema kollegialer Diskussion werden zu lassen. Die thematische Arbeit im Seminar auf der Grundlage der Erfahrungssammlung und die»Übersetzung« von Arbeitsergebnissen in Plakate oder Zeitungen, vor allem aber das Aufschreiben und Vorlesen der wörtlich festgehaltenen Erfahrungen bedeutet für die Jugendlichen Anerkennung ihrer Erfahrungen, mehr noch: Anerkennung in einem öffentlichen Raum.

Hannah Arendt hat den Zusammenhang von öffentlichem Erzählen und Identität so beschrieben:»Es (der Begriff »öffentlich«, MP) bedeutet erstens, daß alles, was vor der Allgemeinheit erscheint, für jedermann sichtbar ist und hörbar ist... Daß etwas erscheint und von anderen genau wie von uns selbst wahrgenommen werden kann, bedeutet innerhalb der Menschenwelt, daß ihm Wirklichkeit zukommt... Die Gegenwart anderer, die sehen, was wir sehen und hören, was wir hören, versichert uns der Realität der Welt und unser selbst.« (Arendt 1981, 49f) So lässt sich auch das Anliegen dieser Arbeit mit den Auszubildenden umreißen: Zu hören, was sie hören und zu sehen, was sie sehen.[9]

---

9   Über diese Seminare ist in Publikationen des Trägers oder bei Fachtagungen zur betriebsbezogenen Bildungsarbeit immer wieder berichtet worden; deshalb wurden die Auszubildenden auch befragt, ob Zitate aus»ihren« Seminaren in Veröffentlichungen verwendet werden dürften. Alle Beteiligten haben dazu ihre Zustimmung gegeben. Teilweise sind solche Publikationen auch gemeinsam mit Jugendlichen erarbeitet worden.

3. Einzelgespräche vor der Gruppe als fokussiertes, befragten-zentriertes Interview

Die Gespräche in den Seminargruppen lassen sich, unter methodischer Perspektive gesehen, als »problemzentrierte Interviews« bezeichnen, also als eine Interviewform, deren zwiespältige Perspektive Witzel so beschrieben hat: »Einmal bezieht es sich auf eine relevante gesellschaftliche Problemstellung... zum anderen zielt es auf Strategien, die in der Lage sind, die Explikationsmöglichkeiten der Befragten so zu optimieren, daß sie ihre Problemsicht auch gegen die Forscherinterpretation und in den Fragen implizit enthaltenen Unterstellungen zur Geltung bringen können.« (Witzel 1982, 69; hier zitiert nach Heinz/Krüger 1987, 34). Das Anliegen der Gesprächsführung lässt sich auch mit Hilfe des Begriffs des »fokussierten Interviews« beschreiben; geht es doch darum, Raum zu schaffen für die Jugendlichen und ihre Schwerpunkte: »... ein Ziel fokussierter Interviews ist es ja gerade, die Themenreichweite zu maximieren und den Befragten die Chance zu geben, auch nicht-antizipierte Gesichtspunkte zur Geltung zu bringen.« (Hopf 1995, 179) [10]

Es existiert kein verbindlicher Leitfaden für die Gespräche, doch gibt es typische Etappen im Gesprächsverlauf: Das Gespräch beginnt mit einer Einführung. Es wird begründet, warum ein Tonband mitläuft und die Maximen für den Ablauf werden erläutert. Erstens gilt: Es sind die persönlichen Erfahrungen aus der betrieblichen Praxis der Auszubildenden, auf denen das Seminar aufbauen soll; deshalb müssen zuerst diese Erfahrungen gesammelt und dokumentiert werden. Zweitens: Jeder soll zu Worte kommen und seine Situation schildern, weil jeder Mensch andere und eigene Erfahrungen hat. Drittens: Es geht nicht darum, sich darüber auseinander zu setzen, welche Erfahrungen richtig oder falsch sind, weil man über persönliche Erfahrungen nicht wie über verschiedene Meinungen diskutieren kann. Und schließlich viertens: Das Tonband ist notwendig, weil so am besten genau und wörtlich festzuhalten ist, was jeder zu sagen hat. Zuhören und mitschreiben zugleich überfordert die Gesprächsleitung.

---

10 Christel Hopf ist skeptisch im Hinblick auf die Erträge dieser begrifflichen Abgrenzung: Sie hält den Begriff des »problemzentrierten Interviews« für wenig trennscharf und verweist zudem auf die Differenz zwischen theoretisch ausgearbeiteten Ansprüchen und pragmatischer Durchführung bei diesen teilstrukturierten Interviewformen. (Hopf 1995, 179). Ansprüche und Ziele der Gesprächsführung in den Seminaren lassen sich so jedoch treffend umreißen.

Die Gesprächsführung sucht das Grundprinzip des Ablaufs, dass jeweils eine Person im Mittelpunkt steht und dass jeder Beitrag gleich wichtig ist, durchzuhalten und den Teilnehmenden immer wieder deutlich zu machen. Ergänzungen, Kommentare, Diskussionen werden nicht verhindert, aber zu begrenzen gesucht. Immer wieder kommt es zu Wortwechseln, Einwürfen, Lachen; doch das Ziel, jeden einzelnen zu Wort kommen zu lassen und ihm den Raum zur Formulierung seiner Gedanken zu sichern, soll dominant bleiben. Diese Regeln und die Tonbandaufzeichnung werden von den Auszubildenden akzeptiert, das zeigen die Gesprächsverläufe. Einzelne Jugendliche fassen sich ausgesprochen kurz, andere wiederum nutzen die Gesprächsrunde zur ausführlichen Selbstdarstellung. Eine vollständige Verweigerung hat es in Seminaren zu Gesundheitsthemen nie gegeben.

Nach der Einführung richten sich die Fragen immer vorrangig an einen Gesprächspartner. Die erste Frage lautet in jedem Fall:»Was ist für Sie schön an der Arbeit?«[11] Nach einem Gespräch über die Themen, die sich aus der Frage nach dem »Schönen« in der Arbeit ergeben, folgt die Frage nach dem »Schweren«. In der letzten Phase eines jeden Einzelgesprächs werden auf »Arbeit und Gesundheit« im engeren Sinne bezogene Fragen ergänzt: Fragen nach Beschwerden und Belastungen. Der ähnliche Ablauf aller Einzelgespräche schafft einen verlässlichen Rahmen für die Beteiligten: Niemand braucht völlig unbekannte Fragen fürchten. Die Rolle, die die Pädagogen und Pädagoginnen einnehmen, ist die des interessierten Laien. Die Auszubildenden werden als Experten angesprochen: Die Pädagoginnen und Pädagogen kennen den Baustellen- und Werkstattalltag nicht, sie sitzen hier einem Kenner der Lage gegenüber; da sie von der Selbstverständlichkeit, die der Arbeitsalltag für die »Insider« hat, ausgeschlossen sind, müssen sie sich durch Nachfragen Einblick zu verschaffen suchen. Diese Rollenverteilung ist für die Auszubildenden ungewohnt, aber auch für die Pädagoginnen und Pädagogen nicht ohne Probleme. Oft wird über Ereignisse berichtet, bei denen es schwer fällt, neutral zu bleiben; Berichte über außerordentlich leichtsinnige Verhaltensweisen oder gravierende Verletzungen von Arbeitsschutzbestimmungen durch Vorgesetzte zum Beispiel, machen es schwer, auf Kommentare und Belehrungen zu verzichten. Hier gerät die den Jugendlichen zugedachte Expertenposition schnell einmal auf den Prüfstand;

---

11 In der Regel werden die Teilnehmer in den Seminaren mit »Sie« angesprochen. Gruppen, die
    zum zweiten oder dritten Mal an einem Seminar teilnehmen, wünschen sich dann jedoch oft
    das vertraulichere »du«.

die Versuchung, selbst Vorschläge zu machen, ist für die Pädagoginnen und Pädagogen groß, liegt das »Richtige« doch scheinbar auf der Hand. »Ratschläge zu erteilen scheint für die meisten Menschen in einer Autoritäts-Situation ein fast unwiderstehlicher Impuls zu sein.« (Pearse/Williamson 1938 nach Rogers 1972, 67f) Solchen Impulsen nicht zu folgen, ist jedoch eine wichtige Voraussetzung für das Gelingen der Gespräche.

Nachfragen zielen einerseits auf ein sachgerechtes Verständnis der Situationen und Abläufe, andererseits auf die Formulierung von Gefühlen, subjektiven Bewertungen und Handlungsgründen. Aufgabe der Gesprächsleitung ist es, aus dem Gesagten einen für sie und alle anderen verständlichen Zusammenhang zu entwickeln; durch Nachfragen, Zusammenfassen und Wiederholen wird ein »roter Faden« zu spinnen gesucht. Die aktive Rolle der Gruppenleitung schließt auch das Ziel ein, die Widersprüche der Situation, in denen der einzelne handeln muss, zu formulieren. Zum Beispiel dann, wenn über Arbeitsverfahren gesprochen wird, die zwar schnell zum Ziel führen, aber gesundheitsschädlich und gefährlich sind.

Diese Haltung, mit der die Pädagogen und Pädagoginnen an die Gesprächsführung herangehen, kann, mit einem Begriff von Hoff, auch als »befragtenzentriert« (Hoff 1992, 145ff) bezeichnet werden. Als »befragtenzentriertes Interview« wird eine Interviewform beschrieben, die auf Verfahren und Regeln non-direktiver Gesprächstherapie Bezug nimmt. In dieser Sichtweise wird die Kommunikationsbeziehung zwischen Fragenden und Befragten akzentuiert; Nachfragen und Zusammenfassungen der Gesprächsleitung werden als Chance betrachtet, um zu zeigen, dass aufmerksam zugehört und über das Gesagte nachgedacht wurde; eigene Formulierungen des Zuhörenden können dem Befragten den Zugewinn an Information im Laufe des Gesprächs zeigen und werden als eine Vergewisserung im Kommunikationsprozess gewertet; sie geben dem Gesprächspartner auch Aufschluss über den Interviewer und können so zur Validität der Ergebnisse positiv beitragen. Differenzen zwischen der Wahrnehmungsweise von Pädagogen und von Auszubildenden, beziehungsweise zwischen Forscherin und »Beforschten«, werden so erkennbar und benennbar.

Das Gespräch zwischen der Pädagogin oder dem Pädagogen und einzelnen Teilnehmern ist zwar ein Dialog, doch lässt sich das Ergebnis dieses Dialogs keinesfalls vom Gruppenzusammenhang lösen. Schließlich geht es um Erfahrungen in einem Beruf oder Betrieb, der der Gruppe gemeinsam ist. Die Auszubildenden sitzen nicht als beliebig zusammengesetzter Kreis beieinander, sondern bilden eine »Realgruppe«, eine Kollegengruppe, die miteinander arbeitet und/oder lernt. Diese Gesprächskonstellation macht den jeweils angesprochenen Kollegen in gewisser Weise zum »Sprecher« für alle anderen: Wer zu Worte kommt, redet nicht nur für die Gesprächsleitung und für das Tonband, sondern auch zu seinen Kollegen. Er muss sich sowohl als Vertreter des gemeinsamen Berufs als auch der Gruppe präsentieren; die Gegenwart der Kollegen und deren Berichte und Haltungen bilden den Rahmen für die Äußerungen der einzelnen. Für die Auswertung des Materials ist insofern auch die Dynamik von Gruppendiskussionen zu berücksichtigen. Denn es ist »... die Dynamik der Gruppe..., die Meinungsvielfalt und -gültigkeit (reguliert).« (Dreher/Dreher 1995, 186) Oder mit den Worten von Mangold: Es ist davon auszugehen, dass »die Versuchspersonen selbst jene Kontrollen ins Spiel bringen, die zu Aktualisierungen und Manifestation der jeweils internen verbindlichen Normen führen.« (Mangold 1960, 110 zitiert nach Krüger 1983, 94)

Diese Arbeitsform, das Einzelgespräch vor der Gruppe, ist zwar einerseits als eine Gruppensituation zu betrachten, jedoch nicht nach den Maßstäben »klassischer« Gruppendiskussionen auszuwerten.[12] Die hier vorgestellte Kombination aus Einzelinterview und Gruppendiskussion wird hier als sozusagen »latente Gruppendiskussion« betrachtet. Die Kollegen wirken sowohl als zensierendes wie als stimulierendes Publikum. Anzunehmen ist, dass vor allem Aspekte der Arbeitssituation zur Sprache kommen, deren Beurteilung von allen weitgehend geteilt wird. Gleichwohl ist eine solche »Kanalisierung« für das Ergebnis meiner Studie nicht unbedingt problematisch: Schließlich geht es mir um das gruppenspezifische Bild der Ausbildungssituation. Allerdings ist es wichtig festzuhalten, welche »blinden Flecke« durch diesen Rahmen entstehen können. So lässt sich im Rückblick feststellen, dass Konkurrenz unter den Auszubildenden kaum thematisiert wird, während auf der anderen Seite Spannungen und Rivalitäten im Verhältnis zu anderen Statusgruppen stark akzentuiert werden (bei den Malern: die Gesellen; bei den Kommunikationselektronikern: die Ausbilder).

Das Material für diese Studie entstammt einem Kommunikationsprozess, der zugleich ein pädagogischer Prozess ist: Hier werden bewusst andere Kommunikationsregeln gesetzt, als sie im Alltag der Gruppen gelten. Die beteiligten Jugendlichen stehen vor einer für sie ungewohnten Anforderung; denn die Interviewkonstellation und die Regel, dass Einzelne vor der Gruppe mit ihrem Standpunkt ausführlich zu Worte kommen, konterkariert die Routinen der Alltagsverständigung in der Gruppe der Kollegen. »Blödeln«, »Quatschen« und

»Sprüche klopfen« sind Kommunikationsformen, die Gruppen beleben und stabilisieren; es sind Umgangsweisen, bei denen es um Schnelligkeit, Witz und das Hin und Her von Angriff und Verteidigung geht (Willis 1977, 48ff). Dass einzelne Kollegen in Ruhe vor allen anderen sprechen sollen, ist im Alltag unüblich – doch in der Durchführung nicht ohne Reiz für die Teilnehmenden: Im Verlauf des durch die Pädagoginnen und Pädagogen strukturierten Gesprächs werden nicht nur immer mehr neue Themen gesammelt, sondern durch die Aufeinanderfolge verschiedener persönlicher Berichte werden Erfahrungsberichte vertieft, ergänzt und weiterentwickelt.[13] Nicht allein das Ergebnis, das die Gruppenleitung am nächsten Tag vorlegt, sondern auch diese Erfahrung macht diese Arbeitsform attraktiv für die Seminarteilnehmer. Gelingt es einzelnen Kollegen Bilder besonders prägnanter Situationen zu evozieren, so wird dies in der Gruppe spürbar und erkennbar. Aus den vielen Facetten beruflicher Erfahrung, aus den je individuellen Kommentaren und Beiträgen entsteht ein Bild ihres Arbeitsalltages, das auch für die Jugendlichen selbst neu ist. Eine solche Konstellation hat Heidi Krüger als »oral actuality« gekennzeichnet: »Das Ergebnis der so diagnostizierten sozialen Struktur, des Beziehungsgeflechtes, wird weder für den einzelnen noch für die Gruppe von Beginn der Diskussion in dieser Form vorstellbar sein. Denn die interpretierten Geschehnisse und Zusammenhänge treten trotz gleicher Handlungssituation für die einzelnen Gruppenmitglieder handlungsleitend oder handlungseinschränkend nur ungleichzeitig auf.« (Krüger 1983, 98)[14]

Die Texte, mit denen gearbeitet wurde, sind Abschriften von Gesprächen, die zwischen 1988 und 1995 geführt wurden. Die vorhandenen Tonbandaufnahmen wurden vollständig transskribiert; alle verbalen Äußerungen sind aufge-

---

12 Diese Arbeitsform, das Einzelgespräch vor der Gruppe, ist keine »klassische« Gruppendiskussion, wie sie als Verfahren in der Jugendforschung eingesetzt und für dieses Forschungsfeld auch speziell weiterentwickelt wurde (für ein lehrreiches Beispiel vgl. Bohnsack 1991). Die Charakterisierung der Situation als »latente Gruppendiskussion« ist bereits ein Ergebnis der Materialstudien; eine eingehende Reflexion dieser Konstellation unter methodologischen Fragestellungen muss späteren Arbeiten vorbehalten bleiben.

13 Allen offenen Verfahren ist gemeinsam, dass sie denjenigen, die Gegenstand der Forschung sind, die Strukturierung der Kommunikation im Rahmen des für die Untersuchung relevanten Themas so weit wie möglich überlassen, damit diese ihr Relevanzsystem und ihr kommunikatives Regelsystem entfalten können und auf diesem Wege die Unterschiede zum Relevanzsystem der Forschenden überhaupt erst erkennbar werden. (Bohnsack 1999, 22).

nommen; »lachen« und andere akustisch wahrnehmbare Äußerungen wurden erfasst, ebenso längere Pausen. Diese Transskriptionen sind das Material, mit dem weitergearbeitet wurde. Zu jedem Tonbandprotokoll liegen auch die bereits in den Seminaren erarbeiteten, also von den Teilnehmenden sozusagen »kontrollierten« Texte vor. Für diese Arbeit sind die vorliegenden Gesprächszusammenfassungen erneut durchgearbeitet worden, Protokolle und Seminarprodukte (Seminarzeitungen, Plakate) wurden gesichtet. Das Wissen um die Seminarverläufe, Seminarprotokolle und Seminarprodukte bildet den Hintergrund der Analyse.

Diese Untersuchung ist konzentriert auf die Selbstdeutungen der Jugendlichen, gleichwohl soll auch der »Rahmen« erkennbar werden, in dem die Jugendlichen ihre Erfahrungen machen. In der Auswertung werden auch Innenund Außenperspektiven einander gegenübergestellt und aufeinander bezogen: Neben Interviewprotokollen wurden in allen drei Fallstudien weitere Informationsquellen verarbeitet: Interviews mit Ausbildenden, Werkstattbesuche, teilnehmende Beobachtung sowie Literaturrecherchen zu Ausbildungsgestaltung, Ausbildungsproblemen und Arbeitsmarktpolitik ergänzen die in den Interviews gesammelten subjektiven Äußerungen.

Das Wissen über Rahmenbedingungen und die Perspektive anderer Beteiligter war bei der Strukturierung des Materials sehr wichtig. Gleichwohl ging es letztlich doch immer darum, das Interviewmaterial genauer zu interpretieren. Im Mittelpunkt bleiben die Aussagen der Jugendlichen. Das Ziel der Arbeit ist es, die Perspektive der Jugendlichen zu begreifen und den Sinn, den sie ihren Erfahrungen geben.[15] »Sinn« ermöglicht – so Mead (Mead 1978, 115) – die gesellschaftliche Kooperation zwischen Menschen: Es sind nicht individuell-spezifische, sondern kollektiv-typische Erfahrungs- und Orientierungsmuster, die im Blickpunkt stehen; die Auswertung des Materials dient der Rekonstruktion der »subjektiven Dimension dessen, was miteinander geteilt wird« (Willis 1981, 241).

---

14 Als Geschichte »von unten« hat das Erzählen als Methode eine lange Tradition in der Forschung zu Arbeit, Arbeitergeschichte, Arbeiterbiographien und Arbeiterkultur. (vgl. Bahrdt 1975; Bajohr 1980; Niethammer 1980) Ein aktueller Ansatz ist der umfassende Versuch von Bourdieu und anderen, »Das Elend der Welt« in einer Sammlung von Interviews fassbar zu machen (Bourdieu 1994).

15 Gegenstand dieser Arbeit sind Deutungsmuster, die für das Subjekt relevant sind und Handlungsmuster, die aus der Sicht des Subjekts wirksam sind – in der Klassifizierung des Sinnverstehens von Graumann et al (Graumann/Metraux/Schneider 1995, 71) eine intentionale Deskription erster Ordnung.

4. Auswertung

Ich folge bei der Auswertung des Materials keiner bestimmten, vorgebahnten Technik. Mehrstufige Interpretationsprozesse, wie sie Glaser/Strauß (1967) vorgestellt haben und in empirischen Jugendstudien der letzten Jahre als »dokumentarische Methoden« (Lenz 1986, Bohnsack 1995) vorgeführt wurden, wurden als Orientierung genutzt. Die Arbeitschritte bei der Entstehung der Fallstudien werden im folgenden nachgezeichnet.

4.1. Individuelle Texte und Kodierung

Aus den Transskriptionen der Gruppengespräche wurden die Aussagen der einzelnen Teilnehmer herausgelöst und zu einem personenbezogenen Text zusammengefügt, entsprechend dem Anliegen der Gesprächsführung: Es galt herauszupräparieren, welche für die jeweilige Person wichtigen Gedanken, Beobachtungen, Erfahrungen im Text formuliert sind. Dabei wurde nach dem Grundsatz vorgegangen, die immanente Logik jedes Einzelgesprächs und seiner thematischen Sequenzen genau zu rekonstruieren und darin möglichst viele Themen festzuhalten: Unabhängig davon, ob sie als ausführliche Erzählung oder als knappe Aussage formuliert wurden. Textteile, in denen diskutiert und reagiert wird, die festhalten, wie andere Kollegen sich zum Thema äußern, blieben Teil des Textes, während Abschnitte, in denen Äußerungen in einem reinen Frage-Antwort-Schema zustande kamen oder die sehr kurz und schematisch waren, ausgeblendet wurden. Diese personenbezogenen Textsammlungen enthalten in der Regel etliche Schwerpunkte und es entstanden Zitatfolgen, die fast alle sehr viel ausführlicher waren als die bereits für die Seminare erarbeitete Fassung, jedoch zumeist die dort bereits benannten Themen enthielten. Diese persönlichen Einzeltexte sind noch immer Texte der Jugendlichen. Es wurde lediglich eine Auswahl vorgenommen; die Formulierungen blieben erhalten.

Beim nächsten Arbeitsschritt, der Herausarbeitung von thematischen Schwerpunkten, wurde entlang zweier Leitlinien verfahren: Erstens wurden die Auswahltexte nach Berufs-Themen im engeren Sinne »kodiert« und es wurde ein Tätigkeitsprofil erarbeitet: Zugang zur Ausbildung; betrieblicher Alltag: Aufträge, Tätigkeiten und Arbeitsmittel, Tagesablauf, Beziehungen zu Kollegen und Vorgesetzten, Belastungen, Lernorte, berufliche Zukunft. Ein zweites Kodierungsschema orientierte sich an den im ersten Kapitel beschriebenen

Kategorien von Marie Jahoda: Zeiterfahrung, Status und Identität, soziale Beziehungen, Eingebundenheit in überindividuelle Ziele. Auf dieser Grundlage wurden Zusammenhänge und Muster sichtbar.

4.2. Topoi gemeinsamer Arbeitserfahrung

Meine Darstellung in den Fallstudien stellt nicht den Versuch dar, verschiedene Typen von Jugendlichen und ihre Haltung zur Arbeit zu unterscheiden, sondern es geht darum, die verschiedenen Themen zu einem möglichst umfassenden »Berufs-Bild« zusammenzufügen, also aus den Einzelschilderungen und ihren jeweils zentralen Motiven ein Bild der Ausbildung beziehungsweise der ABM-Arbeit aus der Perspektive der Jugendlichen zu rekonstruieren. Jeder Einzelne bleibt dabei zwar eine charakteristische »Stimme«, doch: »Es geht hier … nicht um Menschen und ihre Situation, sondern eher um Situationen und ihre Menschen.« (Goffmann 1986, 9)

Als Knotenpunkte für die Rekonstruktion von Ausbildungserfahrungen boten sich die Themen an, die sich schon in den verschiedenen Seminaren herauskristallisiert hatten: Zum Beispiel »Theorie« für die Kommunikationselektroniker oder das Problem der sozialen Anerkennung im Malerberuf (»Maler sind doof«). In den Seminargruppen entstehen unterschiedliche Bilder vom Arbeitsalltag; konzentrieren sich die einen auf das Verhältnis zum Ausbilder so spielt bei anderen die Schwierigkeit im Umgang mit »Langeweile« eine Hauptrolle. Solche Themen sind bereits Ergebnisse, deren gemeinsamer Gehalt und Bedeutung während der Zusammenarbeit im Seminar ausformuliert wurde. – Gerade bei diesem Arbeitsschritt, bei der Erarbeitung von Schwerpunkten, gewinnen die Erfahrungen aus der Bildungsarbeit, die Eindrücke aus der Produkterarbeitung und aus der Auswertung zum Abschluss sowohl mit den Teilnehmenden als auch mit den Kollegen und Kolleginnen eine große Bedeutung.

Natürlich sind es die Themen, die von vielen angesprochen und im Verlauf der Seminare immer wieder aufgegriffen wurden, die hier vorrangig Ausgangspunkt tiefergehender Analyse werden. Doch nicht alle in der Darstellung prominenten Themen sind bereits in Seminaren »vorformuliert« worden. Manche spiegeln spezielle Ergebnisse einzelner Arbeitsgruppen; andere beruhen lediglich auf Äußerungen weniger, ja einzelner Personen. Solche Themen sind im weiteren Verlauf des Gruppenprozesses »untergegangen« und werden nun aufgrund ihrer Bezüge zum übergreifenden Zusammenhang, aus dem Vergleich mit anderen Situationen oder im Blick auf Jahodas Überlegungen zur Realitätsbindung aufgewertet. Welche Bedeutung einzelne Aspekte in der Gesamtdarstellung gewinnen, was als jeweils »typisch« anerkannt wird, läßt sich also nicht vor allem an der Häufigkeit ihres Auftretens in den Interviewtexten festmachen, sondern erst aus dem Bezug zum Gesamtzusammenhang.

Der Ausgangspunkt meiner Analyse sind die Beiträge der Jugendlichen. Doch die Darstellung der Topoi gemeinsamer Berufserfahrung in den Materialstudien, die darin enthaltenen Gewichtungen und Verknüpfungen, sind Resultat einer reflektierenden Interpretation (Bohnsack 1999, 75), meiner Interpretation: Sie zeigt die Perspektive der Jugendlichen aus meiner Perspektive.

5. Kontrollen

Die Verschränkung von pädagogischer und wissenschaftlicher Arbeit schafft spezifische Risiken. Die Forscherin ist selbst an der Durchführung der pädagogischen Arbeit beteiligt gewesen; die Interviews in den Seminaren haben selbst schon hermeneutischen Charakter, die Befragung der Teilnehmer impliziert ja einen Akt des Verstehens. So sind die Gegenstände der wissenschaftlichen Auswertung selbst produziert. In der Auswertung der Interviews beobachtet die Wissenschaftlerin sich selbst – und produziert so vielleicht gerade die Resultate, die den Vorannahmen entsprechen; Blockaden aus der Gesprächssituation können allein durch die zeitliche Distanz nicht unbedingt überwunden werden.

Als Kontrolle bei der Interpretation der Interviews stand eine ganze Reihe von ergänzenden Informationen und Materialien zur Verfügung. Die Ergebnisse der Materialstudien beruhen einerseits auf den Äußerungen der Jugendlichen, beziehen aber auch andere Quellen ein: Interviews mit Ausbildenden und Berufsschullehrern, Literaturrecherchen, Akten sowie Protokolle aus teilnehmender Beobachtung wurden genutzt. Die aus den verschiedenen Materialien erwachsenden Perspektiven konnten kontrastierend gegeneinander gesetzt und miteinander verschränkt und so auch der wechselseitigen Kontrolle zugänglich gemacht werden: Durch die »Kombination von Methodologien bei der Untersuchung desselben Phänomens«, durch »Triangulation«. (vgl. Flick 1995a) Zum Beispiel können die Beobachtungen und Bemerkungen zum Problem der Fehlzeiten in ABM aus der Fehlzeitenstatistik des Trägers (die als Grundlage für die Lohnabrechnung geführt wird), auf der Grundlage des internen Reglements und dessen Veränderung, aus Stellungnahmen von Mitarbeitern und Teilnehmern und nicht zuletzt aus eigenen Beobachtungen in den Arbeitsgruppen fundiert werden. Die wichtigste Informationsquelle waren, neben den Jugendlichen selbst, die Gespräche mit anderen an der Ausbildung beteiligten Personen: mit Ausbildern und Berufsschullehrern.[16] Sehr hilfreiche Einsichten erbrachte ein gemeinsames Seminar für Ausbilder und Auszubildende, ein »Ausbildungsforum« (vgl. Czock/Kuhn/Panke 1997).

Als besonders bedeutsam erwiesen sich dieses Hintergrundwissen und die sich daraus ergebenden Kontraste für die Interpretation der Erfahrungen der Jugendlichen in Arbeitsbeschaffungsmaßnahmen. Beschreibungen des Alltags in der Maßnahme ließen sich zuerst nur mühsam erarbeiten: »Es ist nichts passiert« oder »Da haben wir uns gelangweilt« – so lauteten charakteristische Sätze. In den Schilderungen der Jugendlichen dominierte eine Form der Negation, die konkrete Geschehnisse eigentümlich ungreifbar erscheinen ließ.

Die Kontrolle der Forschungsergebnisse wird durch die Zusammenarbeit von Auszubildenden, Lehrern und Ausbildern, pädagogischen Mitarbeitern mit der Forscherin gewährleistet. Diese Kooperation, die schon in den Seminaren im Gespräch mit den Auszubildenden über die Interviews und die Schwerpunkte im Seminar ihren Anfang nimmt, ermöglicht die bewusste Reflexion der Resultate des gemeinsamen Arbeitsprozesses durch »kommunikative Validierung« (vgl. Heinze 1982, Flick 1995), und zwar in mehrfacher Hinsicht: Zunächst als Kontrolle durch die Jugendlichen selbst. Die Interpretationen von Interviews werden im Verlauf der Kooperation von Pädagoginnen bzw. Pädagogen und Teilnehmern weiter bearbeitet (im Zuge der Seminardiskussionen; bei der Erarbeitung von Seminarprodukten; bei der Seminarauswertung). Auch die Gespräche mit Ausbildenden und Lehrern dienten der Verständigung über Deutungsmuster dieser Gruppen. Dadurch dass die Forschungsobjekte Stellung nehmen zur Interpretation ihrer Aussagen, sind die Forschenden zur Reflexion ihrer eigenen Perspektive genötigt. Eine weitere Ebene gegenseitiger Kontrolle schließlich liegt in der gemeinsamen Reflexion der Pädagoginnen und Pädagogen und der Forscherin.

So erscheint nun im Rückblick die Tatsache, dass die Materialien nicht im Rahmen einer kontrollierten Studie, sondern als Resultat eines pädagogischen

---

16 Dazu gehören auch die anleitenden Gärtner und Gärtnerinnen in den AB-Maßnahmen, die – streng genommen – gar nicht als Ausbilder bezeichnet werden dürften, da es sich ja nicht um eine anerkannte Ausbildung handelt. Von den Jugendlichen werden diese Kollegen jedoch als Ausbilder und Schlüsselfiguren im Arbeitsalltag wahrgenommen.

Prozesses entstanden, nicht als zu bewältigendes Hindernis, sondern als ein Glücksfall, der neue Erkenntnischancen eröffnet hat: Zum einen, weil Tonbandprotokolle und Seminarmaterial einen nachvollziehbaren Kommunikationsprozess dokumentieren, dessen pädagogisch geplante Rahmenbedingungen durch ein reflektiertes, verschriftlichtes Konzept und Erfahrungsberichte sehr transparent sind. Zum anderen, weil die von den Pädagoginnen und Pädagogen herausgearbeiteten, zusammengefassten Texte bereits im Seminarverlauf einer ersten Kontrolle durch die beteiligten Jugendlichen unterworfen sind. Das Verlesen der Texte vor der Gruppe bedeutet eine erste Bewährungsprobe, ob das Verstehen gelungen ist; die Befragten haben im Rahmen der Seminare ein hohes Maß an Kontrolle über die Interpretation. Doch vor allem anderen gewinnt die Arbeit Vorteile daher, dass die Seminarkonzeption geeignet ist, Kommunikationsprozesse in Gang zu setzen, die eine Auseinandersetzung mit den kollegialen Verhältnissen stimulieren – und diese dann auch verändern kann.[17] Für die (nachträgliche) Beobachterin der Seminare lassen sich die in den Materialstudien sichtbar werdenden Themen auch als Schritte der intensiven, konflikthaften Beschäftigung mit Schlüsselproblemen beruflicher Sozialisation beschreiben – ohne diesen prozessorientierten Rahmen der Bildungsarbeit hätte die den Arbeitserfahrungen der Jugendlichen innewohnende Dynamik und Ambivalenz kaum auf den Punkt gebracht werden können.

---

17 Diese Chance ist zur Grundlage eines pädagogischen Projektes geworden, das, aufbauend auf den Erfahrungen der Bildungsarbeit bei der Evangelischen Industriejugend, ein ausbildungsbegleitendes Angebot macht: Forum Arbeit e.V. führt zusammen mit der DGB-Jugendbildungsstätte Flecken Zechlin und der Regionalen Arbeitsstelle für Ausländerfragen, Jugendarbeit und Schule (RAA) Brandenburg und gefördet durch das Bundesprogramm XENOS das »Projekt HEIMAT« durch – ein auf Langfristigkeit angelegtes Projekt politischer Bildung, das auf die spezielle Problemsituation von Auszubildenden zugeschnitten ist: Berufsschulklassen und betriebliche Auszubildendengruppen werden während ihrer Ausbildung durch ein Programm politischer Bildung begleitet, das Schlüsselfragen der beruflichen und politischen Sozialisation thematisiert. Das Projekt umfaßt Seminarthemen zu den drei übergreifenden Themenbereichen Arbeitserfahrung, politische Identität und moralisches Lernen. Es sollen sowohl soziale Kompetenzen im Beruf entwickelt als auch moralische und politische Lernprozesse gefördert werden, die dazu befähigen, Verschiedenheit anzuerkennen und Fremdheit auszuhalten. Die Anlage als Langzeitprojekt soll die Grenzen der "Kurzzeitpädagogik" überwinden und eine möglichst große Nachhaltigkeit des Maßnahmeprogramms ermöglichen. (Vgl. Czock et al 1999; Panke/Steil 2002; Kenngott/Steil 2003).

5.1. Zeitläufe

Die Zeitspanne, während der die Materialien für die Fallstudien entstanden sind, umfaßt die Jahre 1988–1995. Zwischen Durchführung und Auswertung und schließlich bis zur Veröffentlichung dieser Untersuchung sind etliche Jahre vergangen. Ist nun zu befürchten, dass die Ergebnisse dieser Studie an die besonderen Bedingungen dieser Jahre gebunden und deshalb in ihrer Aussagekraft auch auf diese Zeitspanne beschränkt sind? Sind die Ergebnise eher zeitstabil oder zeitsensibel?

Der Ausbildungsmarkt in Berlin bietet heute keine grundsätzlich anderen Alternativen für Jugendliche.[18] Doch mittlerweile ist der Berliner Ausbildungsmarkt Teil des Ausbildungsmarktes der neuen Bundesländer; die Konkurrenz um die verbleibenden dualen Ausbildungsplätze ist härter geworden. Der Aufbau dualer Berufsausbildung ist in den neuen Ländern bis heute nicht gesichert, hier dominieren staatlich organisierte Ausbildungsformen in verschiedenster Ausprägung; der Ausbildungsmarkt wie der Arbeitsmarkt sind hier weiterhin von deutlich höheren Arbeitslosenzahlen bestimmt als im Westen Deutschlands. Die Ausbildungsmarktlage in Berlin hat sich also – durchaus im Unterschied zu einigen anderen Bundesländern – nicht entspannt und die Rahmenbedingungen für den Übergang von der Schule in den Beruf bleiben problematisch. Stabiler noch als diese Rahmenbedingungen scheinen mir jedoch berufsbezogene Einstellungen und Haltungen – und um diese geht es hier vor allem. Denn diese sind von aktuellen Entwicklungen in Politik und Wirtschaft gar nicht unmittelbar zu beeinflussen, da sie abhängig sind von langfristigen beruflichen und lebensweltlichen Sozialisationsprozessen (vgl. Baethge et al 1995, 30). Auch betriebliche Umgangsweisen mit Hierarchie, Zeitorganisation und der informationellen und partizipativen Einbindung basieren auf institutionell verfestigten Organisations- und Verhaltensmustern, die sich nur langsam verändern. Insofern ist davon auszugehen, dass die Ergebnisse nicht als lediglich historische zu betrachten sind.

Gleichwohl sind die Befunde aus der heutigen Perspektive in zweierlei Hinsicht sehr vorsichtig zu interpretieren: Der Anteil Jugendlicher aus der ehema-

---

18   Vgl. Schober 1980; Schober 1992; Blossfeld 1985; Blossfeld 1985a; Bundesministerium für Bildung und Forschung 2000; zur Situation in Berlin: v.d. Haar 1986; Behringer/Gaulke 1988; Huebner et al 1990; DIW 1996; Senatsverwaltung 1999.

ligen DDR ist in dieser Untersuchung sehr gering und auf die Gruppe der Maler beschränkt. Welche Folgen die Entstehung eines gemeinsamen Ausbildungsmarktes in Berlin gezeitigt hat und welche Differenzen es zwischen Jugendlichen gibt, die ihre Kindheit in den neuen Bundesländern verbracht haben, und Jugendlichen, die aus dem Westen der Stadt Berlin kommen, lassen sich aus dem vorhandenen Material nicht erkennen.

Eine Interpretation der Ergebnisse im Lichte aktueller Herausforderungen, die Herstellung eines »doppelten Zeitbezuges« (Baethge/Denkinger/Kadritzke 1995, 30), wäre eine lohnende Aufgabe. Denn anzunehmen ist, dass die weiter angespannte Lage auf dem Ausbildungsmarkt bereits bestehende Grenzlinien vertieft hat: zwischen denjenigen, die einen Einstieg in den ersten Arbeitsmarkt gefunden haben und jenen, denen diese Aussicht mit jeder neuen Maßnahme immer ferner rückt. Die Anforderungen an die schulische Vorbildung wachsen und die Frage, wie junge Männer mit einer eher niedrigen formalen Schulbildung sich am Berufsanfang orientieren, bleibt brisant.

Die im folgenden nun vorgelegten Arbeitsergebnisse, die Materialstudien, können nicht den Anspruch erheben, repräsentativ zu sein. Folgt man dem qualitativen Paradigma so läßt sich jedoch »symptomatische Repräsentativität«in der Darstellung exemplarischer Ausbildungssituationen beanspruchen.

Kapitel 3:
»Die Arbeit muss gemacht werden« – Erfahrungen von Jugendlichen in der Ausbildung zum Maler/Lackierer

Zu Beginn der 90er Jahre ist Maler/Lackierer der Ausbildungsberuf, der von jungen Männern am häufigsten ergriffen wird. Allein 1993 wurden 908 Ausbildungsverträge neu geschlossen. (Gellhardt/Kohlmeyer/Theisen 1995, 14) Die Auszubildenden im Maler/Lackierer-Handwerk verrichten, ihrer eigenen Aussage nach, eine »Arbeit, die gemacht werden muss«. Welche Dimensionen charakterisieren ihre Arbeit aus der Sicht der Auszubildenden?

1. Wege in den Beruf

Fast alle Jugendlichen, die in den Interviews zu Worte kommen, haben sich für Ausbildungsplätze in anderen Berufen beworben, bevor sie schließlich Maler/Lackierer werden. Vor allem die Jugendlichen mit einem erweiterten Hauptschul- oder Realschulabschluss haben sich zunächst Hoffnungen gemacht, ihren Berufsweg unter mehreren Möglichkeiten auswählen zu können, während Jugendliche ohne Schulabschluss sich von vornherein wenig Chancen ausgerechnet haben und ohne viele Umwege hier eingestiegen sind. Das Maler/Lackierer-Handwerk bietet (zumindest in Berlin und Brandenburg) so viele Ausbildungsplätze wie kein anderes; der Beruf bildet auch ein Auffangbecken für Ausbildungsabbrecher, eine Gruppe, die es in der Regel sehr schwer hat, auf dem Ausbildungsmarkt einen neuen Ausbildungsplatz finden. (Gellhardt/Kohlmeyer/Theisen 1995, 12)

In der Ausbildung zum Maler/Lackierer sammeln sich also viele »Übriggebliebene«. Sie orientieren sich »optionslogisch« (Heinz et al 1987)[1] an den jeweils verbleibenden Chancen. Wie beschreiben diese Jugendlichen ihren Weg

---

[1] Seit den prägenden Studien von Lazarsfeld (1931) und Scharmann (1965), in denen die Anpassungsbereitschaft und -fähigkeit der Berufswünsche an die vorhandenen Berufsmöglichkeiten hervorgehoben wurde, stehen im Zentrum der Forschung die »externen« Bedingungen individueller Entscheidungen. Mit der Arbeit von Kohli (1973) wurde eine Reihe von Studien auf der Basis integrativer Konzepte entwickelt; die Studie von Heinz/Krüger et al (1987) ist ein Ansatz, in dem das Verhältnis von Bedingungen und Begründungen Jugendlicher im Begriff der »Optionslogik« zu erfassen versucht wurde.

zum Malerberuf? Was motiviert sie, Maler zu werden? Wie reagieren Personen in ihrer Umgebung auf die Berufsentscheidung?

»Wie bin ich zum Beruf gekommen. Gut. Vorher hatte ich mich für zig andere Berufe beworben gehabt. Zuerst Hörgeräte-Akustiker. Da hatte ich mich ein bisschen informiert gehabt. Einfach nur so halt, da musste man kleine Modelle bauen und sowas... da ist es halt so, man durchforscht das Ohr da, um das Gerät richtig einzusetzen und da musste man einen Knetabdruck machen von dem Ohr und diesen Knetabdruck, danach musste man das dann halt ein bisschen basteln das Hörgerät, das Teil. Das hat mich interessiert gehabt, ich habe dahin geschrieben. Keine Antwort bekommen. Dann wegen basteln, weil ich gerne mit Holz machen wollte, hatte ich Modellbauer (als Adresse für eine Bewerbung, MP). Hatte da extra angerufen gehabt und er hat auch gesagt, ja schicken sie mal und auch keine Antwort mehr bekommen, obwohl ich eigentlich ein ganz gutes Zeugnis hatte. Und dann habe ich mich beworben als Polizist, Einzelhandelskaufmann und ... Polizist, auch sofort durchgefallen... da war Deutsch ganz saumäßig bei mir. Gleich durchgefallen und die Aufnahmeprüfung oder den Test da beim Einzelhandelskaufmann, da war sie (die Testleiterin, MP) zuerst eigentlich zufrieden mit mir. Aber das ist höchstwahrscheinlich die Macke von denen, dass sie erstmal sagen, ›Ja, sie sind ja ganz gut‹ und gutes Zeugnis und so – Realschulabschluss mit 2,6 – und dann nachher gleich eine Absage bekommen.

Und dann, mein Onkel ist Maler und der meinte dann so von wegen: »Versuch doch Maler, ist doch auch nicht schlecht.« Und da habe ich überlegt: Was kann man machen? Da habe ich dann auch überlegt gehabt, das kann man ja auch gut für nebenbei verwenden den Beruf... Man muss doch auch mal weiterdenken... Das wollte ich dann auch sagen, weil ich habe auch so gedacht gehabt, wenn mir der Beruf dann absolut nach den drei Jahren wirklich nicht zusagt, dann habe ich wenigstens in den drei Jahren was gelernt und wenn ich dann einen anderen Beruf mache ... Und ja, das habe ich noch vergessen gehabt: Vorher, ganz am Anfang, da hatte ich geträumt gehabt, Chemielaborant oder sowas. So schlecht war ich auch nicht in Chemie und meine Tante, die arbeitet bei Schering und da hätte sie mir vielleicht auch ein bisschen geholfen. Bloß ich hatte dann absolute Prüfungsangst, weil ich gehört hab, da muss man gut in Deutsch sein und so. Und weil ich da ja

nicht gut bin. Na, das hatte mir meine Mutter eingeredet gehabt. Mein
Onkel ist Maler. Ich habe dann aber nicht in seiner Firma angefangen.
Sondern habe mir eine Morgenpost gekauft... Und da waren zwei
Betriebe drin... Und da haben sie gefragt, was nun ist, warum der Beruf
,und da habe ich halt Märchen erzählt gehabt... Ich habe halt nicht
unbedingt gesagt, dass ich mich schon bei sechs anderen Firmen
beworben habe als was anderes, sondern habe gesagt, es ist schon von
Anfang an mein Traum gewesen und so, so ungefähr. Und vorher
Maler, da habe ich eigentlich keine Erfahrung damit gehabt. Früher mal
als Kind, als wir umgezogen sind, da habe ich mal Tapete eingeweicht
gehabt und mich gefreut, dass ich ein bisschen Tapete abgezupft habe.
Aber sonst auch nichts. Und das habe ich denen halt erzählt. Und dann
hatte ich bei meiner jetzigen Firma auch noch ein Vorstellungsgespräch
gehabt. Und das ist eine Firma, die ist speziell auf Fassade. Und da
haben die mich so weichgeklopft gehabt, also nicht geschlagen, sondern mit Wörtern, haben sie halt gesagt: ›Ist gut, ein bisschen Maurer-
arbeiten sind da auch mit dabei.‹ Naja ein bisschen. ›Und dann kann
man das auch nebenbei verwenden‹, das haben sie mir auch gleich
gesagt... ›Eine Wand hochziehen und sowas, das lernen Sie dann auch
gleich bei uns.‹ Also mir den Mund richtig wässrig gemacht. Und da
haben sie natürlich versäumt zu sagen, dass ich das ganze Jahr über nur
an der Fassade hänge. Okay, haben sie gesagt, Wohnungen haben wir
auch. Aber das ist ganz selten. Schönes Ding. ›Naja und dann haben sie
mir den Mund wirklich so wässrig gemacht... und dann habe ich
gedacht, ›Gut, dann mache ich das.‹... Die ersten paar Monate – also
ich hab das gewusst gehabt von meinem Onkel, der hat auch den Beruf
erlernt und da hat er gesagt, die erste Zeit wird vielleicht ein bisschen
härter sein, Schutt wegräumen. Und darauf hatte ich mich eingerichtet
gehabt, dass ich vielleicht ein bisschen Schutt wegräume und dass sie
mir vielleicht ein bisschen zeigen.« (A/M3)

Fast jeder Auszubildende hat bereits vor Beginn seiner Lehre jemand gekannt,
der den Maler-Beruf ausübt. Der Vorschlag, diesen Beruf in Erwägung zu ziehen, bekommen sie aus dem Kreis der Verwandten und Bekannten: »Versuch
doch Maler«. Die persönliche Erfahrung der Ratgeber verleiht dem Vorschlag
Gewicht. Fast alle Jugendlichen können auf Erinnerungen an Renovierungsak-
tionen im Familien- und Freundeskreis zurückgreifen, manche haben während
der Schulzeit Praktikumserfahrungen gesammelt – vor dem Hintergrund dieser

Vorstellungen beurteilen sie die Möglichkeit. Die Argumente, die aus der Sicht der Jugendlichen und ihrer Ratgeber für diesen Beruf sprechen, stellen die Nützlichkeit der zu erwerbenden Qualifikationen in den Vordergrund – Qualifikationen, die auch außerhalb der Lohnarbeit, im Privatleben, gebraucht werden und nicht zuletzt »nebenbei« einsetzbar sind: bei Verwandtschafts- und Nachbarschaftshilfe und nicht zuletzt als Schwarzarbeit. Die Auszubildenden und ihre Familien erhoffen sich mehr als die Chance auf die heute so wichtige formale Qualifikation: Die Ausbildung zum Maler/Lackierer gilt als lebensweltnahe Ausbildung. Selbst wenn die Jugendlichen keine persönliche Neigung verspüren und nicht planen in diesem Beruf zu bleiben – dieser Beruf hat einen lebenspraktischen Wert.

Die Entscheidung, sich für die Maler-Ausbildung zu bewerben, wird von Familienangehörigen und Freunden akzeptiert und unterstützt; nur in einem Fall berichtet ein Jugendlicher, dass seine Entscheidung auf Widerstand stieß. Der Schritt zur Bewerbung bei einer bestimmten Firma erfolgt dann in der Mehrzahl der Fälle – anders als bei A. – wiederum über die Vermittlung von Personen: Bekannte, die eine Telefonnummer weitergeben, den Vater, der bereits im Betrieb arbeitet und ein Gespräch arrangiert, den Sohn des Meisters, den man von irgendwoher kennt und um Vermittlung bittet. Diese und ähnliche Wege werden in den Gesprächen geschildert; der anonyme Anzeigenmarkt oder die Vermittlung des Arbeitsamtes spielen eine weniger große Rolle. Werden schriftliche Bewerbungen geschrieben, genügen in den meisten Fällen zwei oder drei Versuche, um einen Ausbildungsplatz zu finden. Einer Bewerbung folgt beinahe ausnahmslos die Einladung zum Gespräch. Anders sieht es für junge Frauen aus: Sie müssen etliche Firmen anschreiben, um zu erreichen, dass sie überhaupt zu einem Bewerbungsgespräch eingeladen werden.[2]

---

2 Anders stellt sich der Weg in eine überbetriebliche Ausbildungsstätte dar: Dabei spielt das Arbeitsamt die größte Rolle. Die Situation in der überbetrieblichen Ausbildung nehmen die Auszubildenden als von der betrieblichen deutlich unterschieden wahr. Die Ausbildungssituation dort wäre ein eigenes Thema.

1.1. Eintritt in die Handwerkerwelt

Im klein- und mittelbetrieblich organisierten Malerhandwerk wird die Auswahl der Auszubildenden in der Regel vom Betriebsinhaber persönlich vorgenommen. Die Jugendlichen erleben, dass nicht ihre Zeugnisse, sondern zuerst persönliche Eindrücke zählen. A. berichtet, er habe sich seiner – eigentlich aus der Kindheit datierenden – Erfahrungen gerühmt und sein Interesse an anderen Berufen verschwiegen. Es fiel ihm nicht schwer, seine Biographie und Selbstdarstellung auf die Situation zuzuschneiden. Im Bewerbungsgespräch können die zukünftigen Maler-Auszubildenden selbst geringe praktische Erfahrungen verwerten und bringen die Überzeugung mit, dass sie wissen, worum es geht. Dies verleiht ihnen eine gewisse Sicherheit. Vorhergehende Bewerbungsversuche ließen Verunsicherung über die eigenen Fähigkeiten zurück: Die Jugendlichen erleben die verschiedenen Einstellungstest-Verfahren als unkontrollierbare, undurchschaubare Prozeduren. In der Regel wissen sie nicht, woran sie scheitern. Sie können ihre Misserfolge nicht anders denn als Bestätigung interpretieren, dass ihre Bildungsvoraussetzungen und Verhaltensdispositionen »nichts bringen« (wie die meisten das schon in der Schule erlebt haben). Wenige haben sich – wie A., der oben so ausführlich zitiert wird – mehrmals solchen Prozeduren unterzogen.

Erlebnisse diskriminierender Behandlung, wie sie in Bewerbungsverfahren für andere Berufe erfahren wurden, wiederholen sich im Maler-Betrieb nicht. Wer Maler werden will, muss keine guten Deutsch- oder Mathematiknoten haben (allerdings ist es günstig, wenn nicht viele Fehltage auf dem Zeugnis vermerkt sind) und braucht keinen Test zu absolvieren (dies wurde nur in einem Fall berichtet), stattdessen lernen die Jugendlichen »den Chef« kennen. Der Blick in die Zeugnisse ergänzt den persönlichen Eindruck, der der entscheidende bleibt. Es zählt die Bereitschaft, hart zu arbeiten: Wichtig sind die körperliche Konstitution und die überzeugende Erklärung, dass man sich vor Dreckarbeiten nicht scheue. Besteht man den Test mit dem Augenmaß, wird man eingestellt.

Nach ihren (erlebten und in wachsendem Maße antizipierten) Enttäuschungen erleben die Jugendlichen die Strategien der Bewerberauswahl im Malerhandwerk als Versprechen. Hier glauben sie nach günstigeren Regeln beurteilt zu werden als im Bildungssystem und in den formalisierten Bewerbungsverfahren anderer Betriebe. Bietet man ihnen schließlich einen Ausbildungsvertrag an, so eröffnet dies den Jugendlichen zwar nicht den Zugang zum Traumberuf, bestätigt ihnen aber positive Anerkennung als potentielle Arbeitskraft.

Unter den beiden Firmen, die A. einen Ausbildungsplatz anboten, hat er sich – so sieht er dies im Nachhinein – für die falsche entschieden. Er arbeitet nun bei einer auf Wärmedämmung spezialisierten Firma und wird dort hauptsächlich als Zuträger für die Gesellen eingesetzt. Im Rückblick kränkt ihn besonders, dass es gerade die eigenen Argumente für diesen Beruf waren, die der zukünftige Arbeitgeber für sich zu nutzen wusste. Der Lebensweltbezug des typischen Begründungsmusters – im Malerberuf muss man hart arbeiten, doch lernt man dabei auch »privat« und »nebenbei« Verwertbares – verdeckte die konkreten betrieblichen Gegenheiten, die Spezialisierung der Firma auf Fassadenarbeiten. Diese erschien dem Jugendlichen nicht als Einschränkung, sondern als Erweiterung des verwertbaren Qualifikationsspektrums. A. hat seine Wahlmöglichkeit nicht nutzen können – »… die (haben) mich so weich-geklopft gehabt, also nicht geschlagen, sondern mit Wörtern…« – weder die Schule noch sein Onkel haben ihn auf diese Fallen vorbereitet.

Nach den erlebten Enttäuschungen machen die Versprechen der Handwerkerwelt die jugendlichen Bewerber zu leicht zu übervorteilenden Gesprächspartnern. Mit der allgemeinen Vorstellung, dass eine Ausbildung »zu erleiden« ist, mit einem primär am Bild privater Renovierungen und weniger von Branchenkenntnissen geprägtem Berufsbild im Kopf, zu dem in einer ungewohnten, von der Autorität des Chefs beherrschten Situation, sind die Jugendlichen kaum in der Lage, als wichtige Kriterien für ihre Entscheidung die konkreten betrieblichen Bedingungen oder Unterschiede zwischen verschiedenen Firmen und deren jeweiligen »Spezialstrecken« in Betracht zu ziehen.

Doch solche Ernüchterung kommt später. Erst einmal betrachten die Jugendlichen den Abschluss des Ausbildungsvertrages als Kompromiss, zu dem beide Seiten etwas beitragen: Die Auszubildenden machen sich keine Hoffnungen auf eine technisch ambitionierte Ausbildung – dafür werden sie nicht an den Ergebnissen ihrer Schulkarriere gemessen. Sie wollen einen Ausbildungsabschluss erreichen und vorzeigen können – dafür müssen sie vor allem zuverlässig sein. Sie verzichten auf ihren Wunschberuf – dafür bekommen sie die Chance zu arbeiten und etwas zu leisten. Sie werden grobe Arbeiten erledigen müssen, aber sie werden etwas Nützliches lernen. Der Malerberuf wird ihnen eine Chance geben, auch wenn sie sich diesen Beruf nicht ausgesucht haben.[3]

---

3   Zur Minderheit derjenigen, die den Malerberuf als Wunschberuf gewählt haben, zählen die
    jungen Frauen, die an den Seminaren teilgenommen haben (6 von 76). Für sie stellt die Ent-

Auf dem Weg in die Malerausbildung überwinden die Jugendlichen Enttäuschungen; motiviert von dem Versprechen in einen Betrieb eintreten zu können, der ihnen als Gegenwelt erscheint zur Schule und zu all den Institutionen, die ihnen wegen schlechter Leistungen den Prozess gemacht haben. Doch sich auf diese Welt einzulassen, bedeutet zugleich das Eingeständnis: andere Wege gab es nicht. Wer seinen Chancen und seiner Handlungsfähigkeit auf dem Markt nicht traut oder zu misstrauen gelernt hat, findet hier eine Alternative – zementiert jedoch seine Ausgeschlossenheit aus der Welt derer, die »was Besseres« machen, die »Qualifikationen« vorzeigen können. Die Berufsentscheidung verleiht den Jugendlichen einen Status, den sie als Zugang zur Welt selbständiger, selbstbewusster Handwerker anerkennen und zugleich als minderwertig begreifen: »Wenn ich die Qualifikation gehabt hätte, dann hätte ich nicht Maler gemacht.«

2. Malerarbeit:
Handwerkerstolz, Belastungserfahrungen und »Dreckarbeit«

Der Beruf des Malers gehört zu den Bau(neben)berufen. In den »Blättern zur Berufskunde« (1-IIIE101 1984, 1) werden die Aufgaben folgendermaßen umrissen: »Bauwerke, technische Einrichtungen, Fahrzeuge und Gebrauchsgegenstände aller Art mit Beschichtungen (Schutzanstrichen) zu versehen, sie vor den zerstörenden Kräften und Stoffen wie z.B. Ultraviolettstrahlen, Regen, Schnee, Tau- und Kondenswasser und Industrieabgasen zu schützen...«

Fragt man die Jugendlichen, was sie besonders schön und was sie besonders schwer finden in ihrer Arbeit, so lassen sich die Antworten in gegensätzlichen Themenkomplexen bündeln. Malerarbeit bedeutet einerseits eine produktive Anstrengung: »Man sieht, was man getan hat«; andererseits setzt die Arbeit die Beschäftigten vielen Belastungen aus: »Malerarbeit ist Knochenarbeit«.

»Tapezieren, Decken und Wände streichen, spachteln... Also warum mir das Spaß macht? – Macht einfach Spaß... Als ich das erste Mal gespachtelt habe, da habe ich das Grauen gehabt. Weil das irgendwie nicht geklappt hat. Aber irgendwann ging das dann voll gut. Und jetzt spachtele ich gern... Wenn man auf dem Bau arbeitet und die Wände total ranzig sind: ein Loch neben dem anderen und überall Beulen und

---

scheidung für den Malerberuf keine naheliegende, allseits empfohlene Lösung dar, sondern gilt als ein ungewöhnlicher Entschluss, der auf Befremden und Vorbehalte stößt.

man hat die dann abgezwungen und das sieht dann wieder gut aus, irgendwie ist das doch schon gut... Das ist eigentlich bei jeder Arbeit so. Wenn man fertig ist und es ist gut geworden, dass man sagt ›Dufte – da bist du stolz drauf‹. Ob das tapezieren oder spachteln oder streichen oder was ist. Das ist überall... Zum Beispiel, Fenster vorstreichen und lackieren mache ich überhaupt nicht gerne. Was anderes ist schon wieder, wenn die Fenster mit Dickschichtlasur gestrichen werden... Vorstreichen und lackieren mache ich nicht gerne, obwohl es eigentlich dasselbe ist... Naja, wie gesagt, mit Dickschicht-Lasur mache ich das ja gerne. Das ist ja auch Fenster und mit dem Rahmen und alles. Aber das Ergebnis gefällt mir besser. Wenn ich hier so ein Fenster habe, gestrichen, weiß. Und dagegen wenn so ein Fenster mit Dickschichtlasur gestrichen ist, so Naturholz und schön was draufgeknallt, in drei Schichten oder so, das gefällt mir von der Optik besser und da macht mir das eben mehr Spaß... Genauso wie mit Klarlack Holz lackieren. Da haben wir neulich auch Treppen gemacht, das hat voll Spaß gemacht. Da haben wir auch dreimal gestrichen und wenn man das vorher gesehen hat, wie dreckig das war und abgelatscht und alles – und danach mit dem Klarlack drüber. Das sah dann alles aus wie neu. Der Tiefeneffekt von dem Holz, der kam gut raus und alles... Das sieht dann einfach besser aus und ich nehme an, deshalb macht mir das auch mehr Spaß.« (F/M4)

Vom ersten Tag an arbeiten die Auszubildenden auf den Baustellen mit. Für alle gibt es Tätigkeiten, die sie besonders gerne ausführen: Tapezieren, Spachteln, Lackieren, Fenster lackieren, Reibeputz auf eine Fassade auftragen oder Beschneiden. Maler schaffen ein Produkt, das die Sinne anspricht: perfekt tapezierte Wände, gestaltete Fassaden oder auch eine gespachtelte Fläche, die schließlich »ganz glatt ist wie ein Spiegel« und Genuss bereitet, wenn man mit der Hand darüber streicht. Die Auszubildenden beziehen auch ästhetische Wirkungen in ihre Wahrnehmung mit ein: mit einer Lasur können völlig neue Effekte aus dem Holz hervortreten; Marmorspachtel auf die geglättete Wand aufzubringen ist ein besonderes Ereignis; Wände zu streichen bedeutet auch: neue Raumgestaltung.

Es sind in der Regel die Maler, die einer Baustelle »den letzten Schliff« geben: Wenn sie die Arbeit abschließen, ist der Bau fertig. Ihre Arbeitsergebnisse bleiben oft öffentlich und sichtbar: Renovierte Fassaden, prächtige Treppenhäuser, ein Schulgebäude, das wie neu aussieht. Resultate, die von Dauer sind. Sowohl kollektive wie individuelle Leistungen sind erkennbar; an ihnen kann man auch andere teilhaben lassen: »Wenn man Kinder hat, oder sowas, dann kann man erzählen: Das war ich.« (H/M1).

Doch die Jugendlichen heben nicht allein das Endresultat der Malerarbeiten hervor, auch mit dem Arbeitsprozeß verbinden sie positive Erfahrungen: Malerarbeit ist Übungssache, die Hände sind das am meisten gebrauchte »Werkzeug« und das Gefühl wachsender Handfertigkeit läßt sich auskosten. Im Umgang mit Geräten, zum Beispiel beim Spritzen, erwerben die Auszubildenden Sicherheit; die Handhabung geht einem »in Fleisch und Blut über«. Dabei differenzieren sich die produktiven Vorlieben: Manche Auszubildende haben Freude an Tätigkeiten, die Feinarbeit erfordern, wenn sie »fummeln« müssen, zum Beispiel beim Lackieren von Fensterrahmen. Wo Geschicklichkeit und Konzentration erforderlich sind, vergeht die Zeit sehr schnell und »man vergißt sich«. Andere schätzen die Aufgaben besonders, bei denen man genau mitdenken muss: Beim Tapezieren müssen verschiedene Arbeitsgänge aufeinander abgestimmt werden; das Beschneiden um Fenster, Lichtschalter und Türen verlangt in manchen Räumen einige Tüftelei. Auch der Aufbau eines Gerüstes verlangt exaktes logisches Denken. Einige Auszubildende bevorzugen Arbeiten, die ihren Einsatz im Ergebnis unmittelbar wiederspiegeln: wenn beispielsweise mit jedem Quadratmeter einer perfekt »zugerollten« Wand das eigene Leistungsvermögen sich effektiv zeigt.

Will man die Unebenheiten der Wände »rauszwingen«, so muss man stunden-, manchmal tagelange harte Arbeit mit der Schleifmaschine leisten. Bevor neue Tapeten geklebt werden können, sind alte Schichten gründlich abzutragen; alter Lack muss mühsam abgebrannt oder abgebeizt werden. Ein Kampf mit der Tücke des Objekts – doch die Mühen zeitigen Ergebnisse: es ist ein Kampf, den man gewinnt.

Eine andere Ebene, die die Auszubildenden auf die Frage nach dem »Schönen« in der Arbeit ansprechen, ist die Vielfalt der Situationen: Maler »kommen rum«. Die Auszubildenden werden auf immer neuen Baustellen eingesetzt und »sehen etwas von der Welt« – manche lernen so die Stadt und das Umland überhaupt erst kennen. Auf den Baustellen muss man sich mit vielen verschiedenen Menschen auseinandersetzen; bei privaten Aufträgen sieht man, »wie die Leute leben.« Manche Auszubildende genießen es auch, bei Arbeiten in öffentlichen Gebäuden vor aller Augen fachmännisch zu agieren. Die Malerarbeit gibt den Jugendlichen die Möglichkeit, Handwerkerstolz zu entwickeln. Ihr Einsatz schafft sichtbare Ergebnisse, ermöglicht produktive Selbsterfahrung, nach all den Jahren, die sie sich – so stellt sich das im Rückblick dar – in der Schule gelangweilt haben.

2.1. Belastungen

Doch die Kehrseite der »schönen« Arbeit sind die Belastungen. Als Tätigkeiten, die den Auszubildenden schwer fallen, werden am häufigsten genannt: Heizkörper streichen und Abbeizen, Arbeiten mit Grundierung und Salmiak; Arbeiten in kaum belüfteten Räumen und stundenlanges Schleifen. Schwindelgefühle und Benommenheit, Schleimhautreizungen und Appetitlosigkeit, Kopfschmerzen und Hautverletzungen sind die Folgen des Umgangs mit lösemittelhaltigen und anderen gefährlichen Arbeitsstoffen. Beim Schleifen setzt sich der Staub in alle Körperöffnungen und auf die Schleimhäute. Die Säuberung und Vorbehandlung der Untergründe bedeutet in der Regel Arbeiten mit chemisch aggressiven Stoffen und hoher Krafteinsatz – oft über viele Stunden. Spachteln und Schleifen belasten Knie, Wirbelsäule, Arme und Schultern einseitig. Beim Transport – beispielsweise von Farbeimern – müssen oft 15- oder 25kg-Gebinde über mehrere Stockwerke getragen werden. Maler arbeiten häufig im Freien, in großer Höhe, auf Leitern und Gerüsten, auch im Winter. Etliche der jungen Kollegen hatten bereits einen oder gar mehrere Arbeitsunfälle: Stürze auf die nächste Gerüstlage, eingetretene Nägel, Abbeizer im Auge sind Beispiele dafür.

Die Auszubildenden machen nicht nur Erfahrungen am eigenen Leibe; gleichzeitig erleben sie auch die alternden Kollegen: alle kennen die Figur des älteren Gesellen, der aus Rücksicht »mitgezogen« wird, obwohl er sich nicht mehr konzentrieren kann oder Alkoholiker ist. Sie sehen, dass viele der Gesellen schon früh kahl werden.[4] Und vor allem: wie wenigen älteren Kollegen sie überhaupt begegnen: »Mit 50 gehen alle in die Knie.« (R/M6)

»Was für mich schwer ist, ist mit Abbeizer zu arbeiten. Und mit Bleimennige. Es heißt zwar, dass es verboten ist, aber andere sagen, dass es doch erlaubt ist. Also arbeiten wir damit. Ich kriege Kopfschmerzen davon, aber das geht immer so, ich achte gar nicht darauf wie lange das dauert und am nächsten Tag ist es wieder vorbei. Handschuhe haben wir nicht. Wir haben eigentlich überhaupt nichts. Das ist das Problem. Aber die Arbeit muss ja gemacht werden. Und ich bin kein Typ, der sagt, wenn die Vorschriften nicht eingehalten werden, dann mache ich nicht. Es muss gemacht werden und es sieht ja dann auch gut aus und man fühlt sich besser, wenn man etwas geschafft hat. Man achtet dann gar nicht so auf die Gesundheit. Man sieht dann eben zu, dass es schnell

---

4   Eine Folge des Einsatzes von Lösemitteln.

geschafft ist und es schnell hinter einem liegt, dann kann man etwas neues anfangen.« (T/M5)

Die Auszubildenden hoffen zwar, dass sie sich an die Belastungen gewöhnen werden und berichten, dass sie manche Gerüche, die sie zu Anfang noch störten, nun schon nicht mehr wahrnehmen oder dass Rücken und Arme durch Heben und Tragen trainiert sind. Doch sie spüren die Grenzen ihrer Belastungsfähigkeit. Zum Feierabend sind viele der Auszubildenden körperlich und seelisch erschöpft, sie schildern, dass sie sich ersteinmal hinlegen und schlafen, wenn sie nach der Arbeit nach Hause kommen; andere versuchen, mit Aktivität den »toten Punkt« zu überwinden. Oft fühlen sie sich eigentlich zu müde, um die Freundin oder Freunde zu treffen. Bereits im zweiten Ausbildungsjahr gehen einige Jugendliche davon aus, dass sie den Beruf kaum auf Dauer ausüben können. Manche haben über Monate an Magenschmerzen gelitten; Rückenschmerzen kennen fast alle. Das Arbeitsleben »ergreift« die Auszubildenden; die Schwachstellen ihres Körpers werden rücksichtslos aufgedeckt und sie müssen sich zwischen bekannten und erahnten Gefahren einen Weg bahnen. Wollen sie die Ausbildung nicht aufgeben, müssen sie mit den Belastungen leben und sie in ihr Berufsbild integrieren. Letztlich erscheint die Erfahrung der Gefährdung für die Jugendlichen nicht diskutierbar: Wer sich für den Beruf entschieden hat, muss auch die Belastungen akzeptieren als unabänderliche Bedingung des Berufes: »Als Maler muss man damit arbeiten, darüber muss man sich klar sein« (P/M1).

Ein anderer Aspekt des Themas »Belastungen« ist die »Dreckarbeit«.

»Das war jetzt vor kurzem. Da mussten wir so ein Haus saubermachen. Das stand wohl in den Papieren drin. Das hat mich tierisch aufgeregt. Da war ich tierisch sauer, ich wollte was anderes machen. Ich hab zu dem Gesellen gesagt, ›Ich bin doch keine Putzfrau‹. Da meinte der, ›das steht in den Baupapieren drin. Der Maler soll das Haus sauber machen.‹ Der ganze Scheiß war voll Müll und da waren auch ein paar ekelerregende Sachen dabei, die wir gefunden haben beim Aufräumen mit dem anderen Lehrling zusammen. Der hat sich auch ziemlich aufgeregt. Da war ich tierisch sauer... Der (Geselle, M.P.) meint, irgendeiner muss das machen. Ich habe nur gefragt, warum gerade ich das machen sollte... Die Antwort war, naja, ich wollte das erst nicht machen, das habe ich auch gesagt, und er hat gesagt, ›Du hast keine Arbeit. Also musst Du das machen.‹ Also haben wir das gemacht. Wir

haben den ganzen Tag durchgemacht. Mittagspause durchgearbeitet...
Wir haben zwei Stück Scheiße gefunden. Und, ich weiß nicht, aber da
hat auch einer reingepisst. Wir wussten zwar nicht, wer das war, aber
das war tierisch lecker. Am Abend, mir war wirklich schlecht. Und das
habe ich meinen Eltern erzählt, die meinten: ›Naja, so ist das.‹ Und ich
habe das dann auch an der Hose gehabt und die habe ich zwei Wochen
dann nicht angehabt und habe eine andere Hose genommen. Das ist
doch eklig sowas. Und vor allem: Wir Maler müssen das machen, als
ob wir der letzte Scheißdreck wären. Das hat mich total aufgeregt. Den
Tag war ich wirklich sauer.« (B/M4)

Bevor die eigentliche Maler-Arbeit beginnen kann und nachdem sie beendet ist,
müssen Schutt, Schmutz und Abfälle entfernt werden. Für die Auszubildenden
gilt: »Das ist Lehrlingsarbeit« und oft müssen sie auch hinter den eigenen Kollegen herräumen. In manchen Firmen sind die Auszubildenden auch für die
(Sonder-) Müllentsorgung zuständig. Vorarbeiten wie Spachteln und Schleifen
oder Abbeizen, das Abkratzen alter Anstriche werden oft als »Dreckarbeiten«
bezeichnet. Vor allem wenn Auszubildende über Wochen vorwiegend mit solchen Aufgaben betraut und an den Abschlußarbeiten gar nicht mehr beteiligt
werden, werden auch die Vorarbeiten am zu bearbeitenden Untergrund zu
»Dreckarbeiten«.

Zudem arbeiten Maler auch an den subkutanen oder gar »Nicht«-Orten der
Gesellschaft: in Toilettenräumen, in Kellern oder Bunkern ohne Luft und Licht,
die an vielen Stellen nicht einmal das Arbeiten im Stehen zulassen; in Gefäng-
nissen; im Krematorium. Auch diese Arbeit »muss getan werden.« Nicht zuletzt
bedeutet »Dreckarbeit«, dass der Maler in der Hierarchie der Bauberufe auf
Großbaustellen als »der Letzte« gilt und ihm vieles beiseite zu schaffen bleibt,
was die Kollegen anderer Gewerke hinterlassen haben: »Der Maler macht alles.
Wie eine Putzfrau... am Maler wird alles abgeschmiert.« (R/M6).

2.2. Ambivalenzen

Das »Berufsbild« der Maler-Auszubildenden ist voller Gegensätze: Handwerkerstolz, als unabänderlich wahrgenommene Belastungen und das Empfinden
der Demütigung durch »Dreckarbeit« stehen in einem spannungsreichen Verhältnis zueinander. Doch erlaubt dieses Berufsbild, mit diesem Beruf und seinen
Belastungen zu leben und keine der widersprechenden Seiten zu unterschlagen:

»Ich meine, mittlerweile macht mir der Beruf Spaß und manchmal kotzt er mich auch an.« (B/M4)

Körperliche Belastungen und Dreckarbeiten bleiben »im Schatten« des Stolzes, ein Handwerker zu sein – wie ist es möglich, dass die ambivalente Erfahrung in ein sinnhaftes Identitätsmodell integriert wird?

Ein Ansatzpunkt zum Verständnis liegt in der Körperlichkeit der Arbeit. Körperlich gefordert zu sein, bedeutet für die Jugendlichen auch Chancen der Selbsterfahrung – die männlichen Auszubildenden empfinden die Anforderungen als Gelegenheit, Kraft, Mut und Körperbeherrschung zu beweisen. Diese zentralen Motive von Männlichkeit finden in der Arbeit einen Ort ihrer Erfüllung.[5] Die jugendlichen Berufsanfänger sehen viele objektive Belastungen zugleich als Herausforderung. Stolz in der Arbeit spüren sie oft gerade dann, wenn sie an ihre körperlichen Grenzen stoßen. Demonstrationen von Leistungsfähigkeit und Geschicklichkeit – wie das elegante Heben schwerer Eimer beispielsweise – steigern das Selbstgefühl (belasten jedoch in aller Regel die Wirbelsäule). Angst zu bewältigen auf hohen Gerüsten oder im schwankenden Skylift bedeutet, sich selbst zu überwinden und »mentale« Stärke zu entwickeln.

Die Belastungen und Gefährdungen rücken im Berufsbild der Jugendlichen in den Hintergrund – mehr noch: Sie verleihen der Handwerkerleistung sogar einen zusätzlichen Wert. Sie erscheinen als Stützen sich entwickelnder Männlichkeit und bieten zugleich eine Bühne, diese zu bestätigen. Die Arbeit ist ein heroischer Kampf gegen sich selbst, gegen den eigenen Körper, der, wie alle wissen, allerdings in späteren Jahren seinen Preis kosten wird.

Eine erste Deutungsoption zum Zusammenhang von Handwerkerstolz, Belastungen und »Dreckarbeit« läßt sich also ausgehend von der traditionellen Verbindung männlicher Identität und körperlicher Arbeit entwickeln. Doch in den Äußerungen der Jugendlichen über ihren Beruf wird noch ein weiterer Zusammenhang erkennbar: »Die (Dreck)-Arbeit muss gemacht werden« – Maler sind bereit zu tun, was eben getan werden muss. Der Handwerkerstolz der Jugendlichen zeigt an, dass hier mehr als nur der Fatalismus erzwungener Lohnarbeit seinen Ausdruck findet. Zur Sprache kommt eine Haltung, die eine gesellschaftlich nützliche Leistung behauptet – und deren Anerkennung zugleich in Zweifel zieht. Wenn die Auszubildenden von der Malerarbeit als »Dreckarbeit« sprechen, so verweist dies nicht so sehr auf die darin eingeschlossenen körper-

---

5 Vgl. Böhnisch/Winter 1997; Bründel/Hurrelmann 1999; Willis 1982; Whyte 1961.

lichen Belastungen als vielmehr auf die Funktion des Aufräumens für andere, das Gefühl, das letzte Glied in der hierarchischen Ordnung der Arbeitsteilung zu sein: als Maler unter den anderen Berufen und zudem als Auszubildender unter den Gesellen.

Um die Zusammenhänge genauer zu verstehen, die der Arbeit für die Jugendlichen ihren Sinn verleihen, um zu klären, welche Rolle Männlichkeit und die Gemeinschaft der Männer sowie die Wahrnehmung des gesellschaftlichen Status des Berufes für die Auszubildenden spielen, ist die Analyse von tätigkeitsbezogenen Motiven nicht ausreichend. In den nächsten Abschnitten werden die sozialen und gesellschaftlichen Bezüge in der Malerarbeit das Thema sein.

3. Kollegiale Zwangsgemeinschaft

Die Auszubildenden sind als Teil einer Arbeitergruppe an wechselnden Orten mit jeweils neuen Aufträgen beschäftigt. Ihre Bezugspersonen sind die Gesellen. In einigen Betrieben gibt es einen »Paten«, der über einen langen Zeitraum für einen Auszubildenden zuständig ist. Manchmal sind die Auszubildenden auch einer festen Gruppe von älteren Kollegen zugeordnet. »Der Chef« oder ein Meister treten kaum als Kooperationspartner in Erscheinung; mit anderen Auszubildenden arbeiten die Jugendlichen nur selten zusammen. Die Arbeitseinteilung vor Ort nimmt einer der Kollegen, bei größeren Baustellen ein Polier vor. Bei jedem Auftrag wird aufs Neue entschieden, welche Tätigkeiten den Auszubildenden zufallen. Es gibt traditionelle Arbeitsteilungen zwischen Gesellen und Auszubildenden, jedoch keine feste Planung ihrer Aufgaben; die Auszubildenden »laufen mit«. Es sind die Gesellen, die im Rahmen der alltäglichen Auftragsabwicklung die praktischen Berufsfertigkeiten vermitteln; Lehren ist eine Aufgabe, die der Geselle neben seiner eigentlichen Arbeit erfüllen muss. Auftragsabwicklung, Kooperation und Qualifizierung sind untrennbar miteinander verbunden.

(Frage: Fällt Dir denn ein Arbeitstag ein, der besonders scheußlich war?) »Ja, der erste… Das ist immer peinlich. Erstmal musst du alle kennen lernen und so. Uuuhhh nee, ich weiß nicht. Erstmal gucken einen alle voll komisch an… Wenn man jetzt was macht, dann wird man voll beobachtet und dann läuft das alles ganz anders eigentlich, finde ich jedenfalls, dann klappt das alles nicht so. Dann wird man so nervös bei, wenn sie alle gucken... Da kann man sich nicht konzentrieren bei irgendwie. (Sv/M3)

Ohne ein Übereinkommen mit den Kollegen ist der Arbeitsalltag für die Jugendlichen nicht zu bewältigen. Sie stehen als Einzelne den erfahrenen älteren Gesellen gegenüber. Die Jugendlichen können sich nicht in eine Gruppe von Auszubildenden zurückziehen. Es gibt kaum einen Ort, an dem sie Distanz zu den älteren Kollegen herstellen können. Die Rückschau auf die ersten Arbeitstage beleuchtet die Unsicherheit in dieser neuen Situation: Man wird beobachtet, man schafft nichts, stellt sich dumm an, obwohl man sich größte Mühe gibt. Man steht allein und unerfahren unter den Kollegen, die sich auskennen und kann sich nicht entziehen. Das individuelle Handeln ist öffentlich: »Wenn man was falsch gemacht hat, das geht rum wie ein Lauffeuer«. (A/M4)

Wenn die Auszubildenden in die Ausbildung eintreten, sind sie gewissermaßen hilflos, denn die Verhaltensstrategien aus der Schulzeit helfen ihnen nun nicht mehr weiter: Sich entziehen, sich unsichtbar machen oder gar provozieren wagt man hier nicht. Als Auszubildender hat man anfangs das Gefühl, »man steht auf der Bühne und weiß die Rolle nicht.« (?/M5) Die meisten Auszubildenden brauchen einige Zeit, bis sie die Situation beherrschen; viele berichten, dass sie im ersten halben Jahr eine Zeit lang mit dem Gedanken gespielt haben, die Ausbildung abzubrechen.

Die Kollegen können den Auszubildenden viel aufladen, sie sind in der überlegenen Position. Die Liste der Zumutungen, denen sich die Auszubildenden ausgesetzt sehen, ist umfassend und eindrucksvoll: Sie reicht vom Zwang, die Hilfs- und Reinigungsarbeiten zu übernehmen, über die Tatsache, dass oft die belastendsten Tätigkeiten auf die Jüngsten abgeschoben werden bis hin zum Bier holen und Hänseleien, die man akzeptieren muss. Die Auszubildenden sehen sich in totaler Abhängigkeit von den Gesellen.

»Soll ich mal sagen, was mir nicht gefällt auf der Arbeit? Dass man als Lehrling behandelt wird wie der letzte Dreck. Dass man von den Gesellen voll ausgenutzt wird und überhaupt... Da denke ich mir in mir drinne: ›haust ihm auf die Mütze‹. Na so ist das doch. Aber du kannst ja nichts machen. Wenn man nicht geht, dann kriegt man ja auf der Arbeit auch die dementsprechende Arbeit... Aber als Lehrling ist man das Letzte irgendwie. Da kriegt man auch die letzten Arbeiten. Wenn man mal einen guten Gesellen kriegt, dann bekommt man auch die besseren Arbeiten.« (C/M1)

Macht man nicht mit, werden »Strafarbeiten« zugeteilt, die alles noch verschlimmern und verspielt dabei unter Umständen gerade die seltenen Chancen auf »bessere Arbeiten«. Die Abhängigkeit von den Gesellen ist janusköpfig; immer wieder verweisen die Jugendlichen darauf, dass es letztlich von den Kollegen abhänge, wie man mit der Arbeit klarkommt – wenn die Kollegen in Ordnung sind, dann ist dies auch gerade das Gute an der Arbeit. Die Macht, über die die Gesellen verfügen, ist für die Auszubildenden ambivalent; sie leiden darunter und fürchten sie und hoffen zugleich auf Vergünstigungen. Gesellen und Auszubildende sind in ein Netz von Beziehungen eingebunden, das die Macht der Gesellen für die Jugendlichen – von Exzessen abgesehen – legitim erscheinen lässt.

3.1. Einheit von Arbeiten und Lernen

Auf den Baustellen werden die Auszubildenden – insbesondere im ersten Jahr – vorwiegend bei »Vorarbeiten« eingesetzt, dazu gehören Aufräumarbeiten, Abbeizen, Schleifen, Spachteln, Grundieren, Tapeten ablösen; andere häufig genannte Arbeiten sind Heizkörper lackieren oder spritzen und Transport- und Reinigungsarbeiten. Diese Aufgabenteilung wird grundsätzlich akzeptiert.

»Ich habe eigentlich alles gemacht, was ein Maler im Moment macht. Naja, im ersten Lehrjahr machst Du halt so ein bisschen mehr mit schleifen. Und das hat mir eine Zeitlang sogar Spaß gemacht. Wie gesagt, am B-weg, Wände geschliffen, durchgerazzelt und der Staub eigentlich, naja, wie er hier vorhin gesagt hat, der F., eine Staubmaske gehabt und so kleine Hütchen auf und dann gings los. Und dann konnte man halt auch mal verschnaufen, Fenster waren eigentlich da oben auch auf. Das war so eine Riesenkirche, also eine Kapelle, die wir da gemacht haben. Fenster aufgemacht, Maske abgenommen, mal durchgeatmet. Das ging eigentlich, das hat mir nichts ausgemacht, das hat mir Spaß gemacht... Mit der Maschine umzugehen. Das war zwar ziemlich schwer, aber das hat halt Spaß gemacht... eine Schleifmaschine kannte ich, aber nicht in der Größe. Und so schwer wie die war, das kannte ich nicht. So nach einer Zeit, so nach zwei drei Tagen da gings. Da lag die wunderbar in der Hand. Das ging eigentlich, das hat mir dann wirklich sehr Spaß gemacht. Sehr viel Spaß gemacht. Zu der Zeit hatte ich eigentlich einen festen Gesellen, der ist heute Polier auf unserer Baustelle. Und der hat eigentlich gesagt, ich meinte zu ihm:

›Soll ich wieder schleifen?‹ Und nach dem Gesichtsausdruck wusste ich schon, ›Na ab, Schleifmaschine holen und los.‹ Sonst – ich hätte auch einen fragen können, aber es gab halt auch nichts anderes zu tun zu der Zeit, was ein Lehrling hätte machen können. Gewebe kleben und so, das macht man normalerweise, glaube ich, erst im dritten Jahr.... ich habe bis jetzt noch nicht tapeziert. Obwohl mein Geselle zu mir gesagt hat, ich werde jetzt wohl im zweiten Lehrjahr weniger Dreckarbeiten machen müssen... Er meinte zu mir, ich werde wohl jetzt im zweiten Lehrjahr ein bisschen ranklotzen müssen. Mehr saubere Arbeiten. Also weniger schleifen oder abkratzen.« (B/M4)

Die Jugendlichen sehen die Ausbildung als ein Stufensystem: Im ersten Jahr die Arbeit mit der Vorbereitung der Untergründe, im zweiten die zunehmende Einbeziehung in aufbauende Tätigkeiten und im dritten Jahr Beteiligung auch an komplizierten Arbeiten und weitgehende Selbständigkeit. Der Reiz dieses Systems für die Auszubildenden liegt nicht allein in der fachlichen Logik, sondern vor allem in der Verbindung von Qualifikation und Selbständigkeit, die es verspricht; innerhalb des Stufensystems hat der Auszubildende die Perspektive, zunehmend als eigenständige Arbeitskraft anerkannt und eingesetzt zu werden. Der erste eigene Auftrag – ohne Aufsicht oder allein mit anderen Auszubildenden ausgeführt – ist ein wichtiges Ereignis. »Das Schönste an der Arbeit ist für mich, wenn mich die Gesellen selbständig arbeiten lassen, ohne dass mir jemand immer auf die Finger guckt.« (H/M5)

Die Auszubildenden werden in den Betrieben als Arbeitskräfte eingeplant und eingesetzt. Dies nehmen sie als selbstverständlich hin, mehr noch: sie sind stolz darauf. Im »Stufensystem« sind die Vermittlung von Fertigkeiten und der Einsatz als Arbeitskraft für die Auszubildenden sinnvoll verkoppelt, die Vorarbeiten sind in ihren Augen eine effektive Form, ihre Arbeitskraft ökonomisch einzusetzen: »... es (wäre) zu teuer, einen Gesellen da hinzustellen für diese Arbeiten.” Die Auszubildenden akzeptieren, dass sie als Arbeitskräfte noch nicht universell einsetzbar sind – also leisten sie ihren Beitrag als Hilfsarbeiter. Die Jugendlichen sehen sich als einen »Aktivposten« ihrer Firma, mit dem auch Geld verdient wird. Sie kritisieren zwar häufig, dass sie selbst (in der Regel) keine finanziellen Vorteile davon haben – doch bedeutet diese Einbindung für sie einen Statusgewinn und so sind sie grundsätzlich bereit, auch unqualifizierte Hilfstätigkeiten zu übernehmen.

Die Jugendlichen lernen von den Gesellen; sie übernehmen deren Arbeitsweise, die sie im Zuge der täglichen Arbeit kennen lernen – Lernen am Vorbild.

Materialkenntnis, Werkzeugkunde: Fast alles wird im Rahmen der praktischen Arbeit übermittelt. Qualitäts- und Leistungsnormen werden von den Gesellen, gelegentlich auch von einem Meister, persönlich vorgegeben und nicht in verschriftlichter, allgemeiner Form; der Auszubildende hat sich daran zu halten, was ihm vorgegeben wird: Man muss »nach Prinzip« arbeiten. Dieses Prinzip wirkt unerbittlich, es gibt keine, diese Vorgaben relativierenden Maßstäbe: »Was mir sehr schwer fällt ist, genau das zu machen, was die Gesellen sagen. So dieses 100prozentige.« (H/M6) Themen, die auf diesem Wege nicht zu vermitteln sind, bleiben – im betrieblichen Teil der Ausbildung – die Ausnahme.[6] Theorievermittelte Formen der Weitergabe von Wissen bleiben auf die Berufsschule beschränkt; Lernen in der Malerausbildung heißt: Lernen aus den Erfahrungen der älteren Kollegen.

Diese personenvermittelte Lernform bedeutet, dass die Auszubildenden dem Gesellen ausgeliefert sind, denn dieser hat die Macht zu entscheiden, was »richtig« ist. Das Spektrum dessen, was die Auszubildenden lernen können, ist begrenzt von den Qualifikationen der Kollegen, mit denen man gerade arbeitet. Viele Firmen haben sich spezialisiert und viele Gesellen können deshalb nur in begrenztem Maße Erfahrungen weitergeben. Die Auszubildenden müssen erkennen, dass die älteren Kollegen von vielen Dingen keine Ahnung haben. Oft haben die Gesellen auch nicht viel Zeit, sich ausführlich mit Erklärungen zu beschäftigen. Vielfach sind die Auszubildenden enttäuscht, weil – sei es aus Termindruck oder persönlichem Desinteresse – ihnen nicht die fachlich korrekte Arbeitsweise gezeigt wird, sondern nur vorgeführt wird, wie man am schnellsten vorankommt.

Doch trotz solch konkreter Probleme bleibt das Prinzip der Einheit von Arbeiten und Lernen, in dem die Malerausbildung sich vollzieht, akzeptiert. Mehr noch: Es geht eine motivierende Kraft von dieser Vorstellung aus, denn der Einsatz als Hilfskraft und das Versprechen zunehmender Eigenständigkeit relativieren den Anspruch auf Qualifizierung nicht, sondern bestätigen für die Auszubildenden gerade die »Praxisnähe« ihrer Ausbildung. Jegliche Lernform, die sie an die Schule erinnert, lehnen die Jugendlichen ab und deshalb erfüllt das Lernen am Vorbild und direkt auf der Baustelle trotz aller Beschränkungen ihre

---

6 Es gibt einen außerbetrieblichen Träger, der versucht, die Ausbildung durch Betriebsführungs-/-verwaltungskenntnisse und PC-Schulung aufzuwerten – eine m.E. einmalige Initiative in diesem Bereich. Ein Betrieb schickt einen Auszubildenden zu einem Spezialkurs für eine bestimmte Schmucktechnik – ebenfalls eine große Ausnahme.

Hoffnungen: Lernen für die Praxis kann man ihrer Meinung nach nur in der Praxis. Anspruch auf fachliche Qualifizierung und Bereitschaft zu Hilfsarbeitertätigkeiten sind deshalb für die Auszubildenden untrennbar miteinander verbunden. Die Unterordnung vollzieht sich auf einer – bei aller Einschränkung und Kritik an der fachlichen Fähigkeit so manches Gesellen – von beiden Seiten akzeptierten Grundlage: Die Arbeit muss getan werden und jeder übernimmt seinen Part. Sie sind nicht nur zum Lernen hier, sondern auch zum Arbeiten. Die Anerkennung als Arbeitskraft ermöglicht es den Auszubildenden, sich unterzuordnen. Dafür wird auch problematisches Verhalten im Rahmen toleriert. Arbeiten und Lernen sind einsehbar gekoppelt.

Erst wenn die Auszubildenden erkennen, dass sie zu wenig lernen und dass sie in der Arbeitsteilung Hilfskraft bleiben, geraten sie in ein Dilemma: Den Statusgewinn, den die Jugendlichen aus dem Einsatz als Arbeitskraft ziehen können, müssen sie aufs Spiel setzen, um zusätzliche fachliche Unterweisung einzufordern, denn sobald sie auf ihre Rechte als Auszubildende pochen, halten sie den effektiven Arbeitsablauf auf.

3.2. Berufsschule: Auszubildende unter sich

»Man könnte die Maler-Ausbildung im Prinzip um zwei Jahre kürzen, im Moment. Man lernt nichts. In der Schule lernt man irgendwelche Striche ziehen. Das braucht man nicht. Ich habe bis jetzt noch keinen Maler gesehen, der einen Strichzieher in der Hand hatte.
Kollege: Braucht man nicht.
Kollege: Striche ziehen hatten wir nicht.
Kollege: Doch auf dem (?)
Zum Absetzen ja… Okay das. Aber so einen Auftrag wie in der Schule hast du doch bestimmt noch nie gemacht? … Und du wirst bestimmt auch nie einen haben. Weil das nicht gefragt wird. Außer du spezialisiert dich auf Restaurationsmalerei, dann kannst du vielleicht nochmal an den Stuck ran oder sowas… Und in der Schule steht man da mit der Platte und dann wird zensiert und dann kriegt man in der Zwischenprüfung eine Vier reingewürgt oder sowas. Das interessiert im Grund gar keinen. Das Tapezieren sollen wir da lernen. Eine Bahn in die Mitte kleben. Das haben wir noch nicht gehabt. Kommt erst im dritten Lehrjahr. Das ist sowieso Schwachsinn. Eine Bahn in die Mitte kleben und

zwei schmale Streifen an die Seite. Auf eine Platte von 1,50 mal 1 Meter. Das ist ein Lacher, das ist ein Scherz… Wenn man jetzt eine Muster-Tapete kriegt: Uhhhh … Wissen Sie, wie wir streichen gelernt haben? Wir hatten eine Platte von 1,50 mal 1 Meter. Da haben wir eine Rolle gekriegt, so breit, mit Leimfarbe. Da geht man einmal kreuz und einmal quer, dann ist die Platte weiß. Und der Clou bei der Sache ist, dass man noch einmal von oben nach unten gehen muss. Toll, ist die Platte gestrichen. Wir haben streichen gelernt. Mann, wir sind jetzt die besten Anstreicher Berlins. Da fasst man sich dann dreimal an den Kopf und sagt, ›Mensch, der hat sie nicht alle.‹ Da frage ich mich dann wirklich, für was sollen denn die Prüfgebühren sein? … das ist wirklich ein Lacher. Da mussten die Chefs noch Geld zahlen, damit wir geprüft werden für die Zwischenprüfung. Also ich als Chef würde ich mich da weigern, wenn ich wüsste, was da los ist in der Schule… Also mein Chef ist strohdoof. Er sieht das auch, also er müsste es eigentlich sehen, was ich kann und was ich nicht kann. Was ich in der Schule habe, was ich nicht habe. Und was ich in der Schule lerne ist absoluter Kiki. Das einzige, was man gebrauchen kann ist Fachkunde… In Fachkunde, da lernt man so den Umgang mit Geräten und Metallanstrichmittel und wie die zusammengesetzt sind… Alles theoretisch halt, wie man das macht und so. Das kann man mal gebrauchen. Aber wenn ich so sehe, Fachrechnen… Das brauche ich höchstens, wenn ich mal den Techniker machen will. Das kann man finanziell gar nicht. Außer man wird irgendwo gefördert und dann kann man das immer noch lernen. Oder man macht den Meister. Auch finanziell. Da muss man auch gefördert werden… Aber im Moment sehe ich auch keinen Grund, warum ich Meister werden sollte. Absolut nicht… Oder Sozialkunde. Wir machen jetzt, wie lange haben wir jetzt, ein Jahr lang Bundestag. Ein Jahr lang Bundestag, die Zusammensetzung des Bundestages. Wen wähle ich am Besten… Das Jugendarbeitsschutzgesetz wollten wir mal durchnehmen. Das haben sie schon vor einem halben Jahr gesagt: ›Wir sind jetzt bald durch mit dem Thema.‹ Und immer kommt der gleiche Krampf: Ihre Zweitstimme, bitte. Und wie muss ich die richtigen Stimmzettel ankreuzen. Gut, ein bisschen Sozialkunde soll schon sein. Halbe Stunde am Tag reicht. Wir haben aber keine halben Stunden… und Fachzeichnen ist genauso… Gut, man freut sich aber auch freitags auf die Berufsschule… Es gibt kaum Schwänzer und auch kaum welche, die früher nach Hause gehen. Das ist doch Stand, oder? ... Man freut sich auch, wenn man ein paar Vernünftige echt um die Ohren hat. Außer jetzt hier, ein paar findet man, naja okay, aber man hat mal ein paar vernünftige Leute mit denen man reden kann über die Scheiße... Wenn ich jetzt zum Beispiel weiß, dass ich nächste Woche wieder in die BfA komme und setz mich wieder in den Keller, wo mein Kollege sitzt, der mich dann belabert, dass das Geld nicht stimmt, dass da wieder die Pfennige fehlen und dass er das nicht mehr geschafft hat und Scheiße, muss ich das wieder machen... Und dass er letzte Woche seine Frau zum Meerschweinchen füttern geschickt hat und so was.« (P/M1)

Die Auszubildenden fühlen sich aus ihrer Sicht bereits etwas erhaben über die Institution Schule: Ihre Einbindung in die Arbeit auf den Baustellen vermittelt ihnen das Gefühl, das Lernangebot beurteilen zu können und schöpfen daraus eine gewisse, durchaus lustvolle Überheblichkeit. Über die weitgehende Unbrauchbarkeit des Lehrstoffes ist man sich einig. Selbst praktische Übungen erscheinen als »ein Lacher«: Tapezieren und Streichen auf Platten erkennen die Auszubildenden nicht an – obwohl viele von ihnen darüber klagen, dass sie im Betrieb so manches Wichtige – Tapezieren zum Beispiel – eben nicht lernen. Eine Ausnahme wird, nicht nur von P. sondern auch von vielen der Kollegen, für den Fachkundeunterricht zugestanden. Doch letztlich ist es das Lernen im Betrieb, das – soweit es als solches gesehen wird – zählt. Mit dem Lernen in der Schule, so scheint es, haben die Auszubildenden abgeschlossen.

Das Berufsbild, das die betriebliche Praxis vermittelt, enthält für die Auszubildenden keine schwierigen fachlichen Anforderungen. Viele sind deshalb enttäuscht. In der Distanzierung von den schulischen Angeboten kehrt diese Enttäuschung wieder: Man macht sich darüber lustig, dass man ja nichts weiter zu wissen brauche und dementsprechend fällt jeder Versuch, Kenntnisse zu vermitteln, die (noch) nicht unmittelbar im Alltag zu verwenden sind, schnell unter das Verdikt »unnütz« oder werden ironisiert: »Hast Du schon mal einen Strichzieher gebraucht?«. Enttäuschungen im Betrieb und mit dem Beruf werden auf die Schule zurückgespiegelt. »Lernen – das bringt nichts«. Selbst viele »Chefs« werden als »doof« qualifiziert und außerdem: Schließlich wird man später sowieso nicht viel weiter kommen. Aufstiegsfortbildungen zum Techniker oder Meister sind nur für wenige eine reale Perspektive.

In der Enttäuschung über die geringe fachliche Tiefe ihrer eigenen wie auch teilweise der Qualifikation ihrer Vorgesetzten wird jedoch auch Erleichterung spürbar: Schulerfolge sind nicht alles im Leben. Aus dieser Perspektive treten –

vermutlich durchaus vorhandene – Lernprobleme für die Malerauszubildenden in den Hintergrund. Der Schritt in die Ausbildung ermöglicht es den Auszubildenden, sich von ihrer Schulkarriere zu distanzieren. Die Berufsschule ist auch für lernschwache Schüler offenbar kaum bedrohlich. Tatsächlich übernehmen die Berufsschulen keine Auslesefunktion. Der Wettkampf um die zukunftsträchtigen Ausbildungsplätze ist fürs erste entschieden. Dieser Dämon der Vergangenheit bleibt eine Zeit lang gebannt und man kann es sich leisten, die Schule unwichtig zu finden. Ihre Noten an der Berufsschule sind für die Auszubildenden eine Nebensache: Sie haben andere Sorgen.

Mit dem Lernen haben die Jugendlichen im Zuge dieser Ausbildung in gewisser Weise abschließen können. Lernen geht im Arbeiten auf – damit sind die Jugendlichen durchaus einverstanden. Kränkungen und Demütigungen aus der Schulzeit können vergessen werden. Kein Auszubildender ist der Meinung, er sei vielleicht »zu doof« für den Job, sondern es sind äußere Bedingungen, die das Lernen erschweren: einseitige Tätigkeiten, unqualifizierte Gesellen, Zeitmangel, unzureichende Ausstattung der Schule. Sie lernen einen Beruf, der zwar durchaus Kenntnisse erfordert – in dessen Selbstverständnis (jedenfalls so wie es durch die Auszubildenden transportiert wird) dies jedoch nicht als »Theorieanteil« abgebildet wird. Das positive Bild des »guten« Malers hebt seine Erfahrung im Umgang mit dem Material, seine Kraft und Kunstfertigkeit und kollegiales Verhalten hervor. Der gute Maler braucht nicht klug zu sein, sondern Erfahrung muss er haben. Und: Er muss »etwas leisten« können. Wissen um neue, umweltschonende, Materialien, gestalterische, ja künstlerische Fähigkeiten oder der Umgang mit Spezialwerkzeug stehen dahinter zurück, solche Bezugspunkte sind vor allem interessant für die (wenigen) aufstiegsorientierten Jugendlichen.

Dass die Maler keine Lern-Probleme benennen, heißt nicht, dass es keine gibt: Viele drücken sich um die fachlichen Anforderungen in der Schule herum, bis es unausweichlich wird. Spätestens zum Ende der Ausbildung tauchen viele Fragen wieder auf: Wenn die theoretische Prüfung vorzubereiten ist und erkannt wird, dass auch das Schulwissen dafür gebraucht wird, ja sogar das Fach »Sozialkunde«. Zwischenprüfungen fallen in der Regel »hart« aus, um die Jugendlichen an zukünftige Anforderungen zu »erinnern«. Droht schließlich die Abschlussprüfung, so wird von der Schule Unterstützung gefordert und erwartet, wie dicht besetzte Nachhilfe-Kurse kurz vor den Prüfungsterminen zeigen.

Dass schulisches Lernen für die Auszubildenden nur eine Hintergrundbedeutung hat, heißt nicht, dass die Schule als Ort für die Auszubildenden unwichtig wäre – im Gegenteil. Da die Auszubildenden sich relativ frei fühlen, nutzen sie die Schule als »ihren« Ort. Auf den Baustellen sind sie vor allem mit den Gesellen zusammen und unterliegen der dichten sozialen Kontrolle durch die älteren Kollegen. In der Schule ist man »unter sich«, unter Jugendlichen und, wie P. sagt, »man freut sich auch, wenn man ein paar Vernünftige echt um die Ohren hat« und »man hat mal ein paar vernünftige Leute, mit denen man reden kann über die Scheiße.« Hier haben nicht alle die Zukunft schon hinter sich und nur ihren Familienalltag im Kopf.

Schultage bedeuten in der Regel auch arbeitsfreie Tage. Angesichts der Belastungen während der Arbeitstage auf den Baustellen ist es kaum zu überschätzen, was dieser Freiraum für die Jugendlichen bedeutet.[7] Über die Entlastungsmöglichkeiten hinaus, die der im Vergleich zum Betrieb als Freiraum empfundene Schultag bietet, hat die Schule noch eine weitere Bedeutung für die Auszubildenden. Hier haben sie die Chance, über Probleme am Arbeitsplatz zu sprechen: Unter ihresgleichen, aber auch im Gespräch mit einem Berufsschullehrer.[8]

---

7 Von Auszubildenden wie von Lehrern kann man ironische Bemerkungen darüber hören, dass während der Schulstunden auch viel geschlafen wird.

8 Lehrer können eine Hilfe und Beratungsmöglichkeit bieten. Doch die Bedingungen dafür sind schlecht. Die Berufsschulen sind keine anheimelnden Orte: Die Lehrer sehen ihre Schüler maximal zweimal in einer Woche; jeder Lehrer unterrichtet jeden Tag in einer anderen Klasse mit immer wieder anderen Schülern. Durch Schulferien oder auch nur einzelne Feiertage entstehen oft wochenlange Unterbrechungen des Kontakts. Es gibt keine Klassenfahrten, keine eigenen Klassenräume. Einfluss auf betriebliche Bedingungen haben die Lehrer nicht, viele Lehrer kennen die Situation in den Malerbetrieben kaum und versuchen es auch deshalb gar nicht erst, ihren Schülern Unterstützung anzubieten. Aufgrund der vielen Kleinbetriebe, die es in diesem Berufszweig gibt, sind es manchmal oft ebenso viele Betriebe wie Schüler, die zu kontaktieren wären. Die Bedürfnisse Einzelner werden hier schnell übersehen. Zudem sind die Berufsschulen oft nicht der Arbeitsplatz, auf den die Lehrer vorbereitet sind und den sie sich ausgesucht haben. Viele unterrichten hier notgedrungen, mangels Lehrerstellen an allgemeinbildenden Schulen – eine Situation, die den Schülern vermutlich nicht verborgen bleibt. Der Rahmen, den die Entwicklung von Lehrer-Schüler-Beziehungen bräuchte, lässt sich in der Berufsschule noch schwerer herstellen als in anderen Schulzweigen. Dass dies trotz alledem möglich ist, zeigen Schulen, an denen zum Beispiel Teambildung und spezielle Raumarrangements genutzt werden, um trotz aller Engpässe für Lehrer wie Schüler Voraussetzungen für die Entwicklung sozialer Beziehungen überhaupt zu schaffen. (Vgl. auch Gellhardt/Kohlmeyer/Theisen 1995)
Die hier angesprochene Unterstützungs- und Beratungsfunktion bei der beruflichen Ausbildung ist ein Desiderat. In den Seminaren kommen oft positive Einzelbeispiele zur Sprache, die

3.3. Zeitsouveränität

Formelle Regelungen der Arbeitszeit werden durch betriebliche Traditionen ergänzt, die den beteiligten Kollegen Variationsmöglichkeiten bei der Arbeitsgestaltung bieten.

»Privat(e Arbeiten) ist immer besser... zum Beispiel. Wenn wir im XY arbeiten. Der Abteilungsleiter, der findet uns ja gar nicht da in R... Das ist ein Unding... Wenn wir Freitag, oder wenn wir auf den Donnerstag gekommen sind und Freitag wird das fertig, da machen wir ein bisschen, so dass wir Freitag auch noch was haben und dann gehen wir. Das ist auf einer Großbaustelle nicht drin. Da muss man da bleiben bis die Bauabnahme kommt und alles. Und die finden meistens immer was... Die Leistung muss natürlich da sein. Wenn wir nichts bringen die ganze Woche, dann können wir Freitag früh auch nicht gehen. Dann hauen wir rein bis Donnerstag und dann Freitag wird dann schnell gestrahlt.« (L/M4)

Es gibt Firmen, in denen freitags bereits um 11 Uhr Feierabend gemacht wird; in anderen Betrieben verzichtet man regelmäßig auf die Mittagspause oder arbeitet gelegentlich so intensiv, dass ein Acht-Stunden-Pensum bereits nach vier Stunden abgearbeitet ist; wer Geburtstag hat, kann unter Umständen den ganzen Tag Pause machen. Hohes Tempo wird durch verlängerte Pausen oder früheren Feierabend ausgeglichen: Wenn man fertig ist, ist man fertig. Als Teil der Kollegengruppe partizipieren die Auszubildenden an den Freiräumen, die den Gesellen zukommen. Dabei bleiben die Rahmenvorgaben für die Auftragseinheiten bestehen, die Zeitautonomie ist lediglich eine relative: Muss eine Arbeit abgeschlossen werden, so wird auch am Wochenende gearbeitet; Rückstand – zum Beispiel durch widrige Wetterbedingungen – wird durch intensiveres Arbeiten und Überstunden ausgeglichen, oft ohne Rücksicht auf gesetzliche und tarifliche Arbeitszeitregelungen. Die Auszubildenden sind auch hier in der Regel dabei; nur in wenigen Firmen werden sie in extremen Drucksituationen entlastet.

---

den Bedarf der Auszubildenden deutlich machen. Dass die Forderung nach Unterstützung durch Lehrer hier so deutlich aufscheint, ist auch der Seminarsituation geschuldet: Sind es doch gerade diejenigen Lehrer, die die Reflexion berufsrelevanter Fragen fördern möchten und die »ihren« Schülern fachorientierte Unterstützung anbieten, die den Bildungsurlaub als eine Chance dafür sehen und deshalb die Jugendlichen bei der Wahrnehmung ihrer Rechte auf Freistellung engagiert unterstützen.

»Das macht mehr Spaß, man sieht sich dabei, teilt sich die und die Dinge auf. Dann geht einem das auch viel leichter von der Hand. Man setzt morgens ein Ziel oder der Chef sagt, das und das muss gemacht werden und dann ackert man ganz anders, bis dann und dann hat man das geschafft, dass man dann zusammen fertig ist... Meistens ist das so bei uns, dass der Chef sagt, wenn wir fertig sind und alles weggeräumt haben, dann können wir gehen. Und dann arbeiten wir halt auch auf Zeit. Aber auch noch vernünftig, also nicht nur pfuschen, mal so hin und her, sondern so, dass das auch vernünftig ist.« (G/M2)

Malerarbeit ist nicht an den Rhythmus von Maschinen und Anlagen gebunden. Die Auszubildenden erhalten keine abstrakten Zeitvorgaben; sie sind eingebunden in das Zeitmanagement der älteren Kollegen und das Arbeitstempo wird ihnen persönlich vorgegeben. Die Jugendlichen sind eingespannt in den Arbeitsablauf – sie werden von der Kollegengruppe mitgezogen. Die Arbeitszeit erhält für die Auszubildenden so zusätzliche Konnotationen. Schnell zu arbeiten, bedeutet: Zeit mit den Kollegen im Bauwagen, für ein Bier oder frühen Feierabend, Anerkennung, dass man mitgehalten hat und die Freude an der Leistung, die in der Zusammenarbeit intensiver erlebt wird als allein. Der Umgang mit der Arbeitszeit ist für die Auszubildenden zwar eine Anstrengung, aber kein Problem: Über Langeweile oder qualvolles Warten auf das Ende des Arbeitstages berichtet niemand.

Die Maler verfügen – bei aller Eingebundenheit – über Variationsmöglichkeiten bei der Arbeitsorganisation, über Zeitautonomie. Diese – relative – Zeitautonomie, die in jeder Firma zu anderen Abweichungen von den Normalarbeitstagen führt, ist ein wichtiger Teil der »Maleridentität«, auf den die Auszubildenden sich positiv beziehen können. Malerarbeit bedeutet nicht einfach »Ranklotzen«, sondern eine nach eigenen Kriterien bestimmte Abfolge von hoher Anspannung und Unterbrechungen, deren Planung und Kontrolle nicht leitenden Mitarbeitern oder den Chefs überlassen wird. Zeitdruck und scharfes Arbeitstempo werden nicht nur als vorgegebener Zwang erlebt, sondern auch selbst- bzw. mit«gemacht«.

3.4. Arbeitssicherheit als Feld kollegialer Selbstbehauptung

In den Klein- und Mittelbetrieben des Malerhandwerks ist das Niveau der Vorsorge gegen Gefährdungen von Betrieb zu Betrieb sehr unterschiedlich. Ein für die Jugendlichen erkennbares System der Arbeitssicherheit und betriebsärztliche Betreuung gibt es nicht[9]. In den meisten Betrieben existiert kein Betriebsrat, der über die Einhaltung der gesetzlichen Bestimmungen informiert und wacht und kollektive Lösungen zur Einschränkung von Belastungen aushandeln und kontrollieren kann. Die persönliche Haltung der jeweiligen Firmeninhaber spielt eine große Rolle: Von »der schmeißt nichts weg« über »lösemittelfreier Acryllack, da wo der Chef mitarbeitet« bis zu »so weit wie möglich lösemittelfrei« reichen die Haltungen. Für fast alle Betriebe gilt: Es wird an verschiedenen Orten gearbeitet, so dass es für viele Situationen keine standardisierten Lösungen gibt. Die Ausrüstungen werden ständig transportiert; in der Regel sind auch jeweils mehrere Baustellen zu »bedienen«. Oft sind Ausrüstungen deshalb nicht ausreichend vorhanden oder gerade am falschen Ort. Im Alltag wird viel improvisiert.

»Wir haben am letzten Donnerstag in der Schule gelernt, eine Bohle zwischen zwei Leitern oder so darf nicht höher als zwei Meter sein. Freitag gehe ich auf die Baustelle, Gerüst, also Treppenkopf. Auf das Geländer die Bohle raufgelegt und auf die oberste Sprosse der Leiter und bis sieben Meter runter. Arbeitssicherheit. Der Chef hat gesagt, wir müssen da rauf und Gewebe kleben und und und... Ich habe das einen Tag vorher gehört.... Der Chef kam und sagt, da paßt kein Gerüst hin, da müßt ihr auf die Bohle rauf. Und der Chef sagt auch immer: an die Arbeitssicherheit halten. Da meine ich, ›wie ist das mit der Arbeitsicherheit, zwei Meter hoch?‹ ›Ach vergiß das wieder.‹ Das muss gemacht werden und ein Gerüst paßt nicht hin, also einzigste Chance... Der Geselle ist dann runtergegangen und hat gesagt ›Hilf mal aufbauen‹ und ich habe gesagt, ich gehe da aber nicht rauf. Da hat der gesagt, das brauchst Du nicht, das mache ich schon... Ich weiß nicht, ob man ein Gerüst hingekriegt hätte. Das war ziemlich schmal, zwei Meter höchstens. Da hätte man schon ein Gerüst hinbauen können. Aber wie ich die kenne, Freitag haben die angefangen die Baustelle und Don-

---

9   Dieser Satz gibt die Meinung der Jugendlichen wider: Sie kennen so gut wie alle keinen Betriebsarzt.

nerstag sollte die gleich wieder fertig werden… am Freitag machen die um elf zu da.« (Jo/M3)

Im Betrieb werden die Auszubildenden auf die Gefährlichkeit ihres Berufes nicht ausdrücklich vorbereitet.[10] Es gibt keine systematischen Einführungen in die Arbeitssicherheit – das wird »so nebenbei« vermittelt. Die Vorschriften sind den Jugendlichen weitgehend unbekannt oder nur vage im Kopf. Sie erhalten in der Schule wichtige Informationen, doch wie sie in ihrem Betrieb dann damit umgehen können, erfahren sie dort nicht. Es ist das Vorbild der Kollegen, deren Ratschläge und Geschichten, die bei den Auszubildenden den tiefsten Eindruck hinterlassen: Die Gesellen vermitteln den Auszubildenden, was sie für notwendig, für realisierbar und für durchsetzbar halten.

»In so einer komischen Fabrik, da haben wir den Fußboden gemacht, so ein Kunststoffzeug. Da musste man die nehmen, die Sauerstoffmasken… Wenn ich die nicht kriege, dann mache ich die nicht. Da achte ich schon drauf… Das sagen mir die Gesellen auch teilweise. Dass ich dann bei solchen Arbeiten, ich frage ja auch immer und dann erzählen sie mir, bei den Arbeiten kann ich sowas verlangen, sonst brauchte ich das nicht machen. Das sagt mein Geselle auch. Wenn viel abzubeizen ist, ohne Maske arbeitet der nicht, da setzt der sich den ganzen Tag in den Keller und macht nichts, bis er eine Maske kriegt… das sind eigentlich alle. Bis auf den Cousin vom Chef, und der Meister eben, der Sohn vom Chef, den beiden ist das alles egal. Sonst, die anderen, die achten voll drauf, die sind gut hinterher hinter solchen Sachen.« (S/M3)

Die Baustellen sind kein Raum ständiger Gefährdung und mutwillig übernommener Risiken, sondern es existiert eine jeweils betriebsspezifische Balance zwischen Anpassung an unabänderliche und Zurückweisung vermeidbarer Belastungen und Gefährdungen. Die Auszubildenden lernen von ihren Kollegen wie man verschiedene Gefährdungen bewältigt – so oder so.

Einerseits bildet die Zusammenarbeit mit den älteren Kollegen eine wichtige Quelle der Erfahrungsvermittlung, ohne die die jungen nicht zurecht kämen. Andererseits haben sie aber auch gar keine Wahl: Die Auszubildenden sehen

---

10   In der Vorbereitung auf den Beruf und bei der Berufswahl spielen Gesundheitsbelastungen kaum eine Rolle. Dies bestätigt auch eine Befragung Auszubildender in Handwerksbetrieben (darunter 18% Maler / Lackierer / Gipser / Fliesenleger): Fast 50% geben an, dass sie »viel zu wenig« Informationen über die negativen Seiten des Berufs erfahren hätten. (Müller et al 1999).

sich gezwungen, die Routinen der Gesellen zu übernehmen und ihre Aufgaben entsprechend ihren Anweisungen aufzuführen – auch da wo sie andere Vorstellungen haben. Aus ihrer untergeordneten Position heraus sehen sie keine Alternative.

»… schickt mich der Chef dann eben da irgendwohin, wo nur Kacke gemacht wird. Wo man auch als Geselle nur schleifen kann oder so. Nur aus dem Grunde, weil man das eben nicht gemacht hat… immer hat man nicht die Möglichkeit, sich da noch an dem Tag eine Maske zu besorgen. Wenn dann keine anderen dementsprechenden Arbeiten sind und man sitzt da den ganzen Tag nur rum deswegen… Wenn man drauf besteht. Wenn man sagt ›Ich spritze den Heizkörper nicht, ich weigere mich‹, dann sagt der: ›Ist gut‹ und schickt mich woanders hin. Woanders ist aber (?). Da hätte ich lieber den Heizkörper gespritzt, als wenn ich da jetzt wirklich acht Stunden, ich weiß nicht, zum Beispiel Farbkleckse vom Fußboden kratze. Da hätte ich doch lieber mal den Heizkörper gespritzt, dann wäre es gut gewesen… Sagen wir, wir haben keine Alu-Bohle und dann haben wir keine, wie die so beschaffen sein soll. Solche Dinger haben wir nicht. Und da nehmen wir dann halt irgendein Brett von der Rüstung und dann haben wir halt mehr als drei Meter, da haben wir dann 3,50 m. Was soll man denn da machen? Soll man da erst anrufen? Und warten, bis das alles kommt? Das geht doch nicht. Das ist genauso, wenn laut Schule, dürfen die Bohlen nicht auf der obersten Sprosse liegen, sondern muss eine drunter liegen. Und dann fehlen aber 20 cm um an die Decke zu kommen. Was macht man denn da?… Es gibt Tausende von Beispielen. Es passiert mir auf der Arbeit jeden Tag bestimmt fünf Mal, dass ich gegen irgendwas verstoße… Aber gemacht werden muss es doch. Wenn alle sagen, ich traue mich nicht. Soll der Chef dann extra da eine Rüstung hinbauen?« (H/M5)

Trotzdem wirkt hier nicht der reine Zwang. »Arbeitsverweigerung« – dieser Begriff taucht häufig in den Berichten über (stattgefundene wie vermiedene) Auseinandersetzungen unter Kollegen auf. Die Auszubildenden beschreiben ihr Dilemma nicht nur als Zwang durch die einzelnen Gesellen, sondern auch als Druck, der von der Situation ausgeht: »Einer muss es ja machen.« Man hält den Arbeitsablauf auf, alle Kollegen verlieren Zeit, wenn einer nicht bereit ist, alle aufgetragenen Aufgaben zu übernehmen. Die Auszubildenden haben Angst, das betriebliche Gleichgewicht zu stören, denn sie stellen damit eine

Übereinkunft in Frage, auf die sie angewiesen sind und an der sie teilhaben wollen.

Der zuletzt zitierte Auszubildende beispielsweise kann »wählen« zwischen einer gesundheitsschädlichen Tätigkeit und der Versetzung auf eine Baustelle, »wo man auch als Geselle nur schleifen kann...« Die Auszubildenden verzichten ungern auf Chancen, über die üblichen Lehrlingsaufgaben hinauszukommen. Es fällt ihnen meistens sehr schwer zu sagen: »ich traue mich nicht«, sind sie doch noch dabei, den Status einer vollwertigen Arbeitskraft zu erarbeiten, und wollen nicht wegen Konflikten um die Arbeitsbelastungen heruntergestuft werden. Zudem steht das Interesse an der Arbeitssicherheit auch in Kollision mit den Mechanismen des Zeitmanagements in den Kollegengruppen: Die Möglichkeit durch »Ranklotzen« Freiräume zu schaffen, begünstigt Problemlösungen in Richtung »irgendwie durchziehen«, die so zugleich auch den Charakter der Realisierung von Freiheit annehmen. Beim Warten auf die richtigen Atemmasken oder das passende Gerüst schrumpfen Handlungsspielräume und es vergeht kostbare Zeit. Selten hört man es anders herum: Dass das Warten auf die Maske zum Spielraum für die Organisation von Pausen genutzt wird.

Das »offizielle«, verrechtlichte Arbeitsschutzsystem ist diesem Segment der Arbeitswelt eher äußerlich geblieben[11] – mehr als Vorschriften und Schutzbestimmungen gelten hier die Werte der Kollegengemeinschaft. Die älteren Kollegen vermitteln dies auch zusammen mit der Abgrenzung gegen die »da oben«, die an Schreibtischen weit weg von den Baustellenrealitäten ihre Vorschriften ersinnen – die Notwendigkeit zu improvisieren, langjährige Erfahrung und der Versuch, trotz Zeitdruck Handlungsspielräume zu retten, begünstigen eine Haltung, die Selbstbewusstsein aus dem »Realismus« bezieht, der gegen abstrakte Arbeitsschutzbestimmungen steht. Am »Realismus« des Handelns im Alltag definiert sich ein Überlegenheitsgefühl, in das die Auszubildenden einbezogen sein wollen.

---

11 Das zeigt sich auch am Umgang der Jugendlichen mit der Jugendarbeitsschutz-Untersuchung: Sind die Jugendlichen erst einmal im Betrieb, gehen die Folgeuntersuchungen »irgendwie unter«. Dabei spielen die Auszubildenden selbst durchaus mit: Mancher hofft zwar anfangs noch, dass die Jugendarbeitsschutzuntersuchung eine »objektive« Erfassung von Problemen ermöglicht, doch je länger die Ausbildung währt, desto geringer wird auch das Interesse der Auszubildenden. Sie befürchten, dass ihnen ein Abbruch der Ausbildung wegen gesundheitlicher Probleme nahegelegt wird. Dies würde alle bisherigen Anstrengungen vergeblich sein lassen.

3.5. Die Gemeinschaft der Kollegen

»Das Schönste? Das Schönste ist, dass ich mich mit meinen Kollegen
gut verstehe... Dass ich mit denen quatschen kann und wenn ich Durst
habe, dann meint der, ›Okay, hol Dir was zu trinken.‹ Manchmal dann
kriege ich auch was spendiert. Wir haben zum Beispiel in einer Kaser-
ne gearbeitet und da ist eine Tonne Streichputz gekommen. Und da
musste ich die alleine runternehmen und nach oben tragen, zwei Stockwerke nach oben. Und bei meiner jetzigen Firma, wo ich jetzt bin,
wenn da mal schwere Sachen sind, dann trägt auch mal der Geselle was
irgendwohin. Wir helfen uns gegenseitig zum Beispiel bei der großen
Leiter, die tragen wir dann immer zusammen ... Die sind kollegial ...
Ich habe schon lange eine Allergie. Manchmal sind Tage, wo ich voll
abniese und so. Und in der alten Firma hat keiner was gesagt, ›unternehm mal was‹. Und wo ich jetzt bin, da meint der ›Unternehm mal
was und wenn Du ins Krankenhaus kommst, dann ist das egal.‹ «
(M/M3)

Im Zuge der Auseinandersetzung mit ihren Erfahrungen übernehmen und entwickeln die Auszubildenden berufstypische Vorstellungen und Bilder des
»guten« Kollegen bzw. Auszubildenden. In diesen Vorstellungen von kollegialen Beziehungen verbinden sich fachliche und menschliche Aspekte, die Ein-
sicht in die Machtverhältnisse wie die gemeinsame Verpflichtung: Gute Kollegen sind engagiert, gerecht und hart. Fehler und Regelübertretungen werden
nicht sofort an den Chef weitergegeben – wenn man »in die Firma« muss, dann
ist wirklich etwas geschehen. Gute Kollegen haben Verständnis für menschliche
Schwächen und erkennen private Probleme an, sind aber unnachgiebig in der
Forderung nach Arbeitsleistung. Es wird anerkannt, dass jeder auch schlechte
Tage hat, und zugleich erwartet, dass man sich nicht »hängen lässt«. Dies
schließt insbesondere auch Verständnis für die Folgen von Alkoholexzessen ein.
»Auf dem Bau« herrscht ein eigener Umgangston. Von allen Auszubildenden
wird hervorgehoben, dass auf dem Bau »offen« geredet wird; dass man locker
miteinander umgeht; dass man kein Blatt vor den Mund nimmt, auch nicht
»über Frauen und so«. Hier wird eine klare Sprache gesprochen, nichts beschö-
nigt – man muss allerdings auch etwas einstecken können. Es ist ein Sprachstil,
der ohne Höflichkeitsfloskeln auskommt und ohne »Kritik hintenrum«. Gleichwohl: Weder die Kollegen noch die Auszubildenden können solchen Vorstellungen immer gerecht werden; sie beschreiben eher ein Ideal als die alltägliche

Realität. Um in die Gemeinschaft derer »auf dem Bau« aufgenommen zu werden, gelten für die Auszubildenden außerdem besondere Bedingungen.

»Was mich übrigens auch noch ankotzt, Decken abkratzen, alte Binderfarbe, alte Ölfarbe... Du laugst da an und dann reiben, kräftig. Und dann kommt der Spruch, ›Du brauchst das nicht wie ein Mädchen zu machen‹. So mit beiden Händen. Da weiß ich schon, wenn der eine Arm da schon abfällt, fast, nahe am Krampf – und wenn dann einer mit so einem dämlichen Spruch kommt. Na klar, muss mal sein, aber ich finde sowas schwachsinnig. Dieser Spruch da, ›hab dich nicht so wie ein Mädchen,‹ ich meine, es gibt auch Mädchen, die haben das besser drauf als er zum Beispiel. Also nur mal so als Beispiel genannt.« (B/M4)

Solange die Jugendlichen Auszubildende sind, hat jeder ältere Kollege das Recht, sich über sie lustig zu machen; beliebt sind Bezüge zu Geschlechtsstereotypen – mit Anspielungen auf die sozial unterlegene Frauenrolle sind die jungen Männer zu treffen. Hier kommt zur Sprache, worauf das Selbstbild der Maler beruht: Es ist eine Männergesellschaft. Die interne Hierarchie dieser Gemeinschaft ist brutal; da ist der Auszubildende »der Letzte«. Wenn man »als Mensch« behandelt wird, so wird dies als etwas Besonderes wahrgenommen. Sind die Kollegen »in Ordnung«, so behandeln sie einen auch »schon ein bisschen wie einen Gesellen«; ein Umstand, auf den man keine Garantie hat, den man sich gewissermaßen verdienen muss und für den man dankbar ist. Das Recht, »ganz offen zu reden«, gilt für die Auszubildenden nur in sehr engen Grenzen.

Auch wenn die Auszubildenden einsehen, dass sie die Unterlegenen sind, müssen sie doch ihr »Gesicht wahren«. Es soll nicht aussehen, als würden sie sich bereitwillig unterwerfen. Teil des Sicheinlebens in die Kollegenverhältnisse ist es, »angemessene«, im Rahmen bleibende Distanzierungsmöglichkeiten und Widerstandsformen zu entwickeln: Lernen, nicht einfach alles zu tun, was andere einem sagen; sich Kontrollen zu entziehen und zu zeigen, dass man sich nicht einschüchtern lässt, zum Beispiel indem man zeitweilig »Dienst nach Vorschrift« macht (A/M3) oder sich selbständig Pausen organisiert (H/M5). All dies sind individuelle Anstrengungen, Grenzen abzustecken gegenüber den mächtigeren Kollegen.

Als einen Hauptlerneffekt der Ausbildungszeit nennen die Auszubildenden: Mit den Leuten auskommen, denen man nicht ausweichen kann. Die Auszubildenden versuchen, zurecht zu kommen: Zwischen dem Ideal von der gleichberechtigten Kollegengemeinschaft, in der man offen und direkt miteinander umgeht und der unterlegenen Position der Auszubildenden. »Das ist so auf dem Bau, der eine macht das und der andere das und dann ist es gut« und sie sehen die Bewältigung der Beziehungen als eine Leistung und spezifische Qualifikation: »Bis jetzt habe ich keinen kennen gelernt mit dem ich nicht ausgekommen bin.« (R/M2)

> »Ich komme mit den Kollegen gut zurecht, vor allen Dingen, wenn es Bauwagenwetter ist, wenn es regnet, dann sitzen die Gesellen, die ganze Kolonne im Bauwagen. Eine Palette Bier auf dem Tisch und die Stimmung ist lustig. Das macht dann Spaß, wenn man so zusammen sitzt.« (H/M5)

Zu den Freiräumen der Maler, dem Gefühl, hier »mein eigener Herr zu sein«, gehört in vielen Firmen auch der Genuss von Alkohol. Grundsätzlich ist Alkohol auf Baustellen nicht zulässig und von den »Chefs« wird oft berichtet, dass sie in diesem Punkt streng seien. Doch Pausen und Bauwagensitzungen mit Bier und anderen Getränken sind eine wesentliche Voraussetzung für »gute Stimmung«. Miteinander Alkohol zu trinken symbolisiert, dass hier alles in Ordnung ist und das kollegiale System funktioniert. Das gemeinsame Trinken verteidigt ein Stück Autonomie gegen die Vorschriften: »Im Bauwagen ist es ja erlaubt, nur auf dem Gerüst nicht«. Es gibt Berichte darüber, dass Wachposten am Fenster aufgestellt werden, um die Ankunft des vom Betriebsleiter beauftragten Kontrolleurs nicht zu verpassen, während die Kollegen derweil für den Wachdienst mitarbeiten. Die schrittweise Aufnahme in den Kollegenkreis wird in vielen Betrieben noch immer von alkoholhaltigen Initiationsriten begleitet: Der erste Schnaps mit dem Altgesellen ist ein Signal, dass man nun dazugehört. Die Folgen übermäßigen Alkoholgenusses werden von Kollegen hingenommen und in der Regel einigermaßen schonend kommentiert.

> »Die Kollegen und so, wenn ein paar Kollegen zusammen sind, man ist da ein großer Clan und wenn ich da einkaufen soll, drei Paletten (Bier), das ist schon ein bisschen nervig. Wenn du da noch einen langen Weg hast zum Einkaufen, dann ist das – naja stressig… Gezwungen (bin ich, MP) nicht, weil ich ja weiß, dass ich das nicht zu machen brauche, aber ich mache es halt, damit ich mit den Kollegen klarkomme und dass es von mir aus auch, dass das mit denen auch, dass man da auch kollegial behandelt wird. Es gibt ja ein paar Kollegen, wenn die sagen, ›Nee, mache ich nicht‹, dann kriegst du halt eine Arbeit, die ist denn unter aller Sau. Das ist halt, wenn Du da als Auszubildender so einen Streß machst. (Ja/M3)

Die Gewohnheiten der älteren Kollegen zu teilen, ist nicht immer der Wunsch der Auszubildenden; doch es wird dafür gesorgt, dass niemand sich ausschließt oder zumindest »keinen Stress« macht. Offene Konfliktstrategien stehen den Auszubildenden nicht zur Verfügung. Zur Teilhabe an der Welt der Kollegen, muss man bereit sein, die Regeln einzuhalten.

Die Einheit von Arbeiten und Lernen; die relative Zeitautonomie der Arbeitergruppe; Improvisation und kollegiale Selbstbehauptung auf dem Feld der Arbeitssicherheit; die unausweichliche Gemeinschaft der Kollegen in einer Männerrunde – aus den Beschreibungen der Jugendlichen lassen sich verschiedene Dimensionen der sozialen Beziehungen herausfiltern, in denen der Zusammenhang von Machtausübung und Akzeptanz verständlich wird. Der Arbeitsalltag enthält Freiräume und ermöglicht Kompetenzerlebnisse, an denen die Jugendlichen jedoch nur innerhalb der Kollegengruppe teilhaben können. Wer sich dem kollegialen Zwangszusammenhang nicht unterordnet, stellt sie in Frage und gefährdet damit nicht zuletzt gerade jene Einheit von Arbeiten und Lernen, in der die Auszubildenden selbst die sinnhafte Grundlage der Malerausbildung sehen.

4. Gesellschaftlicher Status und Ansehen des Berufs aus der Sicht der Auszubildenden: »Malern kann jeder«

»Heutzutage bringt das nichts mehr. Man ist halt kein Maler mehr, man ist halt einfach nur ein kleiner Wichser. Wenn man später da arbeiten will (?), dann darf man hier auf eine Großbaustelle und da eine Großbaustelle. Das war früher mehr so, dass man, was weiß ich, da mehr privat hatte… Wenn man irgendwo mal noch gute Arbeiten hätte. Aber was hast Du denn heute noch für Arbeiten? Neubau. Da kommt überall so eine Bautapete hin, die die alten Hasen, die Spitzentapezierer aus der Firma hinkleistern, wo Du gar nicht rankommst. Du darfst immer die Wände gelb vorkleistern, denn ist gut. Das ist alles. Nein, das ist für mich kein Job… Wenn man das so sieht, heute wird alles privat gemacht, so unter der Hand. So, wenn ich von Kollegen höre, wenn die vor zehn, fünfzehn Jahren noch soviel privat zu machen hatten. Wo die dann da waren, haben auch ihr Trinkgeld gekriegt und hatten eine richtig schöne Baustelle. Hatten eine Wohnung zu machen, wo richtig schön tapeziert werden konnte, so die feinsten Arbeiten, wo man wirklich gute Materialien verarbeiten konnte. Heute geht es ja auf dem Neubau so mit Billigmaterial. So eine Bautapete, die ist so dick, hat normale Rollmaße (?), wenn man die einmal anfasst, dann ist die gleich in fünf Stücken. Die wird dann irgendwie an die Wand geklatscht, Hauptsache, die hängt, so ein Stück überlappen möglichst. Es ist so... Dafür brauche ich keinen Anstreicher lernen. Da kann ich auch meine kleine Nichte hinstellen, die ist jetzt ein dreiviertel Jahr und ihr sagen, ›Mach die Tapete dran.‹ Dafür brauche ich keine drei Jahre lernen. Die Lehre ist sowieso viel zu lang. Da reichen auch zwei Jahre.« (P/M1)

Die Ausbildungserfahrungen der Auszubildenden im Malerberuf sind ambivalent: »Der Beruf ist eigentlich okay, aber ziemlich krass«; »Manchmal macht es mir Spaß und manchmal hasse ich das«. »Es wäre ein schöner Beruf, wenn die Gefahren nicht wären.« Der Handwerkerstolz der Auszubildenden ist genuin, aber nicht naiv. Dies spiegelt sich auch in ihren Wünschen für die Zukunft: Kaum jemand will sich vorstellen, einfach so weiterzumachen, wie man es kennen gelernt hat. Doch nur wenige imaginieren einen radikalen Bruch. Die meisten knüpfen ihre Wünsche für die Zukunft an der erworbenen Erfahrung an und orientieren sich an Vorstellungen von einer qualifizierten Handwerkerexistenz: Die Mehrheit setzt auf eine Weiterqualifizierung und Spezialisierung im erlernten Beruf.[12] Doch die Aussichten erscheinen ihnen eher düster; die Auszubildenden nehmen Verschiebungen des Berufsbildes wahr, mit denen die negativen Seiten schließlich doch die Oberhand gewinnen werden – die Arbeit wird endgültig zu einem »Malocherjob«. Eine Entwicklung, die in Gegensätzen von Großbaustelle und Privatarbeit, von vereinseitigtem Spezialistentum und Vielseitigkeit ausgemalt wird; die Anerkennung persönlicher Leistung durch ein Trinkgeld und die Freude am Einsatz von hochwertigem Material weicht der Bezahlung im Akkordlohn und dem Ärger mit billiger Massenware, die Qualitätsarbeit gar nicht mehr zulässt. »Monatelang an der Fassade hängen...« – einen Beruf, in dem man immer dasselbe macht, will niemand sich als Zukunft ausmalen. Doch angesichts der Entwicklungen im Baugewerbe sehen die Jugendlichen die Quellen des Produzentenstolzes gefährdet, der für die Maler den wesentlichen Anker ihrer beruflichen Identität ausmacht. »Man ist

---

12 Die Frage nach der beruflichen Zukunft ist nicht regelmäßig Gegenstand der Seminare zu »Arbeit und Gesundheit«, die hier die Materialgrundlage bilden. Gleichwohl taucht das Thema immer wieder in Gesprächen auf; außerdem greife ich hier auf Erfahrungen aus Seminaren zum Ausbildungsabschluss zurück.

halt kein Maler mehr, man ist halt einfach nur ein kleiner Wichser.« Die Auszubildenden sehen die »Sinnreserven«, die sie mit ihrem Berufsbild verbinden, schwinden. Die Beschreibung des Berufes in der sentimentalen, wehmütigen Gegenüberstellung von »früher« und »heute« erscheint nicht allein als Beurteilung objektiver Veränderungen im Berufsfeld, sondern ebenso als ein Versuch, widerstreitende Gefühle im Hinblick auf die eigene berufliche Zukunft – Stolz wie Angst – in ein Bild zu fassen.

Der Standpunkt, den die Jugendlichen hier einnehmen, ist der von Fachleuten, die sich in der Klage um die verlorenen oder gefährdeten Qualifikationsanforderungen gerade als solche profilieren können. Noch in der Verständigung über die zukünftigen Probleme bestätigen sie sich ihre Handwerkeridentität. Dies gelingt im internen Erfahrungsaustausch, unter Handwerkern, also wenn man unter sich ist. Nach »außen«, in der Auseinandersetzung mit dem öffentlichen Image des Berufs, gelten jedoch andere Kriterien; hier sind die Maler, so jedenfalls erscheint es den Auszubildenden, schon lange nicht mehr als Fachkräfte anerkannt: »Das Wichtigste, was ich über meinen Beruf sagen würde, ist, dass die meisten davon ausgehen, dass Malern jeder kann – und das sehe ich nicht so.«

In der Öffentlichkeit schlägt den Auszubildenden die Haltung entgegen, dass der Malerberuf keine qualifizierte Handwerkstätigkeit sei. Der Malerarbeit wird, so empfinden es die Jugendlichen, die Anerkennung als Facharbeit verweigert. Es scheint ihnen, dass viele Menschen aus der Zugänglichkeit der Waren in den Heimwerkermärkten folgern, der Einsatz der dort zu erwerbenden Materialien und Werkzeuge erfordere ebenso wenig fachliche Voraussetzungen wie deren käuflicher Erwerb. Selbst in der eigenen Familie, so berichtet ein junger Kollege betroffen, begegne einem diese Geringschätzung der Malerarbeit. Das Argument für die Berufsentscheidung – »Kann man immer gebrauchen« – richtet sich im Nachhinein gegen die »Gelernten«: »Malern kann jeder«.

Verärgert berichten die Auszubildenden über Werbevideos, in denen Frauen mit langen, lackierten Fingernägeln und Herren in dunklen Anzügen zeigen, wie zum Beispiel Heizungen gestrichen werden – selbstverständlich ohne ihr Outfit zu beschmutzen und einen Pinsel überhaupt nur richtig anzufassen. Solche Videos vermitteln den Eindruck, es sei gar nicht mehr notwendig, dass ein ganzer Berufsstand sich mit Fachkenntnis und unter Einsatz seiner körperlichen Kräfte schmutzig mache, um diese Jedermanns-Tätigkeiten zu erledigen. Empörung wie Belustigung erntet der Bericht über einen Werbefilm, in dem die Einfachheit der zu bewerkstelligenden Aufgabe dem Konsumenten mit dem Argument »bewiesen« wurde, dass es ausreiche, die schriftliche Anleitung zu kennen: »Die machen das mit dem Buch vor der Nase.« (An/M5). Nach Ansicht der Auszubildenden verkennen die gängigen Vorurteile, wie auch solche Werbung, die Natur der Malerarbeiten grundsätzlich: Verlangt diese doch Handfertigkeit, Übung, Durchhaltevermögen, die Bereitschaft zu schmutziger Arbeit.

Gerade der körperliche Einsatz ist aus der Sicht der Auszubildenden ja die Grundlage ihrer Arbeit, die Basis der fachlichen Qualifikationen im engeren Sinne: der Kunstfertigkeit im Umgang mit den Werkzeugen und des Materialgefühls. Ist es doch die Hand, die »das wichtigste Werkzeug der Maler« ist. Doch dies gilt außerhalb der Baustellen nur wenig. Immer wieder taucht in den Gesprächen der Vergleich mit denjenigen auf, die mit »weniger Leistung mehr Geld verdienen«: Mit Büroarbeit – »dabei wenden die nur Papier«. Der Leistungsbegriff der Jugendlichen kann dies nur als Ungerechtigkeit wahrnehmen: Körperlicher Einsatz zahlt sich nicht aus, wird nicht anerkannt.

> »Wenn wir zum Beispiel bei reicheren Leuten arbeiten, in irgendeiner Villa, dann müssen wir fast jeden Tag eine neue Malerhose anziehen. Das mag ich nicht bei privaten Arbeiten, dass man sich da so total vornehm benehmen soll. Die Leute gucken einen oft komisch an, vor allem in der U-Bahn, da rücken die Leute von einem ab, wenn man die Bauhosen anhat.« (H/M5)

Im Alltag werden die Auszubildenden häufig – so nehmen sie es wahr – mit offener Abgrenzung konfrontiert, die sich an den Zeichen ihrer Berufstätigkeit festmacht, denn die Arbeit im Malerberuf hinterlässt ihre Spuren: Arbeitskleidung, Kopf und Hände können dabei nicht fleckenfrei bleiben. In der U-Bahn wird Abstand gesucht, wenn man die Arbeitskleidung trägt. Als in der BILD-Zeitung ein Artikel erscheint, der anprangert, dass ein junger Maler in Arbeitskleidung nicht in einen Bus des öffentlichen Nahverkehrs einsteigen darf, ist dieser Text tagelang Gesprächsthema. Selbst noch ein Jahr nach dem Erscheinen der Zeitung wird in einem anderen Seminar wieder davon berichtet. Auch die Kunden scheinen, glaubt man den Berichten der Jugendlichen, nur noch an Lärmvermeidung und möglichst wenig Schmutz interessiert, nicht an der Arbeit selbst; sie wünschen kein Gespräch über Qualität und Besonderheit der Aufträge. Der Beruf wird mit der Dreckarbeit identifiziert, seine fachlichen Dimensionen negiert. Bei »reicheren« Leuten muss man sich anders benehmen, als man es normalerweise täte, als Maler ist man nicht gesellschaftsfähig. Die Jugendlichen empfinden es als Kränkung, dass sie in ihrer Arbeitskleidung nicht akzeptiert werden; mehr noch: Sie erkennen darin einen Akt der Distinktion.[13]

Ihresgleichen gehört hinter die Kulissen der Gesellschaft. In der Öffentlichkeit sind sie nicht erwünscht. So verstehen sie die Botschaft.

Diese Folie der Abwertung hat in den letzten Jahren noch eine weitere Facette erhalten: Die öffentliche Geringschätzung schmutziger Arbeit koppelt sich mit der Furcht, dass die Malerarbeit umweltschädigend sei.[14] Dies nehmen die Auszubildenden durchaus persönlich. Sind sie es doch, die die Belastungen vor allem aushalten müssen. Ihre Erfahrung ist, dass ihre Gesundheit niemanden interessiert: Sie sind manchmal nur deshalb gezwungen in geschlossenen Räumen zu arbeiten, um den Bewohnern von Häusern und Wohnungen oder den Beschäftigten in den Betrieben die Belastungen zu ersparen, die sie selbst umso intensiver erleiden müssen: die Dämpfe, den Staub, den Schmutz.

»Wenn man sagt, man ist Maler, dann ist der erste Kommentar: ›Haha. Hast du keinen Abschluss gemacht? Warst Du Hauptschule oder Sonderschule?‹ Das ist der erste Kommentar. Das verstehe ich halt nicht. Und die stempeln einen nicht nur als Idioten ab sondern auch als Nichtskönner: ›Das mache ich doch zu Hause auch.‹« (An/M4)

Die geringschätzige Haltung gegenüber dem Beruf trifft auch die Menschen, die den Beruf ausüben. Pauschal wird – so sehen es die Jugendlichen – die Berufsentscheidung als Resultat einer gescheiterten Bildungskarriere unterstellt. Das Vorurteil, das ihnen überall entgegen schlägt: »Maler sind doof«. Hier wird im Umgang unter Jugendlichen genau auf die Grenze angespielt, die ja tatsächlich bei vielen den Berufseinstieg bestimmt hat: Wer nichts anderes, genauer: nichts »Besseres«, gefunden hat, für den bleibt dieser Beruf. Das Zitat oben erhebt den Anspruch, einen typischen Diskothekendialog wiederzugeben; die Geringschätzung von außen, die hier beklagt wird, ist nicht zuletzt die Geringschätzung von jungen Frauen.

Die geringe soziale Anerkennung, die die Auszubildenden spüren, aktualisiert Erfahrungen, die sie selber kritisch beurteilen: Aufträge ohne handwerklichen Qualitätsanspruch, geringe fachliche Voraussetzungen, Dreckarbeit und gesundheitliche Belastungen. Doch die Jugendlichen gehen von einem Berufsbild aus, das diese kritischen Momente in einen größeren Zusammenhang stellt;

---

13   Vgl. Bourdieu 1982 und Bourdieu 1985.

14   In einem Seminar sind Jugendliche in einer Befragung diesem Vorurteil nachgegangen. Von den Personen, die in einer großen Berliner Einkaufspassage befragt wurden, waren 69 dieser Meinung. Ob damit eher die starke Überzeugung der Jugendlichen oder ein tatsächlicher Trend nachgewiesen wurde, kann hier nicht entschieden werden.

zur Kennzeichnung des Malerberufs verweisen sie immer wieder auf dessen Janusköpfigkeit: Es sei »eigentlich« ein abwechslungsreicher und ein handwerklich anspruchsvoller Beruf, doch im Alltag oft einfache Routine, die dreckig und belastend ist. Beides gehört zusammen. Die jungen Männer fordern Anerkennung für den Einsatz, den sie in diesem Beruf bringen müssen und Respekt – auch für die »Dreckarbeit«.

Die jungen Maler stellen sich als eine Gruppe dar, die »Dreckarbeit« im Dienste aller verrichtet – aber sozial nicht anerkannt wird. Gleichwohl distanzieren sie sich nicht von ihrem Beruf. Dem Malerberuf fühlen sie sich zugehörig, auch wenn sie ihn selbst nicht weiter ausüben wollen. Sie blicken auf eine Zeit der Bewährung zurück, die ihnen – nicht trotz sondern gerade wegen der vielen Enttäuschungen und Herausforderungen, die sie hier erlebt haben – nun überzeugt sagen lässt: »So ist das Leben.« Die Ausgrenzung als Nichtfachleute und »Doofe« stärkt die kollegiale Zwangsgemeinschaft. Man bleibt gern unter sich: »Man braucht Leute, die die Situation verstehen«, solche, die den selben oder ähnliche Berufe haben.

Den Hintergrund des Berufsbildes der Maler-Auszubildenden bildet die Stellung innerhalb der gesellschaftlichen Arbeitsteilung und Hierarchie: Maler leisten gering geachtete, doch notwendige Arbeit. Im Grunde ist es wohl die »moralische Autorität des Leidens« (Moore), die das Fundament der beruflichen Identität der Jugendlichen bildet. Niedriger sozialer Status und Produzentenstolz stehen in einem ambivalenten Verhältnis; im Berufsbild der Auszubildenden vermischen sich Selbstentwertung und Stolz.

Kapitel 4:
»Das Verhältnis stimmt da nicht von Theorie und Praxis« – Erfahrungen Jugendlicher in der Kommunikationselektroniker-Ausbildung

Erst seit 1987 gibt es den Beruf des Kommunikationselektronikers (KE). Im Zuge der Reform der industriellen Elektroberufe verschwanden Fernmeldemonteure und Fernmeldehandwerker aus der Liste der anerkannten Ausbildungsberufe und wurden ersetzt durch diesen, den Entwicklungen in Elektronik und Elekrotechnik angepaßten neuen Beruf. In den »Blättern zur Berufskunde« wird der Tätigkeitsbereich beschrieben als »… Verdrahten, Zusammenbauen, Installieren, Prüfen, Inbetriebnehmen, Warten und Instandhalten von Geräten, Anlagen und Systemen der Telekommunikations- sowie der Melde- und Signaltechnik… Durch systematisches Prüfen und Messen suchen sie (die KE, MP) Fehler in den Systemen und beheben Störungen und Fehlerursachen.«

Die Ausbildung dauert dreieinhalb Jahre. Mit dem ehrgeizigen technischen Programm des neuen Berufsbildes wurde in der Ausbildungsordnung auch eine pädagogische Innovation vollzogen: Als Lernziel wird nicht nur ein bestimmtes technisches Niveau gesetzt, sondern auch die Fähigkeit, mit zukünftigen Entwicklungen Schritt zu halten. Der zukünftige Kommunikationselektroniker soll »Lernen lernen«. Die Formen des Lehrens und Lernens im hier als Beispiel dienenden Ausbildungsbetrieb tragen diesem Ziel Rechnung: Nicht die Unterweisung durch Ausbilder, sondern selbständiges Lernen mit Hilfe von Leittexten bildet das Rückgrat des Konzepts; Gruppenaufträge sollen die Teamfähigkeit fördern und die Projektaufträge («Module«) stellen den Erwerb einzelner Fertigkeiten in den Zusammenhang einer Handlungs- und Zielorientierung. Dass die Auszubildenden sowohl »Lernen lernen« als auch das »Lernen wollen« lernen, ist ein erhoffter Effekt dieser Lern-Arrangements: »Sie sollen in der Lage und bereit sein, sich selbständig mit neuen Sachverhalten, Arbeitstechniken usw. vertraut zu machen« (so eine betriebliche Information zur »Modulausbildung – Leitfragengestützte Ausbildung mit Modulen, Stand 1991). Die Ausbildung soll die Fundamente legen, auf denen die Jugendlichen dann »lebenslang lernend« aufbauen können.[1]

Welche Erfahrungen machen Jugendliche, die hier einen Beruf erlernen sollen? Wie gehen sie mit der Anforderung um, sich auf die Zukunft vorzubereiten? Wie sehen sie die Verbindung von Arbeit und Lernen?

Das Material erlaubt einen Einblick in die Situation seit der Neuordnung der Ausbildung 1987 bis in das Jahr 1994 – aus der Sicht verschiedener Beteiligter hat die Ausbildung bis dahin allerdings ihren Experimentalcharakter noch immer nicht gänzlich verloren und wird von ihnen weiterhin als Versuch betrachtet. Zu dieser vorsichtigen Haltung gegenüber der neuen Ausbildung mag auch beitragen, dass heute vielen das Berufsbild des Kommunikationselektronikers bereits als Sackgasse erscheint, dessen Zukunft – auch im hier vorgestellten Betrieb – zur Diskussion steht. Es ist eine sehr teure Ausbildung und die Verwertbarkeit der vermittelten Qualifikationen muß sich noch erweisen. Trotzdem könnte eine exemplarische Analyse von weitreichendem Interesse sein, denn die Formen des Lehrens und Lernens, die hier betrachtet werden können, sind nach der Neuordnung der industriellen Metall- und Elektroberufe auch in anderen Betrieben und für benachbarte Berufsbilder eingeführte Lehr- und Lernformen, deren gemeinsames Leitmotiv ist: Förderung von Selbständigkeit und Lernfähigkeit. Berufsbezogene Leittexte, die neue Definition der Aufgaben der Ausbilder als »Moderatoren«, Lernen in Gruppen und Handlungs- und Zielorientierung bei den Lernaufträgen sollen den Weg zu diesen Zielen ebnen.

1. Berufswahl

Für alle 56 Jugendlichen, deren Aussagen die Grundlage für dieses Kapitel bilden, ist dies ihre erste Ausbildung. Die meisten haben einen Realschulabschluß, doch sind auch etliche Hauptschüler (20%) unter ihnen, da der Betrieb sich zum Ziel gesetzt hat, auch Hauptschülern den Zugang zu diesem modernen technischen Beruf offen zu halten. Der Übergang in eine qualifizierte Berufsausbildung des Großbetriebs verläuft für diese Jugendlichen anscheinend reibungslos. Allerdings bewerten sie diesen Verlauf keineswegs als Erfolg.
»Also ich bin durch Zufall rangekommen. Ich wollte mal einen Eignungstest mitmachen... Ja, ich wollte mal einen Test machen... Wie das ist. Und da habe ich Glück gehabt und bin gleich reingekommen. Also ich habe mich erst als, wie hieß das noch, Elektromechaniker beworben. Und da war aber nichts mehr frei, keine Stelle und da hat mir

---

1   Zwei Beispiele für solche Konzepte: Das Konzept CLAUS für die CNC-Grundlagenausbildung (vgl. Krogoll 1992) und LOLA – Leittextgstützte, handlungsbezogene Lernsystematisierung in der Projektausbildung (vgl. Merten 1992).

so ein Mann da gesagt, ich kann Kommunikationselektroniker lernen... da habe ich gesagt, das mache ich... Ich habe die Information
von einem Freund bekomen, einem der in meiner Klasse war. Der hat
gesagt, ›geh mal dahin, da ist eigentlich der Einstellungstest ganz
leicht.‹ Ich wollte sowieso erstmal sehen, was die verlangen, wie
schwer das alles ist bei so einem Einstellungstest. Deswegen bin ich
dahin gegangen.« (T/KE2)

Der Test sei einfach gewesen, ein »Idiotentest«, »ein Lacher« heißt es im Nachhinein. Positiv vermerken die Auszubildenden, dass sofort nach diesem Test und
dem anschließenden Bewerbungsgespräch ein Vertrag angeboten wurde. Diesen Vorschlag haben die Jugendlichen angenommen, auch diejenigen, die andere Wunschberufe hatten. Die Befreiung von der Ungewißheit des Wartens, weiterer Tests und Bewerbungsverfahren gibt den Ausschlag gegenüber anderen
Plänen und den vagen Aussichten auf andere Angebote. Zudem bietet ein Großbetrieb Weiterbildungsmöglichkeiten und Sozialleistungen – diese Aspekte
werden als unterstützende Argumente genannt. Die Jugendlichen entscheiden
sich für den Betrieb und nicht für den Beruf.

»Also ich wußte eigentlich gar nichts über den Beruf. Ich wußte bloß,
dass irgendwas mit Elektronik dabei sein sollte« (Ar/KE4)

Die inhaltlichen Interessen, die Jugendliche auf diesen Weg geführt haben,
heißen: »technisches Interesse« oder »schon immer gebastelt«; man wollte
»was Praktisches machen, nicht ins Büro« oder gar »richtig ins Handwerk«.
Seltener wird »Interesse an Elektronik« geäußert – auch diese Perspektive ist
hinreichend allgemein, um auch in anderen Berufen verwirklicht zu werden. Ein
klar umrissenes Berufsbild haben die zukünftigen Auszubildenden bei ihrer
Bewerbung nicht vor Augen. Dass es sich um einen neuen Beruf, um ein refor-
miertes Berufsbild handelt und die Ausbildungsgestaltung einem innovativen
Modell folgt, nennen die Jugendlichen nur selten als Begründung für ihre Wahl
– hinter den genannten Stichworten lassen sich eher traditionelle Arbeits-
orientierungen erkennen.

Doch es gibt Ausnahmen. Einzelne Jugendliche stellen von vornherein eine
Verbindung mit zukünftigen Weiterbildungsplänen her: Sie können sich vorstellen, über den Umweg KE doch noch einen Einstieg in »bessere« Berufe zu
bekommen. Eine technisch und theoretisch ambitionierte Berufsausbildung
wird als Voraussetzung für einen zukünftigen sozialen Aufstieg gewählt.

»Erstmal wollte ich ja gar nicht einen technischen Beruf ergreifen.
Bloß weil ich Rechtschreibung und so, (?) angeblich, was ich ja immer

noch bezweifle. Naja, jedenfalls habe ich keinen Ausbildungsvertrag in dem Bereich bekommen und dann habe ich mich im technischen Bereich beworben bei den Großfirmen, IBM, Siemens und so. Und da hatte ich dann zwar Angebote und dann nachher kamen die hier. Und weil der Test relativ einfach war und da hat man dann gleich die Zusage bekommen, nach dem Test. Und dann habe ich gedacht, das ist ein Großbetrieb, das ist ein neuer Beruf und die Voraussetzungen, die Sozialleistungen sind ja dann alle sehr gut und dann habe ich gedacht, dann fängst Du da am besten an. Und die Weiterbildungsmöglichkeiten sind ja auch da, weil die sowas ja fördern. Und dann habe ich da angefangen… Ich würde Informatiker werden. Ich habe mich ja auch darauf beworben, bloß, da haben sie gesagt, da muß ich Abitur haben. Und das will ich ich ja danach machen, durch Weiterbildung. Und die Ausbildung, die hat ja auch schon teilweise damit zu tun.« (Ch/KE2)

Nur diese wenigen Jugendlichen sind auf die Ausbildungsorganisation, die große Selbständigkeit verlangt, und den hohen theoretischen Anteil in der Ausbildung innerlich vorbereitet und positiv eingestimmt.

2. Schön ist… »die Praxis«

Bis in das zweite Ausbildungsjahr hinein sind die Jugendlichen fast ausschließlich in den verschiedenen Werkstätten des Ausbildungszentrums beschäftigt. Im ersten Jahr ist unter anderem eine Grundausbildung im Umgang mit verschiedenen Werkstoffen – feilen, löten, kleben usw. – zu absolvieren. Übungs-Lehrgänge und Außendienst sind ab dem zweiten Jahr Teil der Ausbildung. Auf die Frage, was ihnen in der Ausbildung am meisten Freude bereite, lautet die Antwort der Auszubildenden regelmäßig: »die Praxis«.

»Naja, das einzige, was mir bis jetzt da Spaß gemacht hat, das war eben die Praxis… Das draußen, wenn wir draußen sind. Was da Spaß macht? An Kabeln arbeiten oder (?)… Na allgemein. Das ist egal ob wir da Kabel verlegen oder beim Kunden sind, wie das war als wir eine Zeitlang beim Außendienst waren. Hauptsache, irgendwas zu tun den ganzen Tag, wo wir mal richtig ausgelastet sind… das kann auch ein harter Einsatz sein, aber ich möchte wenigstens was zu tun haben, wo ich mal anpacken kann oder wo ich irgendwie mal was schalten kann, mal (?) kann oder so. Mir liegt es überhaupt nicht, den ganzen Tag da über den Büchern zu liegen und irgendwelche Fragen da rauszusuchen... Beschäftigt sein. Nicht irgendwie mit nem Buch und dann die Fragebogen ausfüllen, mit dem Buch, die ganze Zeit da blättern... Die sind nicht gut, alle... Das ist ja wirklich teilweise für 140 Fragen haben wir da eine Woche oder zwei rumgesessen in der Werkstatt, zeitweise da nur über Büchern gehockt.« (K/KE4)

Die »Praxis« gewinnt ihre positive Bedeutung im Vergleich mit den Anforderungen in der Werkstatt; die Praxiseinsätze bilden eine Gegenerfahrung zum Werkstattalltag: Hier spielt sich etwas ab.

»Ich sitze nicht mehr soviel rum, weil ich jetzt in der XYstr. bin und da machen wir mehr handwerkliche Sachen. Dort machen wir Sachen, die draußen anfallen, wie Muffe schrumpfen und verbinden und so. Das ist alles in der Zeit zu erledigen. Da haben wir unser Zelt, man muß dann in diesen Gullys alles machen. Wir müssen bei Wind und Wetter raus, haben ja dann unser Zelt und wenn das noch zuwenig ist, nehmen wir noch den Heizlüfter mit. Im Sommer brauchen wir natürlich kein Zelt und keine Heizlüfter. In den letzten Wochen, da ging es eigentlich. Wir müssen mal schwere Sachen tragen, aber das hält man aus. Für Frau Z. (die einzige Kollegin, MP) kann das mal schwerer sein, aber das einzige Schwere ist, den Gully-Deckel hochzunehmen und die Propangasflasche zu schleppen. Die Zeit geht eigentlich so schnell vorbei. Wenn wir dann so rumsitzen, verbringen wir die erste Stunde mit Zeitunglesen. Es gibt vielleicht interessantere Arbeit, da ist aber nichts Schönes dabei. Die ganze Elektronik zum Beispiel, es ist halt interessant, ob es funktioniert oder ob es nicht funktioniert. Ich bau halt ein Modul und dann sehe ich ja, ob es funktioniert oder nicht. Aber manchmal funktionierts doch nicht, obwohl es funktionieren müßte, dann muß man eben suchen.« (Ra/KE4)

Der Reiz der Praxis ergibt sich weniger aus bestimmten einzelnen Tätigkeiten – »Das ist egal, ob wir Kabel verlegen oder bei einem Kunden sind«. Vielmehr ist es die Gesamtkonstellation, die – so stellen es die Jugendlichen dar – die Lebensgeister weckt. Der Gegensatz von »drinnen« und »draußen« stimuliert das Erzählen, als wirke die Belebung, die die Auszubildenden beim Einsatz »draußen« spüren, bis in die Erinnerung hinein: »Draußen« gibt es immer etwas zu tun, die Aufgabenstellung ist klar und überschaubar, man hat seinen Platz »in unserem Zelt«; »Wind und Wetter« sind Herausforderungen, aber bewältigbare Hindernisse. Die Zeit geht schnell vorbei und man kann Ergebnisse sehen, kann

»mal was schalten«, während man »drinnen« »suchen muß«, denn »manchmal funktioniert es nicht, obwohl es funktionieren müßte.«

Im Vergleich des Praxiseinsatzes mit den früheren Werkstatterfahrungen erleben die Auszubildenden das Verhältnis von Theorie und Praxis als Mißverhältnis: Beispielsweise haben sie »stundenlang über Büchern gehockt« und müssen nun erkennen, dass Messen »drinnen« und »draußen« verschiedene Tätigkeiten sind. In der Werkstatt müssen die Auszubildenden maximale Genauigkeit erreichen, ohne besondere Rahmenbedingungen in Rechnung stellen zu müssen; »draußen« jedoch sind die erlernten Fertigkeiten mit den äußeren Notwendigkeiten zwingend miteinander in Einklang zu bringen, viele Fehlerquellen lernt man erst »draußen« kennen, weil sie unter Werkstattbedingungen keine Rolle spielen. Die in der Werkstatt geforderte Exaktheit wird deshalb als abstrakte, starre Vorschrift, gar als Schikane empfunden. »Draußen« muß man alles »aus dem Kopf« machen, während die Auszubildenden »drinnen« das Gefühl haben, es gehe immer nur darum, Pläne zu entwerfen und Pläne zu schreiben, bevor man anfangen kann. »Wir haben mit Plänen gelebt« sagt einer (A/KEJ) – denn die Vorbereitung, Begleitung und Nachbereitung der einzelnen Module mit Hilfe von Leittexten und Begleitfragen gilt hier als ebenso bedeutsam wie die Tätigkeit selbst. »Drinnen« wird nicht mit technisch veralteten Materialien gearbeitet, »draußen« muß man dann sehen, wie man mit den vorhandenen Werkstoffen – zum Beispiel mit Muffen aus Blei – fertig wird. Andererseits haben viele Auszubildende in der Werkstatt noch nie Glasfaser-Kabel gesehen, mit denen sie die Praxis dann aber konfrontiert.

Auch im Hinblick auf die »sozialen« Bedingungen werden die Praxiseinsätze zur Gegenerfahrung zum Werkstattalltag: Hier werden die Jugendlichen als »Kollegen« angesehen, während sie sich dort als »doofe Azubis« fühlen. Die Auszubildenden akzeptieren den Verhaltenskodex, der außerhalb der Werkstatt gilt, weil sie den Eindruck haben, dass er nicht von allgemeinen Regeln, sondern von konkreten Erfordernissen diktiert wird. Selbst Zeitgewinn – durch schnelleres Arbeiten zum Beispiel – wird hier positiv erlebt, denn die Zeit »vergeht« schneller als bei der Werkstattarbeit mit ihren Planungsritualen.

Wenngleich der Gegensatz von »drinnen« und »draußen«, von »Theorie« und »Praxis«, die Wahrnehmung der Auszubildenden strukturiert, bedeutet dies nicht, dass sie die praktischen Tätigkeiten undifferenziert als positiv betrachten – »Es gibt vielleicht interessantere Arbeit« räumt der oben zitierte Kollege ein – und sie sind durchaus nicht der Meinung, dass die Werkstatt gar nichts zu bieten habe. Die Elektronik zum Beispiel, findet der zitierte Jugendliche »interessant« – doch er setzt hinzu: »Da ist nichts Schönes dabei.« Schön ist die Praxis, ihre Anforderungen, die eine Erfahrung von Arbeit vermitteln, die die Auszubildenden ausfüllt und motiviert. In der Werkstatt dagegen fühlen sie sich nicht ausgelastet und trotzdem müde und ausgelaugt.

»Manchmal ermüdet das Rumsitzen wesentlich mehr als das Arbeiten. Wenn man wirklich den ganzen Tag auf seinem Stuhl sitzt, man schleppt sich von Pause zu Pause und es ist wirklich nichts zu tun, dann ermüdet das und man fragt sich, wofür komm ich eigentlich hierher. Es ist wie im Gefängnis, man sitzt die Zeit ab. Im ersten Lehrjahr war es nicht ganz so, da haben wir hinter den Zeiten hinterhergehinkt, aber das war grobe praktische Arbeit, Sachen feilen, bohren und Gewinde drehen.« (A/KE4)

Die Arbeit in der Werktstatt erscheint im Vergleich mit dem lebendigen Treiben im Praxiseinsatz als »Rumsitzen«, als Nicht-Tätigkeit. Mehr noch, wie der Vergleich mit dem Gefängnis zeigt: als Verhinderung von Aktivität. An dieser Konstellation »verpuffen« denn auch die Nachfragen nach den schönen Seiten der Arbeit in der Werkstatt: »Eigentlich ist es keine Arbeit«, »man kann viel faul sein«, »es ist leicht« lauten die ausweichenden Antworten. Die Praxis bietet einen Maßstab, einen »Gegenhorizont« (Bohnsack), an dem sie ihre Erfahrungen bewerten und ihre Enttäuschung formulieren können.

Die Unzufriedenheit von Auszubildenden in der Lehrwerkstatt, vor allem in der ersten Ausbildungsphase, ist in der Literatur über die betriebliche Berufsausbildung ein klassisches Thema. »Feilen, bis einem die Arme abfallen« (vgl. Lempert 1989) ist eines der Motive, um das sich diese Kritik gruppiert. Doch die Fesselung an einzelne Werkzeuge und der schonungslose Zwang zum Üben – im Geiste des Grundsatzes »Eisen erzieht«[2] – sind hier nicht mehr das Problem: Für die Auszubildenden artikuliert sich ihre Enttäuschung im Topos des »Rumsitzens«. Damit wird eine Erfahrung thematisiert, die – im Unterschied zur »Praxis« – nur schwer anschaulich zu beschreiben ist. Was tun die Jugendlichen in der Lehrwerkstatt, wenn sie »rumsitzen«? Woher speist sich ihre Geringschätzung, die schließlich nur »die Praxis« gelten läßt?

---

2   Vgl. Kapitel 1, Fußnote 2.

3. Alltag im Ausbildungszentrum: »theoretisch arbeiten«

Auch wenn die Jugendlichen die Ausbildung nicht wegen des Ausbildungsmodells des Betriebs gewählt haben, das Prinzip des Systems sehen sie als grundsätzlich durchaus vielversprechend an.

»Also ich finde das auch eigentlich, wie es sein sollte. Dass man sich die Sache selber erarbeitet, dass man Pläne selber zeichnen soll und die Schaltungen entwickeln, nur das hapert immer schon mal daran, dass man mitunter gar nicht richtig die Vorkenntnisse für manche Sachen hat, weil die Berufsschule eben sich nicht den Lehrplänen, die hat ihre eigenen Lehrpläne, die richtet sich nicht nach dem Betrieb und umgekehrt, dass wir dann irgendwelche Sachen machen sollen, die wir noch nie gesehen haben, und dann weil das auch immer ganz schön schief geht, entweder wissen die Ausbilder nicht Bescheid oder mal ist kein Material da und das geht immer ganz schön schief dann... Ja, die finde ich gut. Diese Selbständigkeit, dass man nicht alles vorgekaut kriegt, aber was ein Problem ist, ist dass wir das selbständig machen sollen, aber nicht ausreichend Medien dafür da sind. Dass wir also eine Aufgabe kriegen, meistens die schon mal nicht verstehen, weil sie nicht ausreichend beschrieben ist und denn uns da aus den Büchern informieren sollen, die vorhanden sind. Das ist der Nachteil an der Sache... Dann auch, dass man ständig den Ausbilder suchen muß und dass die Ausbilder auch im Grunde genommen keine Ahnung haben, das ist das Negative daran an dem System... (Frage: Gibt es etwas Positives?) Mit der Zeiteinteilung, dass nicht der Ausbilder hinter einem steht und sagt, ›Du machst das und das‹. Man kann seine Arbeit selber planen, schreibt auf, was man zuerst machen will und dann legt man los oder man läßt es. Und nicht eben, dass der Ausbilder hinter einem steht und sagt, ›Du machst jetzt das und das‹, auch wenn man dazu momentan überhaupt keine Lust hat und dass man eben, wenn man zu irgendwas keine Lust hat, dass man das liegen läßt und was anderes dann macht... Was ich noch gut finde ist also, wenn einem jetzt da was nicht gefällt, wenn wir die Vorlagen kriegen, was wir machen sollen und man findet das Quatsch, dass man da eigentlich die Möglichkeit hätte, so sollte das eigentlich auch sein, dass man denn als Auszubildender einen Vorschlag einbringt: Das ist Scheiße, das könnte man anders viel besser machen. Das hätte man vom System her, da könnte man das eigentlich machen, aber es hapert meistens am Material, weil einige Gruppen das schon so haben, dann sollte das alles einheitlich sein. Aber im Großen und Ganzen hätte man als Auszubildender doch die Möglichkeit, selbständig irgendwelche Vorschläge einzubringen, um dann zu sagen, das ist zwar schön und gut, aber ist nicht gerade dolle, da gibt es auch eine bessere Lösung.« (M/KE2)

So erkennen die Auszubildenden durchaus positive Möglichkeiten. Diese lassen sich jedoch nie von den alltäglichen Enttäuschungen trennen, die, so scheint es, stets im »Rumsitzen« enden. Fragt man nach, aus welchen Tätigkeiten das »Rumsitzen« denn bestehe und welche Erfahrungen die Jugendlichen dabei machen, ergeben sich drei Themen, in denen sich die Berichte bündeln lassen: Erstens »das Schreiben«, zweitens das »Warten« und als drittes der Umgang mit der »Theorie«. Diese Aspekte des »Rumsitzens« sollen nun genauer untersucht werden.

3.1. Schreiben: »Bürokratie«

Die in der Werkstatt zu fertigenden Gegenstände (Module) beginnen bei Namensschildern und Platinenhaltern; es werden Spannungsregler gebaut und für »Komplexmodule« müssen verschiedene Baugruppen (wie beispielsweise ein Codeschloss und eine Lichtschranke in eine Haussicherungsanlage) integriert werden. Zunehmend komplizierte Schaltungen werden konstruiert, gebaut und geprüft – doch darüber wird wenig gesprochen. Im Vordergrund der Beschreibungen des Alltags in der Werkstatt steht »das Schreiben«, »die Bürokratie«.

»Da fällt mir jetzt nichts ein irgendwie. Wenn ich da bin, wenn wir theoretisch arbeiten, ist meist sehr langweilig. Aber wenn es in die Praxis geht, dann ist es schon okay. Das meiste ist auch Gruppenarbeit und dann macht es meistens mehr Spaß... Modul? Man hat so mehrere Blätter, da steht dann drauf ›Arbeitsauftrag‹. Dann muß man da Leitfragen beantworten, und weiß ich, Netzpläne erstellen und so was, sich alles durchlesen in Büchern, das ist viel langweiliger. Es erklärt einem keiner was.« (M / P4)

»Module« sind Aufgaben, die um ihres Lernpotentials willen konstruiert werden. Im Zusammenhang mit jedem Auftrag sind eine Reihe von Arbeitsbögen zu bearbeiten, die die Auszubildenden durch die jeweilige fachliche Thematik und den Planungsprozeß für ihr Bauteil führen. Bis zu 60-70 Begleitfragen für ein Modul sind zu beantworten, in Einzelfällen ist gar von bis zu 140 die Rede.[3] Dieser Aufwand »neben« der Sache erscheint den Auszubildenden unverhältnismäßig.

Doch es ist nicht allein die Fülle der Fragen, die die Jugendlichen »erschlägt«, sondern auch der Eindruck, dass der Zweck der Mühen im Dunkeln bleibt: Bei Fragen, deren Zusammenhang mit dem Gegenstand des Auftrags für sie nicht zu erkennen ist, erscheint den Jugendlichen der Aufwand an Zeit und Energie nicht gerechtfertigt, den die Beantwortung kostet – für eine Bewertung muß aber eine vollständige Bearbeitung abgeliefert werden. Und oft empfinden die Auszubildenden selbst die Aufträge als sinnlos: Sie beklagen sich, dass sie nicht immer erkennen können, wofür die Teile genutzt werden (könnten). Hinter der Klage über die viele »Schreibarbeit« verbirgt sich die Frage nach dem potentiellen Gebrauchswert ihrer Arbeit.

So erleben es die Jugendlichen geradezu als Affront, dass sie im zweiten Ausbildungsjahr als Kommunikationselektroniker noch immer kein Telefon auseinandergenommen haben. Als Zumutung empfinden sie die Begründung, die ihnen dafür gegeben wird: Ihre Ausbildung soll allgemeine, nicht auf konkrete Gegenstände reduzierte Qualifikationen vermitteln. Es empört sie, dass es Teile gibt, die – baut man sie entsprechend den vorgeschriebenen Daten – außerhalb der Werkstatt grundsätzlich nicht einsetzbar sind, wie beispielsweise eine Lichtschranke mit »falschen« Widerständen. Bei solchen Anlässen scheint es den Jugendlichen, als werde ihnen der Bezug auf mögliche Gebrauchswerte geradezu verweigert und sie erleben dies als Zurückweisung ihres aufkeimenden Berufsstolzes. Es werden zwar auch Module gefertigt, die privat nutzbar sind – doch dies wird als Ausnahme angesehen und nicht alle Jugendlichen finden gerade diese Teile für sich selbst nützlich. Die private Verwendbarkeit spielt eine positive, im Vergleich zum beruflichen Nutzen aber eher untergeordnete Rolle bei der Beurteilung ihrer Aufgaben.

Die aufgezwungene »Papierarbeit« widerspricht der Vorstellungswelt der Auszubildenden: »Das sind auch viele Sachen bei, die ich nie wieder brauche… Auf alle Fälle.« (Cp/P2) Deshalb berichten sie auch mit besonderer Befriedigung von Modulen, die nicht funktionieren, obwohl alle wochenlang daran gearbeitet und die Ausbilder auf immer neuen Versuchen bestanden haben. Im

---

3   Ausbilder bestätigen zwar nicht diese extrem hohe einzelne Zahl, stimmen in der Tendenz den Jugendlichen jedoch zu.

Bild des trotz aller Planung nicht kontrollierbaren Bauteils kritisieren die Jugendlichen das – aus ihrer Sicht bestehende – Mißverhältnis von Schreibarbeit und Gegenstand, denn hier behalten schließlich diejenigen Recht, die das Vertrauen in die Leittexte aufgeben und sich auf die konkreten Widrigkeiten des Gegenstands beziehen. Solche (vermutlich sehr seltenen) Vorkommnisse werden schnell zur Legende; als Triumphe der praktischen Vernunft über "die Bürokratie" werden sie immer wieder neu erzählt. Im Alltag dagegen dominieren Planung und schriftliche Rechenschaftslegung über die Resultate. Aus der Perspektive der Jugendlichen entwertet dieses Übergewicht ihre Tätigkeit, weil sie den Zugang zu nützlichen und praxisrelevanten Aktivitäten verengt, ja verbaut.

3.2. »Warten«: Widrigkeiten der Werkstattorganisation

Jeder Auszubildende, jede kleine Gruppe arbeitet nach ihrem Tempo. Nicht alle Auszubildenden machen zu jeder Zeit dasselbe – Arbeits- und Lernprozesse verlaufen nach individuellem Tempo. Der Bedarf an technischer Ausrüstung und personeller Unterstützung ist deshalb nicht vollständig kalkulierbar, und diese Situation überfordert die Ausstattung und die Arbeitsorganisation der Ausbildungswerkstatt. Weil die individualisierte Arbeitsweise sich an den starren Rahmenbedingungen der Werkstattorganisation bricht, verbringen die Auszubildenden viel Zeit mit Warten.

> »Aber wenn man wirklich mal Lust hat zu arbeiten, dann kann man nicht. Dann sind entweder keine Teile da oder der Ausbilder nicht da oder die andere Werkstatt hat gerade Pause, dann kommt man in den Maschinenraum nicht rein. Dann verliert man einfach die Lust. Dann sagt man: So, jetzt arbeiten wir. Dann gehen wir los, nehmen die Teile, unsere Pläne, wollen in den Maschinenraum und denn: ›Wir haben gerade Pause‹. Dann gehe ich wieder in unsere Werkstatt zurück, setze mich an meinen Platz und habe keine Lust mehr. Dann warten wir. Und wenn wir mal wieder Lust kriegen, dann gehen wir wieder los.« (KEJ)

Es entstehen Reibungsverluste im Arbeitsablauf, denn die Ausbilder können die organisatorischen und technischen Rahmenbedingungen des Ausbildungszentrums nicht beliebig anpassen und ihre Aufmerksamkeit nicht allen gleichzeitig widmen. Sie versuchen deshalb, die Differenzierung innerhalb der Gruppen einzuschränken und möglichst viele Auszubildende »auf einem Level« zu halten. Damit verschärfen sie jedoch – aus der Sicht der Auszubildenden – nur die Problematik: Wer gut vorankomme, so lautet eine häufige Beschwerde, werde »gebremst«, gar zu Reinigungs- und Instandhaltungsarbeiten herangezogen. So entsteht bei den Auszubildenden der Eindruck, dass sich zügiges Arbeiten nicht auszahle, sondern gar Strafarbeiten nach sich ziehen könne. Problemverschärfend wirkt sich auch aus, dass den Auszubildenden – aus Angst vor Diebstählen – selbständiger Zugang zu Materialvorräten nicht gewährt wird. Aber sie kommen nicht voran, wenn ihnen Teile fehlen. Auch solche Verzögerungen führen wiederum zum »Rumsitzen« – zudem wird der generelle Diebstahlsverdacht als ungerecht empfunden und trübt die Athmosphäre.

Ein zweiter Widerspruch, der aus der Individualisierung der Lernprozesse erwächst, liegt in der Diskrepanz zwischen individuellen Arbeitszyklen und allgemeinen Arbeitszeitregelungen: Hat ein Auszubildender es endlich geschafft, in seinem Auftrag »drin« zu sein, gefährdet eine Pause die mühsam erreichte Konzentration. Wer einen komplexen Schaltplan im Kopf hat, fürchtet jede Unterbrechung. Während die Jugendlichen aus den Praxiseinsätzen berichten, dass Arbeitszeit auch individuell oder durch die Gruppe einteilbar ist, ist dies im Ausbildungszentrum offenbar nicht möglich. Die Auszubildenden werden von den starren Zeitbegrenzungen an einer empfindlichen Stelle eingeholt: Diese treffen sie immer dann, wenn sie mit einem Arbeitsauftrag »in Fahrt« geraten sind. Sie erfahren das organisatorische Hindernis ganz persönlich: als Dämpfer für ihre Motivation. »Rumsitzen« bedeutet deshalb auch: Keine Lust mehr haben dürfen.

Mit Überraschung nehmen die Jugendlichen zur Kenntnis, wie stark das »Rumsitzen« ihre Kräfte verbraucht.

> »Die erste Zeit damals, als ich angefangen habe, also die ersten drei Monate, das war extrem. Da bin ich nach Hause gekommen und hatte nicht mal Lust zum Fußball zu gehen. Da bin ich nach Hause gekommen und habe abgesagt. Das war nun wirklich, die Zeitumstellung, auf die längere Zeit, soviel zu arbeiten, also geistig zu verarbeiten, das war echt extrem… Körperlich ist gar nichts. Eine Platine zu halten, das ist ja nicht so schwer.« (CH/KE2)

Der Zusammenhang von geistiger Anforderung und Energieaufwand ist für die Jugendlichen anscheinend eine Überraschung. Ihre Erfahrungen können sie umso weniger produktiv einordnen, als sie den Folgen der Belastungen durch »geistige Arbeit« verständnislos gegenüberstehen. Den Zusammenhang von Belastung, Anstrengung und Müdigkeit kennen sie bislang nur von körperlicher Verausgabung. Ihre Müdigkeit verstärkt das Mißempfinden.

3.3. »Suchen«: Schwierigkeiten mit der Theorie

Ein drittes Problem, das für die Auszubildenden zum »Rumsitzen« führt, entsteht im Umgang mit Theorieproblemen und der Fachliteratur: beim »Suchen« der entscheidenen Informationen.

Elektrotechnik, Elektronik, Steuerungs- und Meßtechnik sind komplexe Fachgebiete. Die Jugendlichen sehen, dass die Anforderungen mit der Zeit wachsen und dass sie immer größere Zusammenhänge, immer mehr Aspekte bereits »im Kopf« haben müssen, um Fragen beantworten und Arbeitspläne schreiben zu können. Mit jedem neuen Modul werden umfangreichere Wissensbestandteile als bekannt vorausgesetzt – doch für die Einzelnen sind diese Wissensbausteine nicht immer präsent und abrufbar. Der Struktur des theoretischen Lernens kommt deshalb große Bedeutung zu. Die gängige Kritik:

»Das darf nicht so abstrakt sein. Wenn man dann schon das Gefühl hat, selbst mit den ganzen Sachen, die ich da nun habe, ich kann es überhaupt nicht schaffen, dann schaltet man auch zurück, dann macht es keinen Spaß. Aber wenn man sich sagt, also wenn ich mich daran setze, dann kann ich das auch schaffen, dann ist das okay.« (Mg P2)

Die Begleitunterlagen und das Fragesystem entsprechen nun einer anderen, linearen, an der Struktur des Faches – und nicht den täglichen Lernschritten – orientierten Logik. Dieser Ideallogik kann der Lernprozess der Jugendlichen nicht gerecht werden, sie schaffen es nicht, alles »auf der Reihe« zu haben. Es gibt für die Auszubildenden immer wieder Punkte, an denen sie nicht weiter wissen.

»Nach dem System sollte man eigentlich immer das, was man vorher gemacht hat, schon auch immer so behalten, dass man drauf aufbauen kann beim nächsten Modul. Das setzen die voraus, dass alles verstanden wurde, was da gemacht werden sollte. Und wenn man da irgendwas nicht mitgekriegt hat, ausgelassen wurde aus Zeitgründen oder irgendwas, dann fehlt Dir da was. Und dann hat man eine Lücke zwischendrin und dann kann man nicht mehr weitermachen, dann kann man nicht mehr darauf aufbauen und dann kommen die ganzen Fehler zustande, mit Fragen nicht beantwortet und man weiß nicht, wo man was raussuchen soll. Wahrscheinlich liegts daran... Manchmal sucht man stundenlang was raus und dann findet man doch nichts im Endeffekt. Das ist schon ab und zu ein bisschen blöd. Da wird man ein bisschen lustlos bei. Man will da was raussuchen, sitzt da zwei, drei Stunden an einer Aufgabe rum, dann findet man da nichts und dann sagt man: »das mache ich lieber morgen weiter« und das ist auch nicht Sinn der Sache normalerweise... Und am nächsten Tag sitzt man auch da und weiß nicht, wo mans raussuchen soll. Sowas ist schon ab und zu mal vorgekommen bei uns und bei vielen anderen auch...« (Ca/KE2)

Strategien der Schadensbegrenzung – wie Abschreiben von anderen – helfen nicht weiter und selbstorganisierte gegenseitige Unterstützung funktioniert nicht, wie Gruppensprecher und Jugendvertreter berichten. Vor allem: Der Berufsschulunterricht läuft nicht synchron mit den Werkstattaufgaben und bietet deshalb auch keinen Rückhalt. Im Betrieb wird versucht, die Jugendlichen mit Zusatzunterricht zu unterstützen, um Lücken bei den theoretischen Fachkennntissen zu vermeiden. Doch auch dieses Angebot hilft den Jugendlichen kaum weiter, denn die Hindernisse im Lernprozess stellen sich für jeden anders dar. Die Erläuterungen vor der Gruppe können nicht die Probleme aller Einzelnen lösen und kommen selten zum passenden Zeitpunkt. Die Ausbilder haben zwar die Aufgabe, die Auszubildenden zu unterstützen, sollen jedoch erst dann persönlich eingreifen, wenn Einzelne oder Arbeitsgruppen bereits versucht haben, ihr Problem allein zu bewältigen. Der in den Augen der Auszubildenden aussichtsreichste Ausweg ist es, die Hilfe des Ausbilders zu suchen. Doch bevor sie diese in Anspruch nehmen dürfen, gilt für die Jugendlichen die Anweisung, erst einmal die vorhandene Fachliteratur zu Rate zu ziehen. Sie beginnen also »zu suchen« – ein Schritt, an dem sie regelmäßig scheitern. Ein Grund dafür liegt in der Ausstattung der »Lernecken«. Die Literatur ist nicht vollständig, und wichtige Bücher sind manchmal nicht greifbar.[4] Auch das Lesen der Fachliteratur selbst beschreiben die Auszubildenden als »Suchen«: Sie halten Ausschau nach »Stellen«, die zu ihrem Problem passen, verlieren den Überblick, vergessen wieder, was sie lesen und beginnen erneut, bis sie schließlich aufgeben.

Von der Sprache der Fachliteratur fühlen die Auszubildenden sich ausgeschlossen und abgestoßen. Der folgende Ausschnitt aus einem Gruppengespräch gibt typische Empfindungen zu diesem Thema wieder, die stellenweise Ironie grenzt an Verzweiflung:

---

4 Eine Tatsche, die von den Ausbildern bestätigt und zudem als unabwendbar dargestellt wird: Und zwar zum einen, weil Diebstähle nicht zu verhindern seien und zum anderen, weil Literaturbestellungen »nach oben« weitergegeben werden müssen und dann dort »versickern« oder zumindest sehr lange liegen bleiben, bevor sie bearbeitet werden.

M: »Wenn die Bücher alle da wären und wenn es genau erklärt würde«

A: »Wenn wirklich die Bücher komplett wären und wirklich daraus auch einsichtig wäre«

M: »Wenn ein Buch da ist, dann steht das da in einer Fachsprache, die ich sowieso nicht verstehe. Unser Ausbilder hat auch gesagt, die sind von Ingenieuren für Ingenieure geschrieben«

A: »Das müssten Bücher sein, richtig für Auszubildende. Wo das richtig drin steht«

M: »In Idiotensprache so«

A: »Was auch Hauptschüler verstehen«

B: »Schimpansen und Berufsschüler«

C: »Und Kühe.«

A: »Das ist doch genauso, wie wenn ich mich in eine fremde Sprache irgendwie rein – da kriegt man was vorgelegt, einen Zettel, ich soll da irgendwas schreiben, da habe ich doch auch keine Ahnung.«
(A/F2)

Das Verdikt, die Fachbücher seien »von Ingenieuren für Ingenieure«, »von Studierten für Studierte« macht klar, die Fachsprache gilt den Jugendlichen als ein Code, den sie nicht beherrschen und der ihnen unzugänglich ist, darüberhinaus aber auch als ein Sprachstil, den sie gar nicht übernehmen wollen. »Hauptschüler, Berufsschüler und Schimpansen« in dieser Reihung wird die empfundene Herabsetzung zugleich beklagt wie selbstbewußt ironisiert. Es geht um mehr als um kognitive Überforderung: Die Jugendlichen grenzen sich von der »abstrakten« Herangehensweise insgesamt ab.

4. Berufsschule

Eine Steigerung erfährt das Theorie-Dilemma für die Auszubildenden in der Berufsschule: Im Betrieb können sie in den Momenten, in denen sie überhaupt nicht weiterkommen, noch den Ausgleich durch verschiedene andere Tätigkeiten suchen, in der Schule fühlen sie sich auch ihrer Ausweichmöglichkeiten beraubt und vollends ausgeliefert.

Im dualen System gilt traditionell der Betrieb als der Ort der »praktischen« Ausbildung; die Berufsschule als der der »theoretischen« Schulung der Auszubildenden. Die Kooperation der Lernorte ist ein systemimmanentes Dauerproblem. Die Neuordnung von immer mehr Berufsbildern stellt die Arbeitsteilung von Berufsschule und Betrieb vor neue Herausforderungen und die Auszubildenden erst recht.

»In der Schule ist es das ständige Konzentrieren, das ständige Dasein. Das 100%ige. Erstmal das 100%ige Mitkriegen. Was da an Stoff, beim Erzählen alles auf einen einwirkt, das muß wirklich alles da sein. Wenn dann mal eine Lücke da ist, dann ist der Film gerissen. Man weiß einfach nicht, was in dem Stück war. Und das Stück, was da eben fehlt, das braucht man danach. Dann macht es auch keinen Spaß mehr, sich zu Hause dahinzusetzen. Natürlich, man schafft es vielleicht zu Hause, wenn man sich das erarbeitet und die Bücher rausholt und sich das durchliest. Da muß man aber auch der Typ zu sein, und der bin ich nicht, sich da wirklich noch zu Hause hinzusetzen.« (Mg/KE2)

Neben der Anstrengung der Konzentration ist es die Passivität, die ihnen auferlegt wird, die die Jugendlichen nur schwer ertragen:

»Also uns wird, in den 90 Minuten wird, sagen wir, 60 Minuten echt nur eingeflößt. Es werden Arbeitsblätter ausgeteilt, es werden die vorgelesen, es werden die bearbeitet und 10 Minuten, könnte man, aber dann sind wir schon echt hoch dran, dann kann man was sagen dazu, zum Unterricht. Der eine Lehrer, der hat noch nie was gefragt. Der XY in Elektrotechnik, der teilt die Blätter aus, wir lesen die zusammen vor … Der teilt die Blätter aus, wir lesen die vor zusammen, dann geht das den ganzen Block so weiter, die 90 Minuten und am Ende der Stunde gehen wir dann. Naja gut, okay, Hausarbeiten gibt er auch nicht groß auf. Also beklagen kann man sich nicht, bloß an dem Unterrrricht ist kein Teilhaben. Da verliere ich die Lust. Da lege ich mich wirklich hin und schlafe die 90 Minuten. Die Blätter, kann ich mir auch zu Hause durchlesen… Viel, was Spaß macht, ist da eigentlich nicht mehr. Ist wirklich alles nur noch ein Muß und ein Streß. Das ist Sport und Sozialkunde. Wirklich die Fächer, weil da muß man wenigstens nicht so blöde, da muß man nicht so aufpassen, da kann man noch ab und zu seine Meinung zu sagen. Und Englisch ist auch noch teilweise, weil da haben wir nur, das ist eigentlich, das sind so Fächer, die sind nicht so, da kann man auch seine eigene Meinung mal zu sagen. Weil in den anderen Fächern, da muß man eigentlich nur rechnen und ein Teil von auswendig lernen, und dann immer kombinieren, also da muß man echt immer nachdenken. Bei den anderen Fächern, da kann man auch mal so was erzählen. Was, sagen wir mal, was ich gestern in der Zeitung gelesen habe, dass man das irgendwie aufnimmt und im Sozialkundeunterricht wieder weitergibt.« (Ch/KE2)

Den hohen theoretischen Anspruch der neuen Berufsausbildungen erleben die Auszubildenden auch in der Berufsschule als permanente Anstrengung wie als Überforderung. Erst hier wird die »Theorie« zur Quälerei, die man hoch konzentriert erduldet, solange man es aushalten kann. Die Berufsschulsituation ist für die KE-Auszubildenden ein Bestandteil ihrer Ausbildung, mit der sie sich permanent auseinandersetzen müssen.

Der Besuch der Berufsschule findet als Blockunterricht statt; die Jugendlichen besuchen jeweils eine Woche lang die Berufsschule und gehen dann wieder für zwei Wochen in ihren Betrieb. Für diese Auszubildenden ist der Schulbesuch nicht ein lediglich ergänzender Teil der Ausbildung, wie er sich zum Beispiel für die Auszubildenden im Malerberuf darstellt. Aber anstatt hier produktive oder sogar hilfreiche Ergänzungen zu erleben, erfahren die Jugendlichen den Unterricht als zusätzliche Belastung, die sie vor neue Probleme stellt.

Das Lernen wird passiv erlebt: Es wird »eingeflößt«. Hohe Konzentration ist notwendig, doch keine eigene Aktivität. Aber: »Beklagen kann man sich eigentlich nicht«. Kritikwürdig wäre es, so meint jedenfalls der zitierte Kollege, wenn der Lehrer nun auch noch mehr Hausaufgaben aufgäbe; die schier endlosen Folgen von Arbeitsblättern, die den Unterricht strukturieren, erscheinen den Jugendlichen unausweichlich. Alle wissen, dass alles, was sie hören, sehr wichtig ist, versuchen so lange wie möglich sich wachzuhalten und können schließlich die erforderliche Aufmerksamkeit nicht aufrechterhalten, ja fallen sogar in den Schlaf. Aktive, selbständige Beteiligung am Unterricht scheint ihnen unmöglich: »Da ist kein Teilhaben«. Ein anderer Kollege ergänzt:

»In der Berufsschule müßte man Roboter sein. (?) die ganze Information reinschieben, in den Speicher rein und dann nachher irgendwie verarbeiten. Aber bloß kein Gefühl zeigen.« (Dh/KE2)

Als Person, so stellen die Auszubildenden es dar, werden sie von den Lehrern nicht wahrgenommen. Auf ihre Gefühle, Unsicherheiten und Interessen nehmen die Lehrer anscheinend keine Rücksicht. Es zählt, welche Zensuren schließlich erteilt werden. Bei aller Kritik an ihren Ausbildern lassen die jungen Männer doch den Wunsch durchscheinen, in diesen Kollegen sehen zu können und selbst auch als solcher wahrgenommen zu werden. Doch im Verhältnis zu den Lehrern ist dies keine Perspektive. Die Jugendlichen empfinden deren Verhalten als gleichgültig: Es bleibt ihnen überlassen, was sie aus dem Unterricht mitnehmen können – »da kümmert sich keiner.« Schärfer noch als im Betrieb empfinden die Jugendlichen hier die Demonstration von Überlegenheit. Jede Gruppe kann mindestens eine Geschichte erzählen, über eine Aufgabe, die aufgegeben wurde, obwohl sie unlösbar war. Ein anscheinend beliebter »Witz« der Lehrenden, der die Auszubildenden ratlos und lustlos zurücklässt. Bei den Auszubildenden, die »Theorie« sowieso für eigentlich nicht zugänglich halten, bleibt diese Art zu scherzen lange im Gedächtnis und liefert anschauliche Beispiele für den Zusammenhang von geistiger Arbeit und mangelnder Kollegialität.

In der Nacharbeit nach der Schule sehen die Auszubildenden in ihrer Mehrheit keine Lösung für ihre Probleme. Als Hauptargument für ihre geringe Zuversicht in die individuelle Lern-Arbeit nach Feierabend nennen sie: »Man braucht Abstand«. Sie sind der Meinung, dass man nicht pausenlos weiterdenken könne, es sei alles viel zu viel. Nach der Schule brauchen anscheinend alle eine Pause. Zudem wirken auch überkommene Haltungen aus der Schulzeit fort: Auch hier will niemand ein »Streber« sein. Ein drittes Argument, das ein Teil der Jugendlichen schließlich nennt, zeigt diese als Arbeitnehmer, die der Anforderung, auch in ihrer Freizeit zu lernen, ihre privaten, persönlichen Interessen entgegenhalten: Sie sind der Auffassung, dass das Lernen ebenso wie die Arbeit in den Betrieb gehören. Für den Rest des Lebens bliebe sowieso kaum Zeit seit Ausbildungsbeginn.

Es hat Versuche von betrieblicher Seite gegeben, Einfluss auf den Berufsschulunterricht zu nehmen. Die gewählte Jugendvertretung hatte dies initiiert. Doch diese Versuche »haben nichts gebracht«. So hört man es von allen Seiten im Ausbildungszentrum, vom Ausbildungsleiter bis zum Auszubildenden im ersten Ausbildungsjahr. Die Geschichten über das Scheitern dieser Bemühungen gehören zur kollektiv erinnerten Geschichte des Ausbildungszentrums. Die Berufsschule fungiert als gemeinsames Feindbild all derer, die aus dem Betrieb kommen. Dies mag interne Differenzen mildern, trägt aber nichts dazu bei, Zugänge zur »Theorie« für die Auszubildenden zu öffnen.

Die Formen, in denen in der Schule gelehrt und gelernt wird, konterkarieren die Ziele der Ausbildungsmethoden im Betrieb: Selbständige Aktivität der Lernenden ist nicht gefordert. Mehr noch: Die Jugendlichen fühlen sich als Opfer. Es bleibt ihnen nichts anderes übrig als auszuhalten, denn die Auszubildenden sind unzufrieden und überfordert, haben aber selbst keine andere Vorstellung von Theorievermittlung als »einflößen«. Anzunehmen ist, dass die Sensibilität der Jugendlichen gegenüber frontalen Unterrichtsmethoden auch bereits ein »Erfolg« veränderter betrieblicher Lehrmethoden ist; umso tragischer ist es nun, dass die Berufsschulerfahrung nicht die Wertschätzung des

»anderen« Lernens erhöht, sondern im Gegenteil die im Betrieb erfahrenen Vorbehalte und Abgrenzungen bestätigt und steigert.

Fasst man die Schilderungen der Auszubildenden zusammen, so scheint es, als könne niemand ihnen helfen, wenn sie auf Fragen stoßen: Weder ein anderer Auszubildender noch der betriebliche Zusatzunterricht und schon gar nicht die Berufsschule und am wenigsten die Fachliteratur. Helfen könnte ihnen der Ausbilder, doch dessen Unterstützung erhalten sie erst, nachdem sie sich – in der Regel erfolglos – anders zu helfen versucht haben. Für die Bewältigung der »Theorie« erscheinen die angebotenen Problemlösehilfen den Auszubildenden nicht nur unzureichend, sondern als Bemäntelung der Tatsache, dass man sie mit ihren Fragen letzlich allein lässt.

Die Erfahrungen, die hier beschrieben wurden, erweisen sich als ambivalent: Die Auszubildenden befürworten die Ziele und Organisationsprinzipien des Ausbildungssystems und berichten auch von Erfolgserlebnissen. Diese Erfahrung wird jedoch überlagert von einer Enttäuschung, die sich im Bild des »Rumsitzens« ausdrückt. Aus der Beobachtung, dass im »Rumsitzen« auch der Protest gegen betriebliche Strukturen formuliert ist, die mit dem Etikett der »Erziehung zur Selbständigkeit« den Auszubildenden Unterstützung versagen, könnte ein Ansatzpunkt zum tieferen Verständnis gewonnen werden. Mit der Untersuchung der sozialen Beziehungen im Ausbildungszentrum soll dieser Frage weiter nachgegangen werden.

5. Das Problemzentrum: Der Ausbilder

Ein Ausbilder begleitet eine Gruppe Jugendlicher für ein Ausbildungsjahr. Eine betriebliche Broschüre beschreibt seine Aufgabe so: »Als verantwortliche Fachkraft ist der Ausbilder Ansprechpartner und Berater der Auszubildenden. Er organisiert die Ausbildung mit Modulen an den Lernorten und begleitet die Auszubildenden durch alle Teilabschnitte der Modulbearbeitung und fördert ihr selbständiges Lernen, insbesondere durch fragende Anleitung.« Im Rahmen des Ausbildungssystems soll der Ausbilder nicht frontal unterrichten, sondern individuell unterstützen.

5.1. Abwesenheit

In den Schilderungen der Auszubildenden steht der Ausbilder im Mittelpunkt ihrer Kritik. Immer wieder fällt der Satz: »Der ist nie da.« Der Ausbilder als Abwesender, die Auszubildenden auf vergeblicher Suche – in diesem Bild verdichtet sich das subjektiv empfundene Verhältnis der Jugendlichen zum Ausbilder. Was meinen sie damit?

»Was soll man denn sonst machen? Man kriegt da eine bestimmte Zeit für ein Modul und man ist schon vorher fertig. Dann kriegt man ja kein neues Modul in der Zeit, dann sitzt man halt rum, bis die Zeit abgelaufen ist… Wenn man jetzt zum Beispiel eine ganze Woche Zeit hat und man ist am Dienstag fertig, was soll man da machen? Da sitzt man halt rum von Mittwoch bis Freitag. Da liest man halt seine Zeitung oder was weiß ich was… Man weiß ja nicht, was man tun soll. Da kommt auch ab und zu mal ein Ausbilder vorbei, sagt mal: ›Geh mal ins Lager. Hol mal was‹ oder so aber … Was soll man denn machen? Es kommt ja keiner. Der Ausbilder kommt nicht und sagt: mach mal das nächste Modul. Wenn die das nicht von von oben, von ihrem Chef Bescheid gesagt kriegen, dass man da was machen soll, machen die doch auch nichts. Das ist denen doch auch egal. Die sitzen ja auch rum und lesen die Zeitung, trinken Kaffee, rauchen… Das ist halt so. Die kümmern sich gar nicht so um uns. Die denken Hauptsache, die machen, was die da machen sollen und der Rest ist doch egal. Sollen sie doch selber gucken… Wenn der Ausbilder da ankommt, erzählt da was, dann sagt man ›Scheiß-Ausbilder‹, meckert da rum, regt sich auf, ist ziemlich stark gereizt. Wenn er dann irgendwann sagt, dass man was weiß ich was machen soll, worauf man keinen Bock hat… Die kommen dann manchmal an, mit so Theorie, so Blätter ausfüllen, so was was gar nichts bringt, irgend so ein Zeug, das die da brauchen.« (P/P2)

Die Auszubildenden erwarten von ihren Ausbildern Unterstützung, sowohl bei der Organisation der Arbeit als auch beim Lernen. Doch die Hilfe bleibt aus: Mit Schwierigkeiten und Lücken im Arbeitsablauf müssen sie allein klarkommen. Ihnen scheint, dass es ihren Ausbildern gleichgültig ist, was sie im einzelnen tun, ob sie Erfolg haben oder scheitern. Die Jugendlichen meinen, dass sie im Hinblick auf Anwesenheit und den Zeitrahmen für die Module kontrolliert werden, ihre konkreten Tätigkeiten und Lernschritte jedoch unbeachtet bleiben. Anweisungen, was zu tun sei, fassen die Auszubildenden in diesem allgemeinen Klima kaum als Unterstützung, eher als Störung auf. Scharf tritt diese Enttäuschung der Jugendlichen beim Thema »Lernen« hervor, sie gilt freilich auch der Institution Schule, die sie vorher durchlaufen haben.

»Dieses Ausbildungssystem, das ist für meinen Geschmack da fehl am Platze. Man kommt direkt aus der Schule, hat zehn Jahre seines Lebens oder sogar länger alles immer vorgeplappert bekommen und dadurch hat man es dann doch mitgekriegt. Und jetzt auf einmal soll man alles alleine machen. Und wenn man dann manchmal zum Ausbilder gegangen ist, dann hat der gesagt, naja, dann mußt Du mal ins Buch gucken. Man mußte also fast alles alleine erarbeiten und das ist nicht mein Fall. Ich brauche jemand, der mir was sagt (?) .... Ich meine, wenn ich eine Ausbildung anfange, ich hatte noch nie richtig, ich hatte leider die Voraussetzungen vom Physikunterricht her nicht, weil wir da jedes halbe Jahr Lehrerwechsel hatten, dadurch hatte ich nicht mal Elektronik-Grundlagen drauf. Ich wußte also rein theoretisch, kann man sagen, nichts über Elektronik und dann soll man sich das alleine erarbeiten. Dann brauche ich keine Ausbildung machen, dann kann ich auch zuhause sitzen und alleine arbeiten... Dann würde ich das alles auch viel schneller begreifen, weil alleine, wenn mir einer was erzählt und Fragen gleichzeitig beantwortet, dann geht mir das viel eher in den Kopf als wenn ich das lesen muß und dann hört man vielleicht irgendwann auf oder springt schon mal zur nächsten Frage und wenn man dann wirklich mal ein Thema nicht verstanden hat, das nächste, das baut dann darauf auf undsoweiter.« (Ra/P4)

Die Jugendlichen meinen, dass mit Hilfe einer Unterweisung durch die Ausbilder Zusammenhänge einfacher und schneller zu verstehen seien als im Selbststudium. Sie befürworten »Selbständigkeit« – und in ihrer Vorstellung stehen Selbständigkeit und Unterstützung in einem engen Verhältnis. Lernen setzt für sie eine Autorität voraus, die souverän über das zu vermittelnde Wissen verfügt und es im Austausch an die Uneingeweihten weitergibt: »Wenn mir einer was erzählt und Fragen gleichzeitig beantwortet, dann geht mir das viel schneller in den Kopf«, sagt der oben zitierte Kollege. In der Realität finden die Auszubildenden sich allein gelassen, zu zeit- und nervenraubenden Umwegen gezwungen. Die Jugendlichen konstatieren Gleichgültigkeit: »Denen ist es egal« und »Wenn die das nicht von von oben...gesagt kriegen, ...machen die doch auch nichts.« Der Ausbilder steht im Kreuzfeuer der Kritik, weil er derjenige ist, der

– so scheint es in dieser Optik – vieles anders machen könnte, entschiede er sich persönlich zu einer anderen Haltung.

Die Beschwerde, dass die Ausbilder nicht zur Verfügung stehen, bezieht ihre Schärfe nicht allein aus dem Gefühl, allein gelassen zu werden. Die Jugendlichen haben den Eindruck, dass die Ausbilder sich gemeinsamen Problemlösungen verweigern; im Verhalten der Ausbilder wollen sie eine Verteidigungsstrategie erkennen. »Böse Blicke«, lange Telefonate und intensive Lektüre, Gespräche mit anderen Ausbildern, Beschäftigungen am Computer und dauernde Abwesenheit – eine lange Liste vermeintlicher »Tarnungen«, die nur vorgeschoben seien, um mangelnde Hilfsbereitschaft zu kaschieren und zu legitimieren. Schaffen die Auszubildenden es dennoch, diese Kommunikationsbarrieren zu überwinden und den Kontakt aufzunehmen, so erwarten sie erneute Zurückweisungen: Sie werden auf die Lernecke verwiesen, an die zu erwerbende Selbständigkeit gemahnt, auf später vertröstet oder mit unbeliebten Zusatz-Aufgaben betraut.

Einige Auszubildende bezweifeln ferner, dass alle Ausbilder für ihre Aufgabe ausreichend qualifiziert seien: Schließlich seien diese ja nicht gezwungen, immer etwas neues zu machen, sondern könnten alljährlich ihre Spezialgebiete wiederholen. Andere erkennen an, dass das Modulsystem die Arbeit der Ausbilder verändert habe und gestehen ihnen zu, selbst noch Erfahrungen sammeln zu müssen. Welcher Deutung – Gleichgültigkeit oder mangelnde Qualifikation – die Auszubildenden auch jeweils zuneigen: Sie teilen die Enttäuschung, dass die Ausbilder sie allein lassen, und den deutlichen Wunsch nach mehr Engagement.

Häufig fordern die Auszubildenden, dass die Ausbilder zugeben sollen, wenn sie etwas nicht wissen. Diese Forderung spricht aus, was die Jugendlichen erwarten: ein Verhältnis, in dem etwas gemeinsam getan und entwickelt wird. Der Anspruch erfüllt sich für die Auszubildenden nicht – im Gegenteil: Die Jugendlichen sehen sich als »doofe Azubis« klassifiziert und haben den Eindruck: »Man nimmt uns nicht ernst«. Aus der Klage über die häufige Abwesenheit der Ausbilder spricht also – über die Kritik an mangelnder zeitlicher Verfügbarkeit hinaus – auch die Enttäuschung über eine unbefriedigende soziale Beziehung. Die Auszubildenden nehmen ein Beziehungsmuster wahr, das ihre Hoffnung auf soziale Anerkennung in einem kooperativen Zusammenhang beständig negiert.

Diese Beziehungskonstellation birgt ein immenses Konfliktpotential. Gegen Rückzug und vermeintliche Verweigerung versuchen die Auszubildenden Engagement und Anerkennung zu erzwingen. Sie versuchen, ihre

Ansprüche zu behaupten. Die Ausbilder dagegen – so sehen dies die Auszubildenden – nutzen ihre überlegene Position, um sich umsomehr abzugrenzen.

»Und die Ausbilder haben auch eine ziemlich dumme Meinung von uns zur Zeit. Die Meinung, die ein Ausbilder eigentlich von einem haben sollte, die haben sie jedenfalls nicht. Mehr so schweinehaufenmäßig so... Ich meine, wir sind da ja nicht mehr 15, 16 sondern wir sind 17 und manche sind auch 18 oder älter. Und da muß ein Ausbilder oder ein Erwachsener irgendwie demjenigen, den er da ausbilden will, oder dem er da als Kumpel, oder nicht als Kumpel, sondern der, der daneben steht, zeigen, dass er denjenigen akzeptiert. Und nicht immer so, ›Du bist das kleine Arschloch und wenn ich will, dann mache ich Dich sowieso fertig‹... Die Ausbilder sitzen da morgens, mit der Kaffeemaschine hinter dem Schreibtisch, holen ihr Brötchen raus, lesen Zeitung. Unsereins macht das auch. Offensichtlich oder unoffensichtlich, wie es gerade so geht, jeder versteckt sich in seiner Ecke... Und wenn mal einer erwischt wird, dann kommen wir als Auszubildende mit dem Spruch: ›Na, sie essen ja auch.‹ Naja, dann der Ausbilder so in etwa: ›Wir sind sowieso schon länger hier und wir sitzen am Schreibtisch und ihr habt das Recht nicht, hier zu essen.‹ Ist ja auch vollkommen richtig. Nur wenn ich als Auszubildender sehe, dass mein Ausbilder da isst und noch offensichtlich mit der Zigarette durch die Gegend rennt in der Werkstatt, was eigentlich Sachen sind, die total verboten sind, von der UVV (Unfallverhütungsvorschrift), was ja Sachen sind, die bei uns total großgeschrieben werden, das ist total verboten und uns ist das verboten und die machen das gemütlich weiter... Das ist dieses Empfinden, ich bin das Arschloch, ich darf sowieso nichts machen. Wenn ich was gegen ihn sage, drückt er mich sowieso. Ich kann ja gern und gut zu meinem Vorgesetzten gehen und sagen, was mein Ausbilder macht. Aber 100%ig kriegt der Ausbilder raus, wer das ist. Und ich möchte nicht wissen, wie die Meinung bei den anderen Ausbildern dann ist und dann wird man sowieso nur schlecht gemacht. Und da halte ich doch lieber den Mund. Bevor ich mich da beschwere, überlege ich mir lieber, warum und weshalb ich mich beschwere und ob das nicht im Nachhinein für mich ein Nachteil ist... Da denkt man sich schon feine Sachen aus, aber die kann man nicht durchsetzen. Man kann höchstens, wenn man merkt, dass der Ausbilder zu einem eben nicht gerade so ist, wie man sich das denkt, kann man mehrere Sachen machen. Wenn der Ausbilder sagt zum Beispiel ›Komm mit und mach mal das und mach mal das.‹ Wer es drauf hat, der sagt ›nein‹. Dann muß der Ausbilder das machen. Aber das muß derjenige erstmal draufhaben, Sachen, die nicht zur Ausbildung gehören, nicht zu machen… Das kommt eben auf die Sache an. Das beste Beispiel ist immer, freitags wird die alte Wäsche, also die Anzüge von denen, die in die Berufsschule gehen, die wird eingesammelt und die liegt dann auf einem Haufen, muß dann gezählt werden, da muß eine Liste erstellt werden. Das ist eine Sache, die eigentlich ein Ausbilder übernehmen sollte. Weil in dem Moment, wo da eine Sache fehlt, hat der Ausbilder da seine Unterschrift drunter gesetzt. Aber er macht das ja nicht. Also machen wir das. Wir schreiben auf, gucken nach, alles. Aber da wird man auf einmal aus der Arbeit rausgerissen: ›Sie und Sie, Sie kommen bitte mit, Sie bringen jetzt die Wäsche ins Lager.‹« Ist ja alles schön und gut, aber wenn ich da gerade in der Arbeit stecke, zum Beispiel wie das mal war: ich habe da einen Plan entworfen. Und dann kann ich nicht eine halbe Stunde weg. So einen Plan habe ich vergessen, ich muß sofort das Ding weitermachen, weil ich weiß, wenn man sich so einen Plan anguckt, mit was weiß ich mit wieviel Brücken und Verzweigungen, dann kann ich nicht sagen, ich schalte jetzt mal ab und lege das beiseite und bringe jetzt die Wäsche mal ins Lager. Das geht dann einfach nicht. Und das haben sie dann gut drauf… Das wird natürlich nicht offen zugegeben, aber sollten sie mal einen auf dem Kieker haben, das trägt dann immer dazu bei, dass die sich untereinander noch mehr kabbeln.« (Mg/KE2)

In der Regel nehmen die Konflikte zwischen Auszubildenden und Ausbildern einen nach außen unauffälligen Verlauf, sie werden nicht gelöst, sondern existieren in einer Kette von Ärgernissen und versteckten Racheaktionen fort. Trotz des immensen Konfliktpotentials ist der Alltag keineswegs von intensiven Machtkämpfen durchsetzt. Diese bleiben oft latent und unabgeschlossen. Die Gegnerschaft erneuert sich mit jeder Auseinandersetzung. Nur im Ausnahmefall werden von beiden Seiten akzeptierte Lösungen gefunden, die das Konfliktniveau senken.

Die Taktiken, die die Ausbilder in der Auseinandersetzung mit den Jugendlichen einsetzen, gelten diesen als unfaire Machtdemonstration: die besondere Kontrolle einzelner Auszubildender; als persönliche Beleidigung empfundene Anspielungen; Stören der ohnehin schwer zu erreichenden Konzentration bei der Arbeit und Verbreiten eines schlechten Rufes auch bei anderen Ausbildern beispielsweise. Die Ausbilder sind für die Auszubildenden Vorgesetzte, sie kontrollieren die Arbeitsorganisation und bewerten die Arbeitsergebnisse – angesichts solcher Überlegenheit sehen sich die Jugendlichen gezwungen, ihre Ansprüche auf verschlungenen Wegen durchzusetzen und zu reduzieren. Sie ziehen sich auf Widerstandsformen zurück, die zwar unaufdringlich und oft nur für Eingeweihte als solche erkennbar sind, jedoch gleichzeitig Renitenz demonstrieren. Im Zitat charakterisiert der Auszubildende ihre Reaktionen als »offensichtlich oder unoffensichtlich, wie es gerade so geht; jeder versteckt in seiner Ecke« und nennt auch einen umkämpften Gegenstand: Das Recht der Auszubildenden in der Werkstatt zu frühstücken – wie die Ausbilder. Ein anderes typisches Beispiel ist das Rauchverbot. Die Auszubildenden sind befriedigt darüber, dass nun auch die Ausbilder außerhalb der Werkstatt rauchen müssen – wobei es den jungen Kollegen ganz offensichtlich nicht so sehr um die Arbeitssicherheit, sondern um die Gleichheit vor dem Gesetz ging. Eine andere Variante defensiven Widerstands ist es, den »Guten Morgen«-Gruß zu verweigern oder sich tageweise krank zu melden, wenn man »eine Pause braucht«. Der Versuch, die große Zahl von Verspätungen durch verschärfte Strafregeln zu kontrollieren, führte wiederum nur dazu, dass etliche nun lieber gleich den ganzen Tag zu Hause bleiben und »richtig ausschlafen«. Die Jugendlichen suchen permanent nach Wegen, die Ausbilder in die Schranken zu weisen; ihre Strategien führen dabei zurück zu Verhaltensweisen, die sie bereits aus der Schule kennen: Aktivität vortäuschen, sich entziehen, »abtauchen«.

Diese »realistische« Haltung, die Widerstand nur in sorgfältig verhüllter Form zur Geltung kommen lässt, wird nicht von allen Auszubildenden geteilt. Doch nur wenige verweigern sich der defensiven Linie, suchen die offene Auseinandersetzung: Zum Beispiel, indem sie Leerlaufzeiten nicht durch Scheinaktivitäten bemänteln oder Sprüche, die sie als Beleidigungen empfinden, scharf erwidern. Einig sind sich die Jugendlichen jedoch in der Einschätzung, dass – latent oder offen – ein permanenter Kleinkrieg zwischen Ausbildern und Auszubildenden stattfinde. Manche bringen auch die periodische, eruptive Zerstörungswut gegenüber Gegenständen mit dieser spannungsgeladenen Beziehungskonstellation in Verbindung.

Die Auszubildenden sind in der Beziehung zu den Ausbildern die unterlegene Gruppe und die Liste ihrer Beschwerden ist lang. Gleichwohl schrecken sie davor zurück, die Hilfe von Vorgesetzten oder der betrieblichen Interessenvertretung zu suchen, obwohl eine Beschwerde beim Vorgesetzten – auch in der

Sicht der Jugendlichen – durchaus ein wirksames Mittel der Selbstbehauptung darstellt. Allerdings birgt eine solcher Schritt beträchtliche Risiken.

Zum einen besteht die Gefahr, dass man erhöhte Aufmerksamkeit und Kontrolle des jeweiligen Ausbilders auf sich zieht und so den Alltag zusätzlich belastet. Zudem haben die Jugendlichen – und hier liegt ein zweiter Grund für ihre Zurückhaltung – auch ein diffuses Gefühl der Loyalität über die Schranken der Hierarchie hinweg: »Man will ja auch keinen anschwärzen«. Der Gegensatz zu den Ausbildern wird noch überlagert durch die Distanz zu jenen höheren Instanzen, die Hilfe gewähren könnten. Vor allem aber eines lässt die Auszubildenden vor wirksamem Konflikthandeln zurückschrecken: Jede Beschwerde, die Konflikte in die Öffentlichkeit bringt, durchbricht den unartikulierten Schwebezustand stillgelegter Konflikte, der dem Empfinden ihrer relativen Ohnmacht genau entspricht.

Zwischen Auszubildenden und Ausbildern herrscht Sprachlosigkeit. Erwartungen und Enttäuschungen bleiben allen Sprüchen zum Trotz implizit. Das hat einen guten Grund: Auch wo Konflikte existieren, verändert erst das offene Aussprechen die Situation: Was zwischen Auszubildenden und Ausbildern auf der Ebene von Sprüchen noch unverbindlich bleibt, erhält eine ganz andere Bedeutung, wenn »Täter« und »Opfer« auch nach außen benannt werden.Wird ein Konflikt offen ausgetragen, entsteht ein Rechtfertigungsdruck, Schuldzuweisungen müssen drastisch und begründet sein. Einen solchen Schritt kann nur wagen, wer Schwerwiegendes vorzubringen hat. Niemand kann solche Aussagen später zurücknehmen oder abstreiten. Die Vereindeutigung bedeutet eine neue Stufe im verdeckt ablaufenden alltäglichen Kleinkrieg zwischen Ausbildern und Auszubildenden. Diesen Bruch versuchen die Auszubildenden zu vermeiden. [5]

Ein Beispiel kann die Scheu der Auszubildenden vor dem Überschreiten der oft unbenennbaren, aber intensiv empfundenen Grenze illustrieren: Die Gesprächspartner berichten vom Verlauf einer Auseinandersetzung, die mit der Anrede »Dickerchen« ihren konkreten Ausgang nimmt. Der so angesprochene Auszubildende protestiert gegen die Beleidigung. Daraufhin droht der Ausbilder, den Protest mit einer Verwarnung zu ahnden. Da die Drohung nicht den

---

5   Die Mitglieder in der gewählten Jugend- und Auszubildendenvertretung des Betriebs klagen über die geringe Bereitschaft der Auszubildenden, ihre Rechte in Anspruch zu nehmen. Daraus entsteht wiederum ein eigenes – latentes – Konfliktfeld zwischen den Jugendlichen und ihren gewählten Vertretern.

erwünschten Effekt zeigt – der Auszubildende verlangt weiterhin, dass der Ausbilder sein Wort zurücknimmt – geht der Ausbilder einen Schritt weiter, einen Schritt »zu weit«: Er formuliert eine schriftliche Verwarnung, um sich der Widerworte zu erwehren. Nun sieht sich der betroffene Auszubildende in die Ecke gedrängt und er beschließt, die obligatorische Stellungnahme zu dieser Verwarnung für eine Beschwerde über das Verhalten des Ausbilders zu nutzen. Seine Darstellung des Sachverhalts führt schließlich dazu, dass der Ausbilder die Verwarnung zurücknehmen muß und selber Ärger mit seinem Vorgesetzten bekommt.

Erstaunlich ist: Die Jugendlichen stellen in ihrer Schilderung der Vorgänge gar nicht den Vorwurf der Beleidigung in den Vordergrund. Anlass ihrer Empörung, die noch lange anhält, ist vielmehr, dass der Ausbilder mit seinem Vorgehen den Auszubildenden geradezu gezwungen hat, sich an die Leitung zu wenden. Der Vorfall wäre nur ein Alltagsgeplänkel geblieben, hätte der Ausbilder nicht zum Mittel der Verwarnung gegriffen. Ihr »Sieg« über ihren Ausbilder verschafft den Jugendlichen keine Genugtuung: Lieber wäre ihnen gewesen, wenn man mit diesem Konflikt »unter sich« geblieben wäre. Warum sind die Auszubildenden nicht froh, eine eindeutig unstatthafte Verhaltensweise geahndet zu sehen?

Die Konfliktlösung durch einen Sieg – die Entschuldigung auf Anordnung »von oben« – vernichtet die Autorität des Ausbilders. Darum geht es den Auszubildenden jedoch gerade nicht. Sie suchen vielmehr einen praktikablen Kompromiß, in dem einerseits die Autorität des Ausbilders gesichert bleibt und andererseits der Auszubildende als »Gleicher« akzeptiert und respektiert wird. Darum geht es in den unablässigen Auseinandersetzungen der Auszubildenden mit ihren Ausbildern: Sie wollen Kommunikationsregeln etabliert sehen, die beide Ziele zu verwirklichen erlauben.

Die Forderung nach Einhaltung von Regeln verbirgt einen Wunsch: anerkannt zu werden. Dieser Wunsch nach Anerkennung ist für die Auszubildenden nur schwer in klare Forderungen zu übersetzen. Oft geht es um den richtigen »Ton«, um Nuancen im Umgang – »Respekt« einzufordern, ist etwas anderes, als warme Kleidung für den Wintereinsatz zu verlangen. Auch auf welche Art und Weise ein Ausbilder auf Fragen eingeht oder seine Bewertungen begründet, ob und wie er einzelne Auszubildende benachteiligt oder bevorzugt, ist offen für subjektive Empfindungen und deshalb ein unerschöpfliches Reservoir möglicher Konflikte.

5.2. Der »menschliche« Ausbilder

Die Kritik der Auszubildenden an der Ausbildung »vergegenständlicht« sich letztlich in der Kritik am Ausbilder. Damit ist ihre Kritik am Ausbildungssystem personalisiert; dass die Jugendlichen immer wieder betonen, dass es auch Ausbilder gebe, die durchaus »okay« seien, widerspricht dieser Beobachtung nicht, sondern bestätigt diese noch: In der Beschreibung der Ausnahme bestätigt sich die Wahrheit des Prinzips. Der Ausbilder ist das Problem – und er verkörpert zugleich die mögliche Alternative. Gäbe es engagiertere und qualifiziertere Ausbilder, so würde man mit Arbeits- und Lernproblemen fertig, aber – so lautet der zentrale Vorwurf –: »Der ist ja nie da.« Dieser Vorwurf lässt sich nun auch viel allgemeiner verstehen: der Ausbilder, den sie bräuchten, den gibt es gar nicht – jedenfalls nicht in der Realität.

Geradezu sprichwörtlich unter den Auszubildenden mehrerer Jahrgänge ist die Gestalt des »besten Ausbilders, den der Betrieb je hatte«. In dieser zur Legende gewordenen Figur des »menschlichen Ausbilders« verdichten sich positive Erfahrungen und Erwartungen zu einem Gegenbild. Ältere Auszubildende erzählen immer wieder gern davon und auch unter den jüngeren ist diese Figur bekannt.[6]

«Es ist auch so, als wir in der Netztechnik waren, (?) da ist ein Ausbilder, der ist auch ziemlich gegen dieses Modul-System. Der hat das gemacht, wie er es immer gemacht hat, als es das System überhaupt noch nicht gab. Der hat sich dahin gestellt und uns das alles erzählt. Teilweise, so eine Stunde am Tag mußten wir noch ein bisschen was alleine machen, zum Abschluss des Tages noch ein bisschen eine praktische Arbeit. Das war toll, der hat seine Witze da gemacht, hat das ein bisschen lustig rübergebracht. Ich habe da echt alles verstanden, mußte da nichts nachlesen oder so. Das hat echt Spaß gemacht, da bin ich auch gerne hingegangen, der hat uns auch so... da hat keiner gefehlt. Und der hat uns auch erzählt, wie das später so richtig abgeht im Arbeitsleben. Dass wir nur 13 Tage bei dem haben, dass das alles viel zu kurz ist,

---

6   Meine Aufmerksamkeit für solche »Legenden« wurde geschärft durch die Lektüre einer Untersuchung von Andreas Wittel. »Geschichten, die mehrfach erzählt werden, lassen aufhorchen« – so leitet er seine Studie »Belegschaftskultur im Schatten der Firmenideologie« ein, eine Studie, die das Spannungsfeld zwischen »gewordenen« und »gemachten« Kulturen in einem Großbetrieb beleuchtet (Wittel 1996, 9).

der hat auch gesagt, er hat viel weggelassen. Wenn wir das nach System gemacht hätten, dann wäre überhaupt keine (?) ... der hat jetzt gekündigt. Das war der beste Ausbilder, den ich je gehabt habe.« (DI/KE4) Dieser Ausbilder ist der erfahrene Kollege, der alles gemacht hat, »wie er es immer gemacht hat«. Ein theoretisch versierter Praktiker, der nicht nur den Stoff »rüberbringen« kann, sondern auch erzählt, »wie es später im Arbeitsleben zugeht«. Hier wird Wissen vermittelt, ohne dass die Jugendlichen »was nachlesen« müssen. Das Wunschbild hebt die Fähigkeit des Ausbilders hervor, Theorie dosiert zu vermitteln – gemäß den zu erwartenden praktischen Anforderungen. Der »menschliche« Ausbilder ist ein Kollege, der die Hoffnung vermittelt, den tiefen Spalt, der sich für die Auszubildenden zwischen Theorie und Praxis aufgetan hat, zu überwinden, der die Unsicherheit von Gegenwart und Zukunft mit seiner Erfahrung überlegen zu meistern hilft.

Charakteristisch ist, dass dieser denkwürdige Kollege, der das Modell des »menschlichen Ausbilders« ist, den Betrieb verlassen hat. Dieser Schritt lässt ihn zur Legende werden: Er zeigt, dass der ideale Ausbilder nicht die Forderungen des Systems bedient, sondern die Bedürfnisse der Auszubildenden und dies durchhält, obwohl er damit seinen Arbeitsplatz in Frage stellt. Er artikuliert – stellvertretend – den Protest der Jugendlichen, der stumm bleibt. Und er verkörpert die Chance eines Bündnisses zwischen Auszubildenden und Ausbildern. In der Verständigung über die gemeinsame Gegnerschaft entsteht gegenseitige Anerkennung als Bündnispartner. »Da hat keiner gefehlt« sagt der oben zitierte Auszubildende – in einer solchen Beziehungskonstellation wird Widerstand aufgegeben.

Im Alltag der Auszubildenden dagegen findet eine ständige Auseinandersetzung statt, ein Fundament für ein Bündnis mit ihren Ausbildern finden sie hier nicht. Das Ideal des »menschlichen Ausbilders« kann sich daher nur als Legende artikulieren. In den verdeckten Auseinandersetzungen mit ihren Ausbildern gelingt es den Jugendlichen nicht, ihre Erwartungen explizit zur Sprache zu bringen; in der Legende finden sie eine Form. Hier gelingt, was in der Realität scheitert: Gleichheit und Anerkennung mit dem Schutz einer überlegenen Autorität zu verbinden. Doch Gleichheit und Autorität sind – darauf hat Hannah Arendt aufmerksam gemacht – sich gegenseitig ausschließende Beziehungsformen: »... Autorität [ist] unvereinbar mit Überzeugen, welches Gleichheit voraussetzt und mit Argumenten arbeitet. Argumentieren setzt Autorität immer außer Kraft. Der egalitären Ordnung des Überzeugens steht die autoritäre Ordnung gegenüber, die ihrem Wesen nach hierarchisch ist... Denn die autoritäre

Beziehung zwischen dem, der befiehlt und dem, der gehorcht, beruht weder auf einer beiden Teilen gemeinsamen Vernunft noch auf der Macht des Befehlenden. Was beide gemeinsam haben, ist die Hierarchie selber, deren Legitimität beide Parteien anerkennen und die jedem von ihnen seinen von ihr vorbestimmten, unveränderten Platz anweist.« (Arendt 1994, 159f).

Die Auszubildenden sehnen sich nach einem erfahrenen, väterlichen Ausbilder, dessen Kompetenz sie fraglos vertrauen können, weil er sie vorbereitet in das Berufsleben entlassen wird, in ein Berufsleben, von dem sie nichts wissen können. Zugleich verlangen sie, dass die Ausbilder ihre Gedanken und Forderungen ernstnehmen und ihre individuellen Arbeits- und Lernprobleme in den Vordergrund stellen. Beide Wünsche zu erfüllen, gelingt im Ideal des »menschlichen Ausbilders«, während in der Realität die Unzufriedenheit stets neue Konflikte schürt.

6. Zukunftsperspektiven

Im Hinblick auf ihre Zukunft sagen die zukünftigen Kommunikationselektroniker ebenso wie die zukünftigen Maler: Diese Ausbildung wollen sie in jedem Fall zu Ende bringen. Doch die Aussichten über den Abschluss hinaus sind für die KE-Auszubildenden eher vage. Zwar wollen viele weiterlernen, und auf den ersten Blick scheinen diese Pläne durchaus ein Erfolg der Ausbildung zu sein, die dem Lernen einen hohen Stellenwert einräumte. Doch bei genauerem Hinsehen scheinen diese Ambitionen weniger dem aus Lernerfahrungen gewonnenen Selbstbewußtsein als einer tiefen Verunsicherung geschuldet.

Auch in einem Großbetrieb ist die Übernahme längst nicht mehr sicher; gefährdet ist sie jedenfalls dann, wenn die Noten in der Abschlussprüfung nicht sehr gut ausgefallen sind. »Für dich interessiert sich doch keiner, wenn du schlechter bist als 2" sagt einer resigniert. Die Noten zählen, nicht persönlicher Einsatz und dass man sich all die Jahre auch Mühe gegeben hat. Dies ist den Jugendlichen deutlich gemacht worden und die Botschaft ist angekommen.

> »Es wird erwartet, dass wir was leisten. Wer nichts leistet, der wird nicht gefördert und wer nicht gefördert wird, der wird irgendwann unter den Tisch fallen.« (C/P3)

Viele Jugendliche sehen den Ausbildungserfolg schon wieder in Frage gestellt, bevor sie den Abschluss überhaupt erreicht haben.

Doch ihre Verunsicherung erwächst nicht nur aus dieser Unklarheit über die Übernahmeperspektiven und aus der Angst, auf dem freien Arbeitsmarkt nicht konkurrenzfähig zu sein, die für alle Berufsanfänger naheliegend ist. Eine zweite Schwierigkeit für die zukünftigen Kommunikationselektroniker liegt darin, dass sie sich über die Einsatzmöglichkeiten für ihren Beruf nicht so recht im klaren sind; in ihrem Bild der arbeitsteiligen Berufswelt können sie ihn nicht einordnen.

»…diese Frage haben mir auch schon Auszubildende gestellt, mit denen ich mich unterhalten habe. dass sie meinten: Was bringt mir das eigentlich? Bringt mir das überhaupt irgendwas? Bei anderen Berufen, Zimmermann, irgendwas handwerkliches, da kannste sagen, ich kann dir jetzt ein Bett bauen oder ein Haus bauen, das habe ich gelernt. Aber als KE da ist das auch so vielschichtig, wenn man sich dafür interessiert und wenn man sich selbständig… ja, wenn ich die Möglichkeiten hätte, die Messdinger und so das würde ich mir schon auch ein bisschen zutrauen, dass ich zumindest die Fehlerquelle eingrenzen könnte. Aber da überlege ich mir, da hätte ich lieber Radio- und Fernsehtechniker gelernt, dann hätte ich das auch wirklich gewusst und dann hätte ich auch sagen können, daran liegts, wenn das vielleicht eine (?)-Anlage ist, dann kann ich eine Platine auswechseln, aber da weiß ich doch auch nicht mehr, was da technikmäßig drin los ist… Da ist die (?), da ist die (?)-Schaltung und schön. Aber da weiß ich doch nicht, dass da noch ein (?) ist. Ja schön, aber… ich kann dir doch jetzt nicht sagen, was auf der Platine da jetzt abgeht, mit den ganzen ICs. Das ist es ja, da müßte man dann weitermachen…« (A/KE6)

»Als Fernmeldehandwerker, da hast du noch alles angefaßt. Da hast du noch deine Muffen geschmiert und gemacht und getan, hast noch handwerklich gearbeitet. Hier in der KE-Ausbildung, da hast du das doch gar nicht in dieser Form, die handwerklichen Fähigkeiten.« (H/KE6)

Der Gebrauchswert ihrer Kenntnisse ist nicht klar zu beschreiben. Die Jugendlichen wünschen sich, als Fachleute auf einem bestimmten, deutlich abgrenzbaren Gebiet auftreten zu können, doch diese Sicherheit bietet ihre Ausbildung ihnen nicht. Manch einer von ihnen stellt sich vor, noch eine »richtige« handwerkliche Ausbildung anzuschließen, um sozusagen Boden unter die Füsse zu bekommen. Das Gegenbild zur unklaren Perspektive ist das des Handwerkers, der mit seinen Händen etwas Bestimmtes, Nützliches kann. Viele Jugendliche begründen also ihre Verunsicherung vor allem mit einem Mangel an praktisch anwendbaren Fertigkeiten.

Ein anderer, kleinerer, eher aufstiegsorientierter Teil der Auszubildenden hat Zweifel, ob der theoretisch-technische Anteil ihrer Ausbildung überhaupt Anerkennung finden wird und, wie erhofft, als Sprungbrett dienen kann. Sie erfahren, dass der von außen zugeschriebene Status ihrer »modernen« Qualifikation gar nicht Rechnung trägt; sie sehen sich als »Arbeiter« klassifiziert und damit auf einen Status festgelegt, dem sie mit einer an Technik und Elektronik ausgerichteten Ausbildung gerade entkommen wollten.

»Wenn man mal vergleicht, weil wir immer Büro sagen, wenn man vergleicht, wenn man von seinen Freunden hört, kaufmännische Berufe oder was die so haben, und dann guckt man sich das an, was die so machen, die machen den normalen Dreisatz in Mathe... Und was wir machen, das ist die höhere Mathematik in dem Sinne. Die würden wir unter den Tisch reden. Und die kriegen einen Haufen Geld für irgendwas und sitzen ihren einen Tag in der Berufsschule rum und wir, wir krepeln uns einen ab. Und es heißt denn, ›Ihr seid doch sowieso die Prolos, die Arbeiter.‹ So in etwa. Dabei ist das, was wir da machen wirklich, das ist das, was die Zukunft braucht in dem Sinne und das ärgert mich auch immer, wenn ich mit meinen Freunden rede. ›Du bist ja bei xy, bei den Prolos, kannste ja vergessen.‹ Kann er ja, einerseits stimmts, aber ich sehe das nicht so.« (MaG/KE2)

Diese Auszubildenden haben, bei aller Kritik an der »Theorie«, ihr Selbstbewußtsein auf die Zukunftsbilder gegründet, die den Bedeutungshintergrund von »neuester Technik« und »Elektronik« bilden. Sie sind nicht bereit, »höhere Bildung» in einem traditionelleren Sinn als überlegen anzuerkennen. Es sei nicht notwendig, den Sinn jedes Fremdworts zu verstehen, das der auf das Gymnasium weitergezogene Freund benutzt, so beschreibt ein Kollege diesen Gegensatz. Als »Arbeiter« bezeichnet fühlen sich die Auszubildenden disqualifiziert; sie haben im Laufe ihrer Ausbildung anscheinend die Erwartung aufgebaut, diesen Status abzulegen. Jeder Auszubildende kennt wiederum andere, die in die »besseren« Bereiche gegangen sind und viele würden selber auch gerne höher hinaus. Die Orientierung auf etwas Neues, einen modernen Beruf haben sie auch als Versprechen auf einen höheren sozialen Status verstanden und erkennen dies nun als Irrtum.

»Wenn es nicht auf die Schulbildung ankommen würde, dann würde ich zwar auch Elektrik machen, aber nicht mehr auf dieser niederen

Ebene. Ich würde dann irgendwie in den höheren Dienst gehen... Nicht mehr unten Karl Arsch, weiß ich, da irgendwo ein Arbeiter." (P/KE2) Einige wollen auch deshalb den Beruf wieder verlassen und versuchen, durch ein Studium die »Statuslücke« zu füllen.

6.1. Lebenslang lernen?

Die berufliche Identität der Auszubildenden entwickelt sich um die Kombination von Theorie und Praxis herum. Trotz aller Verunsicherungen sind sie in ihrem Selbstverständnis eine Avantgarde, sie nehmen an neuen Entwicklungen teil. Doch die längerfristige Perspektive dieser Qualifikation können sie kaum beurteilen und stellen sie eher in Zweifel. Welche Qualifikationen werden einem die Zukunft sichern helfen? Wird man es schaffen, noch weiter zu lernen?

»Das gilt wohl für alle, dass im Moment die Berufsschule zu schwer ist. Was wir da machen, sind Grundlagen. Und die Technik geht so schnell weiter, dass, wenn wir ausgelernt haben, dann sind wir grad auf dem Stand. Es ist halt auch schwer, wir nicht alles mitkriegen, da geht das so schnell weiter, da müssen wir uns immer weiter fortbilden und im Moment sind die Grundlagen so schwer und später wirds noch schwerer, und wenn wir dann nicht mal die Grundlagen kennen, da kommt man dann gar nicht mehr mit. Dann hat man den Beruf und weiß gar nichts..... Wenn man studiert und dann ein Studium macht und dann vielleicht noch mal arbeitet, dann macht man vielleicht auch Sachen, die man braucht und die interessant sind.... Aber um ein Studium hinzukriegen, die meisten von uns würden das wohl gar nicht schaffen, weils einfach viel zu schwer ist... Und die studieren, das sind dann die Verkürzer, von 120 Leuten sind dann vielleicht 20. Der Rest macht irgendwelche Arbeiten da draußen, die auch jeder ungelernte Arbeiter machen kann, das ist halt deprimierend... Später, wenn man mal im Außendienst arbeitet, dann braucht man das nicht, man hat da seine fünf Sachen und die können alle, die da sind... Das ist es, was die Leute so furchtbar an der Sache stört. Man lernt 3 1/2 Jahre die schwierigsten Themen und ich habe mit einem Berufsschullehrer gesprochen jetzt, und der meinte, das, was wir jetzt schon können, das hat er nicht gekonnt, als er diesen Beruf als Lehrer studiert hat. Und er meint, das ist alles schon so weit fortgeschritten, das was wir jetzt wissen, das hat er damals als er die Prüfung gemacht hat nicht gewußt... Und dann kommt man raus und dann sieht man, wie da gearbeitet wird und alles für (?). Alles Schlappschwänze, alles Pfeifen. Die tun nichts anderes, da kann man den letzten Menschen nehmen und lernt den drei Wochen an und dann kann der an sich das machen. Der nimmt zwei Adern, klemmt die an und fertig. Und dafür hat man nun gelernt wie man Platinen entwickelt und Spulen berechnet und so, das ist alles für den Geier... Was wir lernen, da muss man einen Fehler rausfinden aus so einer riesigen Schaltung. Die meisten von uns die werden es nicht schaffen zu studieren. Der Rest von uns, der macht Arbeiten, die auch jeder angelernte Arbeiter ausführen kann und das ist deprimierend... Und da sag ich mir: Was hab ich da für eine Zukunft? Was hab ich da für Chancen?« (An/KE4)

Die allgegenwärtige Forderung nach permanenter Weiterbildung empfinden viele Auszubildende als bedrohlich. Sie haben das Lernen auch als Grenze erfahren und sie fürchten, dass die Aufstiegshoffnungen, die sich daran knüpfen, sich nicht verwirklichen werden. Das Studium ist schwer. Schon das Fachabitur überfordert viele, wie sie wissen.

Zugleich sitzt ihnen die Angst vor unterqualifizierter Arbeit im Nacken. Ein qualifikationsgerechtes Arbeitsgebiet können sie sich gar nicht vorstellen. Entweder sie machen Routinearbeiten, für die ihre Ausbildung gar nicht notwendig gewesen wäre oder sie setzen auf eine echte Weiterbildung. Viel zu lernen hat so gesehen also erst einmal lediglich zur Folge, dass nun noch weiter lernen muss, wenn der gewachsene Anspruch auch gehalten werden soll: »Wir haben viel mehr Theorie, aber wir beherrschen sie nicht«.

Die Auszubildenden sind subjektiv hin- und hergerissen zwischen ihrem Avantgardebewusstsein, den Schwierigkeiten, mit der Theorie fertig zu werden, und der Enttäuschung über den niedrigen Status, den diese lediglich einbringt. Sie können nicht sagen: Wir wissen wie es ist. Sie vermissen die Sicherheit, etwas Bestimmtes zu können. Angst vor dem Arbeitsmarkt und der Konkurrenz um die Übernahme; die zwischen handwerklichen Fertigkeiten und technisch-wissenschaftlichem Wissen schwer fassbare, changierende Qualifikation mit offenem Gegenstandsbezug und die Schwierigkeiten des Lernens: Diese Unsicherheiten bedingen und verstärken sich auch gegenseitig.

Es fehlt ihnen ein Umfeld, das die Sicherheit von »Erfahrung« vermittelt. Auch in dieser Hinsicht können ihnen ihre Ausbilder kaum eine Hilfe sein: Sie können keine Erfahrungen weitergeben oder gar beiläufig vermitteln, da der

Beruf neu ist und keine Erfahrungen über die Einsätze vorhanden sind; aber auch weil die Ausbilder in der Regel schon sehr lange Ausbilder sind und deshalb, ebenso wie die Auszubildenden, in der Ausbildungswerkstatt als spezifischem Arbeitsplatz eingeschlossen sind. So bleibt die bange Frage, ob die Anstrengungen, die in die Ausbildung investiert wurden, und die Erwartungen und Ansprüche, die sie geweckt hat, sich lohnen und erfüllen werden.

Kapitel 5:
Arbeitslose bei der Arbeit[1] – Jugendliche in AB-Maßnahmen

Die Arbeit in den Projekten, deren Teilnehmer hier zur Sprache kommen, ist dem Berufsfeld Garten-Landschaftsbau zuzurechnen. Diese Studie basiert auf Interviews und teilnehmenden Beobachtungen aus den Jahren 1990 – 1992 in zwei verschiedenen Projekten aus diesem Bereich. Die Kontakte zu den Jugendlichen entstanden aus der Mitarbeit und Besuchen auf Baustellen, in Gruppeninterviews, aus einer Fragebogenaktion über die Beurteilung der Arbeit und einer darauf aufbauenden Unterrichtseinheit, Teilnahme an berufsorientierenden Gruppenaktivitäten über mehrere Monate und zwei Treffen »Ehemaliger«.[2]

Die Jugendlichen sind für jeweils längstens ein Jahr als Arbeiter in den zwei verschiedenen ABM-und-Lernen-Projekten beschäftigt; sie gehören zwei verschiedenen Jahrgängen an. Insgesamt wurden 63 Jugendliche in Gruppengesprächen und auf Baustellen befragt, davon 48 im ersten und 15 im zweiten Jahr. Die Gruppeninterviews fanden jeweils gegen Ende des Maßnahmejahres statt. Das zweite ABM-Projekt wurde nach dem Jahr 1991 nicht mehr gefördert und fiel aus der weiteren Untersuchung heraus. Die Zitate, die benutzt werden, stammen sowohl aus dem ersten wie dem zweiten Jahr.

---

1   Dieser Titel ist übernommen aus einer Untersuchung von Marie Jahoda über eine Waliser Bergarbeitergenossenschaft in den 30er Jahren. Jahoda veröffentlichte die Ergebnisse ihrer Arbeit erst 1989; in ihrem Aufsatz »To publish or not to publish?« reflektiert sie den Zwiespalt der Sozialforscherin im Verhältnis zu ihrem Forschungsgegenstand und ihren Kooperationspartnern. (vgl. Jahoda 1989 und Jahoda 1981a) In der Tradition von Jahodas Arbeiten in den Grauzonen und Übergangsbereichen zwischen Arbeit und Arbeitslosigkeit stehen die Studien des Grazer Büro für Sozialforschung (vgl. Zilian/Fleck 1990; Zilian/Verhovsek 1998), die anschauliche und präzise Einblicke in heutige Situation Arbeitsloser und prekär Beschäftigter in Österreich geben.

2   Diese Beobachtungen wurden in Tagebuchnotizen erfaßt, aus denen (s.u.) auch zitiert wird. (vgl. Becker/Geer 1970; Selltiz et al 1972) Über diese Quellen hinaus werden auch Informationen aus Interviews mit Beschäftigten der Projekte und der Teilnahme an Teambesprechungen hier einbezogen. Außerdem gehen auch die Ergebnisse einer Befragung von Beschäftigten von sieben weiteren ABM-und-Lernen-Maßnahmen hier ein, Projekten, die teilweise ebenfalls im Gartenbau, teilweise aber auch in anderen Berufsfeldern tätig waren (vgl. Panke/Sötje 1995).

Die Jugendlichen sind zwischen achtzehn und fünfundzwanzig Jahre alt; das Durchschnittsalter betrug zu Beginn der Maßnahme zwanzig Jahre. Fast die Hälfte der Teilnehmer lebt nicht mehr im elterlichen Haushalt.

Nicht alle Teilnehmer wurden in die Untersuchung einbezogen. In allen Projekten gibt es einen – kleineren – Teil von Jugendlichen, die hier nicht zu Worte kommen: Gefangen in einer schwierigen Lebenssituation, in Obdachlosigkeit, Abhängigkeit von Alkohol oder illegalen Drogen oder familiärem Missbrauch, sind sie so absorbiert, dass sie für das komplizierte Arrangement von Arbeit und Unterricht in der Maßnahme keinen Kopf haben. Auch solche Jugendliche werden in ABM-und-Lernen-Maßnahmen zugewiesen – eine Überforderung für die Mitarbeiter und für diese Maßnahmeform. Diese Jugendlichen tauchen auch in meiner Untersuchung nicht auf, sie sind selten anwesend und wenn, dann kaum auf den Baustellen anzutreffen. Insofern bilden die Jugendlichen, mit denen wir gesprochen haben, die »Positiv-Auswahl« derer, die arbeiten wollen und im Prinzip auch können.

1. Wege in die Maßnahme

»Ich bin auch über das Arbeitsamt gekommen. Ich habe mich an die gewendet, weil ich keine Arbeit gefunden hatte. Und da haben sie halt gesagt, wenn ich nichts finden kann, dass ich dann im ABM-Programm Garten-Landschaftsbau machen soll. Und da habe ich gedacht, »Na gut, dann mache ich das. Da kriegst du Geld, da mache ich das eben.« (A3/P2)

»...wie man das kriegt beim Arbeitsamt, den Job. Dass das so ist, dass man erst selbst versucht was zu kriegen und kriegt nichts. Und dann geht man zum Arbeitsamt. Und dann sagen die, sie haben jetzt ihren Job. Da gehen sie jetzt hin. Das einem das dann quasi vom AA aufgezwungen wird.« (J2/P1)

Nur ein kleiner Teil der Jugendlichen – ca. 13% – ist (fast) unmittelbar nach Ende oder Abbruch der Schule in die Maßnahme gekommen. Ein Viertel hat bereits Maßnahme-Erfahrungen. Ein Drittel hat Erfahrungen mit verschiedenen Jobs, zum Beispiel bei Hilfsarbeiten auf dem Bau oder in Gaststätten. Ungefähr ein Viertel der Jugendlichen hat bereits eine Ausbildung abgebrochen. Die Gründe, die genannt werden, sind vielfältig: Allergien, Konflikte mit Kollegen, Überforderung mit technischen Aufgaben, unqualifizierte Ausbildung und ausbildungsfremde Tätigkeiten. Bis die Jugendlichen nach dem Abbruch einer Ausbildung einen Neuanfang schaffen, vergehen in der Regel mindestens mehrere Monate. Der Bildungsstand der Jugendlichen ist nicht einheitlich: Das Spektrum reicht vom abgebrochenen Hauptschulbesuch bis zur abgeschlossenen Berufsausbildung. Fast 50% der Jugendlichen haben einen Hauptschulabschluß oder einen erweiterten Hauptschulabschluß; ungefähr 30% dagegen haben – zum Teil auch nach der Teilnahme an einem BB10- oder VZ11-Lehrgang – keinen Schulabschluss.[3]

So lassen sich die Lebenssituationen und Vorgeschichten der Jugendlichen nicht auf einen einheitlichen Nenner bringen; die Teilnehmenden sind nicht als homogene Zielgruppe zu beschreiben. Die ABM-und-Lernen-Maßnahmen sind ein Auffangbecken für Jugendliche, die in anderen Maßnahmen, in Ausbildungen oder auf dem freien Ausbildungsmarkt erfolglos versucht haben, einen Einstieg in das Arbeitsleben zu finden.[4]

Mit ihrem Arbeitsvertrag gehen die Teilnehmer formal ein Arbeitsverhältnis mit der Berliner Senatsverwaltung für Arbeit und Frauen als Arbeitgeber ein, das Projekt ist für die Jugendlichen die »Beschäftigungsdienststelle«. Sowohl die Lohnabrechnungen, als auch Anwesenheitslisten und Krankmeldungen werden an die zuständige Abteilung bei der Senatsverwaltung weitergereicht. Arbeitsplanung und Organisation der Arbeitseinsätze liegen jedoch in der Verantwortung der Träger der Maßnahmen. Gearbeitet wird die Hälfte der tariflich festgelegten wöchentlichen Arbeitszeit, die andere Hälfte der Woche verbringen die Jugendlichen als Lernzeit in den Projekträumen. Deutsch- und Mathematik-, Sozialkunde- und sogenannter Baustellenunterricht werden erteilt. Je ein ausgebildeter Gärtner oder eine Gärtnerin leitet eine »Kolonne« von 8 Jugendlichen; für jeweils 16 Teilnehmende gibt es eine Stelle für die »Koordination«. Die Aufgabe des »Koordinators« bzw. der »Koordinatorin« ist es, Aufträge einzuholen, Arbeitsabläufe zu planen und die Materialversorgung zu organisieren. Darüberhinaus werden die Jugend-

---

3   »BB10« bzw. »VZ11« sind berufsvorbereitende Lehrgänge an beruflichen Schulen, in deren Rahmen sowohl berufspraktische Kenntnisse aus je einem Berufsfeld vermittelt werde, als auch die Möglichkeit gegeben ist, den (erweiterten) Hauptschulabschluß nachzuholen.

4   vgl. Fricke/Kloas/Matzdorf/Petzold (1992): Es ist ein Defizit im Maßnahmespektrum, das letztlich alle Angebote auf Schulabgänger ausgerichtet sind. Die Kombination von Arbeit und Berufsausbildung soll dagegen auch älteren Jugendlichen einen (Wieder-)Einstieg in berufliche Qualifizierung ermöglichen.

lichen von einer Psychologin beziehungsweise Sozialarbeiterin betreut und beraten.

Aus der Perspektive der Arbeitsämter verläuft eine entscheidende Trennlinie zwischen den Jugendlichen, die für eine Ausbildung in Frage kommen und anderen, die als dafür ungeeignet oder unmotiviert einzuschätzen sind. Dieser Differenzierung entsprach auch die Arbeitsteilung in den Arbeitsämtern: Die Abteilung Berufsberatung war für erstere, die Arbeitsvermittlung / Arbeitsberatung für letztere zuständig. Für beide Gruppen gibt es eigene Maßnahmetypen, die jeweils im Verantwortungsbereich der einen oder der anderen Abteilung liegen. Diese Aufteilung bringt eine Hierarchie in das System: Die Berufsberatung ist zuständig für diejenigen, die eine Ausbildung suchen. Also für »normale« Jugendliche, die lernen wollen und keine anderen Prioritäten setzen (müssen). Wer in den Zuständigkeitsbereich der Arbeitsvermittlung überwiesen ist, gehört zum »Rest der Welt«.

Will man Zugang zu einer AB-Maßnahme erhalten, so muss man als »schwervermittelbar« und »ABM-berechtigt« eingestuft werden, denn nur den sogenannten Problemgruppen des Arbeitsmarktes sind solche Förderungen vorbehalten. Dies bedeutet allerdings nicht, dass man ein Recht, sondern lediglich, dass man die Möglichkeit einer Maßnahmeteilnahme hat. In Berlin zum Beispiel gibt es mehrere hundert ABM-Stellen, die allein Jugendlichen vorbehalten sind. Für eine Genehmigung, die sogenannte »Zuweisung«, ist man auf die Arbeitsvermittler angewiesen, denn die Belegung dieser Plätze soll den Ämtern vorbehalten bleiben. Es ist den Projekten deshalb eigentlich nicht gestattet, offene Informationswege, wie zum Beispiel Zeitungsanzeigen, zu nutzen, um Teilnehmer zu werben. Manche Teilnehmer erfahren von den Projekten über Freunde, sie bewerben sich dann direkt beim Projekt oder beim Maßnahmeträger und gehen erst anschließend zum Arbeitsamt. Teilnehmer, die über solche Wege in die Maßnahmen kommen, gelten als »motivierter« als andere. Doch dieser Zugang ist die Ausnahme; in der Regel funktioniert es anders.

Die Entscheidungen beim Arbeitsamt sind – aus der Sicht der Jugendlichen – sehr abhängig von der jeweiligen Person des Arbeitsvermittlers: So wird berichtet, dass einer prinzipiell keine AB-Maßnahmen zuweise, wenn das selber gewünscht wird. Andere wiederum seien dankbar, wenn die Jugendlichen selbst den Vorschlag machen und seien gern bereit, über freie Maßnahmeplätze zu informieren.

»Es gibt ja auch Leute, die wollen gar kein ABM machen und kriegen es dann als Auflage vom Arbeitsamt.« – Dass die Zuweisung in eine AB-Maßnahme auch ohne eigenen Wunsch möglich ist, wissen alle, obwohl sich der potentielle Zwangscharakter von AB-Maßnahmen kaum offen zeigt. Die TeilnehmerInnen kennen Jugendliche, denen ABM als Auflage anderer Behörden (zum Beispiel als Auflage von Bewährungshelfern oder dem Sozialamt) zugewiesen wird. Auch dieses Wissen spiegelt sich in ihrer Unsicherheit vor dem Arbeitsamt wider. Dass Beschwerdeführung möglich ist, fällt niemandem ein.

Interessen, Vorerfahrungen und Zukunftspläne spielen bei der Vermittlung kaum eine Rolle. Ein Jugendlicher beispielsweise hatte einen Test für einen Computerkurs nicht bestanden und findet sich nun in einer Gartenbaumaßnahme wieder; eine junge Frau wird erneut in eine Gartenbaumaßnahme verwiesen, obwohl sich während der Tätigkeit in einer anderen Maßnahme bereits herausgestellt hat, dass sie wegen körperlicher Einschränkungen für diese Arbeit nicht geeignet ist. Für die (künftigen) Teilnehmer ist ein Überblick und eine eigene Entscheidung über die verschiedenen Angebote kaum zu erreichen: Sie nehmen, was man ihnen anbietet. Es ist für die Jugendlichen kaum vorstellbar, darauf zu warten, dass etwas besseres kommt. Eigene Entscheidungen sind nicht verlangt, selber Einfluß zu nehmen scheint sinnlos. Der Zugang zu den Maßnahmen findet als »Zuweisung«, nicht als »Bewerbung« statt. Die Berichte aller Teilnehmer deuten darauf hin, dass die Vermittlung in der Regel unter dem Vorzeichen »unser einziges« bzw. »letztes Angebot« zustande kommt. Sie lassen sich schieben – und erfahren deshalb die Unterstützungsleistung, auf die sie dringend angewiesen sind, zugleich als Zwang: »Dann sagen die, sie haben jetzt ihren Job.«

Die Jugendlichen erleben die Maßnahme weniger als Angebot für einen »2. Start«, denn als vorläufig letzte Etappe eines sozialen Abstiegs: »Das wissen doch alle, dass ABM das Letzte ist.« Einerseits empfinden sie deshalb die Situation als vorläufigen Endpunkt einer Kette von Misserfolgen, andererseits als »Beruhigung«, denn die finanzielle Absicherung, die so erreicht werden kann, ist im Vergleich mit anderen Leistungen für Jugendliche nicht schlecht, zudem für ein Jahr gesichert. Und vor allem: »Auf der Straße stehen« will man auf keinen Fall.

Die Frage, ob sie die spezielle Maßnahme, in der sie sich schließlich wiederfinden, wirklich machen wollen, klärt sich deshalb für viele erst, wenn die Zeit im Projekt bereits läuft. Für die ABM-Projekte gilt: Die Fluktuation zu Beginn der Maßnahmen ist hoch. Ungefähr 20% der Teilnehmenden, die eine Maßnahme beginnen, steigen innerhalb kurzer Zeit wieder aus, Neue kommen und gehen zum Teil ebenfalls nach kurzer Frist. Es dauert einige Wochen, bis

Ruhe einkehrt. Trotzdem bleiben nach anfänglicher Fluktuation viele Jugendliche sehr lange dabei. Ungefähr 2/3 der ursprünglich zugewiesenen Teilnehmer bleiben für die maximale Maßnahmedauer.

2. Arbeiten im »Grünen Bereich«

Das Anliegen der Projekte wird umschrieben mit »Arbeiten im Grünen Bereich«; es werden vorwiegend Tätigkeiten ausgeübt, die dem Berufsbild des Gärtners/Gärtnerin im Garten-und Landschaftsbau zuzurechnen sind, zudem sollen nur Arbeiten stattfinden, die ökologisch sinnvoll sind. Es gibt allerdings keine Festlegung über Mindestanforderungen oder obligatorische Arbeiten, die diese Anlehnung an ein Berufsbild und die Ausrichtung am ökologischen Ziel verbindlich fassen.

Die Projekte sind von externen Aufträgen abhängig. Vor allem soziale Einrichtungen, Vereine und die städtischen Grünflächenämter treten als Auftraggeber auf. Die Aufträge sind nicht in erster Linie am pädagogischen Nutzen für die Jugendlichen orientiert, sondern am Bedarf der Auftraggeber. Zu beachten sind jedoch die ABM-Bestimmungen: Die Arbeit muss gemeinnützig – eine Voraussetzung, die durch die Gemeinnützigkeit des jeweiligen Auftraggebers gewährleistet wird – und »zusätzlich« sein. Die Projekte dürfen weder Regelaufgaben öffentlicher Dienste übernehmen (zum Beispiel der bezirklichen Grünflächenämter) noch Betrieben der freien Wirtschaft Konkurrenz machen. »Dringende« Arbeitsaufgaben kommen deshalb für sie nicht in Frage: Wäre eine »unverzügliche Durchführung« erforderlich, so wäre dies ein Indiz, dass hier eigentlich eine Pflichtaufgabe wahrzunehmen oder ein Auftrag an eine Firma zu vergeben wäre. Durch die ABM-Mittel sollen – positiv formuliert – Arbeiten ermöglicht werden, die zwar im allgemeinen Interesse nützlich sind, für die es aber keine zahlungskräftige Nachfrage gibt.

Überblickt man die Aufträge und Haupttätigkeiten während des Beobachtungszeitraums, so ergibt sich folgende Übersicht: Reinigungsarbeiten an Uferböschungen und auf Spielplätzen, einschließlich des Austauschens von Sand in den Buddelkästen; Beseitigung von Unkrautbewuchs; Aufschaufeln von Hochbeeten; Entfernen von Betonplatten, die den Boden eines Hinterhofs versiegelten; Aufräumarbeiten auf dem vom Träger übernommenen Gelände im Ostteil Berlins; regelmäßiges Sensen einer Feuchtwiese, die mit Maschinen nicht bearbeitet werden darf; Bepflanzungen von Blumenbeeten; Bäume fällen und zersägen. Es sind also vorwiegend sehr einfache Tätigkeiten; erforderlich ist körperlicher Einsatz und der Gebrauch einfacher Werkzeuge wie Schaufeln, Spaten und Handsägen. Komplexere Aufträge sind eher selten: wie zum Beispiel das Neuanlegen einer Gartenanlage; der Bau einer Natursteinmauer; das Anlegen von Wegen und Errichten eines Zaunes aus lebender Weide.

TN 5: »Das waren schon verschiedene (Baustellen, MP). Wir waren auch mal als Kolonne in der Wilhelmsaue; je nachdem, wenn da was zu tun ist. Und auch mal auf dem Kinderbauernhof... Draußen an der frischen Luft, das ist viel besser als drinnen in so einer Fabrikhalle zu arbeiten. Also das ist schon ganz gut hier... Mir hat es zum Beispiel gefallen, wie wir in der Wilhelmsaue den Grill gebaut haben. Und das haben wir hier auch zusammen gemacht, zu zweit. Und wir haben hier dann den Grill auch gemacht. Da war dann schon klar, dass wenn man das schon mal gemacht hat und dabei war, dass man dann zumindest wissen sollte wie es zu machen ist, und dass man dann die Sachen machen sollte, die für die anderen dann auch, naja, zu schwer sind... Wir sind dazu eingeteilt worden. Es gab noch andere Arbeiten zu erledigen und dann stand da vorn noch der Grill und dann sind wir eingeteilt worden.«

TN 6: »Wir haben erstmal ein Muster gemacht, so auf den Weg, ganz groß.«

TN 5: »Dann haben wir ein Fundament gebaut. Mit Zement, den haben wir selber gemischt, das kannte ich vorher auch nicht.«

TN 6: »So drei bis vier Tage haben wir insgesamt dafür gebraucht.«

TN 5: »Ich würde sagen, wenn man etwas schon mal gemacht hat, dann geht das schneller und dann hat man auch die Handhabung dafür schon raus.«

TN 6: »Hier die Natursteinmauer. Die da zu bauen, am Hang entlang, wo der Weg runtergeht. Ich fand gut, wie man das baut – es soll optisch gut aussehen, weil ja jeder Stein anders aussieht und unterschiedlich groß ist... Wir bekommen das von J. so erklärt wie es sein sollte und dann fangen wir an. Und dann guckt er sich das an, ob das richtig ist. Und wenn nicht, dann müssen wir es halt wieder abnehmen. Oder es ist eben richtig... Ein bißchen nachdenken muss man dabei. Wie der Stein da rein muss – ich habe gesehen wie J. da rumfuchtelt hat mit dem Stein, welche Seite da nach vorne kommt. Ob er wackelt und so. In der Wilhelmsaue haben wir auch einen Weg verlegt – das hat auch Spaß gemacht. Naja, und wie der dann wieder eingesackt ist.... (lacht)...

Wilhelmsaue war auch ganz interessant, aber hier ist es auch gut. Furchtbar langweilig ist es am T.. Das kann man vergessen. Den ganzen Tag mit der Sense. Und wo wir sonst noch waren: In Heiligensee, da haben wir Weiden geschnitten und dann haben wir noch irgendwo einen Baum gefällt. Und dann gibts noch den Kindernbauernhof. Da waren wir einen Tag mal. Das ist grauenhaft da. Da sieht man gar nichts. Da weiß man überhaupt nicht wo man anfangen soll. Eine Wüste ist das.«

TN 5: »Ja, da weiß man gar nicht – gleich wenn du da rauf kommst auf die Baustelle, dann siehst du das schon – es ist fast wüstemäßig kann man sagen. Wie er schon sagte: Man weiß echt nicht, wo man anfangen soll... Bei uns ist das so: Wir werden dazu eingeteilt, Jürgen erklärt uns die Sache da und lernen tut man auf jeden Fall was dabei. Z.B. mit dem Grillbau – das konnte ich vorher auch nicht und jetzt kann ich das.«

TN 6: »Man lernt hier auf jeden Fall was... Die Trockenmauer zum Beispiel, Wege bauen, Steine verlegen. Palisaden verlegen haben wir auch gemacht. Es war eine ganze Menge. Was ich da (bei einer Umschulungsmaßnahme des gleichen Trägers, MP) gesehen habe, was die da machen, das haben wir hier zum Teil auch gemacht.«

TN 5: »Das Steine legen. Das machen wir hier und das werden wir auch da machen. Wir waren ja auch öfter schon dagewesen und haben den Leuten zugeguckt. Wenn wir da hin müssen, um eine Maschine abzuholen z.B., dann kann man da mal gucken.« (J/P2)

Die Jugendlichen heben Tätigkeiten positiv hervor, die Planung erfordern und mehrere Arbeitsschritte umfassen: Den Grill bauen, die Natursteinmauer aufbauen, einen Weg anlegen, Palisaden ziehen. Der Umgang mit verschiedenen Materialien wird als attraktives Merkmal des Berufs des Garten-Landschaftsgärtners verbucht: »Beim Gärtner, da ist ja von jedem Beruf etwas«. Es wird mit Steinen und Holz, mit Pflanzen, mit Zement und auch Beton gearbeitet: »Es ist schon eine ganze Menge.« Es kommt nicht nur auf Stabilität, sondern auch auf die »Optik« an, wie zum Beispiel beim Mauern ziehen – dies müssen sie schaffen, auch wenn es Geduld und Genauigkeit fordert. Einige junge Männer sind allerdings auch froh, dass es sich dabei nicht um allzu feine Arbeiten handelt – dass es nicht so »fummelig« ist. Den Gegensatz zu diesen als attraktiv angesehenen Arbeiten bildet das Sensen einer großen Feuchtwiese, eine Tätigkeit, deren Gleichmaß, Umfang und regelmäßige Wiederkehr den Jugendlichen unabsehbar und als körperlich einseitig belastend vorkommt.

Die Arbeit im Projekt erlaubt mehr als nur Langeweile fernzuhalten und Geld zu verdienen: Sie bietet die Erfahrung, etwas zu tun, was nicht jeder einfach so kann. Man lernt etwas dazu, etwas Neues wie den Umgang mit Zement zum Beispiel – eine Tätigkeit, die über die Feierabendbasteleien im Privatbereich hinausgeht. Auch dies bedeutet für die Jugendlichen positive Arbeitserfahrung: Auf ein sichtbares Ergebnis, wie zum Beispiel einen selbstgebauten Grill, kann man stolz sein. Man musste »ein wenig nachdenken, denn es ist nicht so einfach, dass alles gleich passt.« Es gelingen kleine Schritte über die Jedermann-Qualifikation hinaus; die Jugendlichen gewinnen die Legitimation, sich über eine eigene Leistung zu unterscheiden. Sie spüren einen Lerneffekt, der sich nicht nur im gegenständlichen Ergebnis, sondern auch im Vergleich mit den Kollegen bestätigen kann: »Das war zu schwer für die anderen...«.

Für die Jugendlichen ist die Arbeit »im Grünen Bereich« ein Arbeitsfeld, das sie grundsätzlich akzeptieren. Im Prinzip finden sie die Arbeiten vielseitig und sinnvoll. Die Kombination von Arbeits- und Unterrichtsstunden finden die meisten eigentlich »gerade richtig« und fast alle ziehen den Arbeitsteil dem Lernteil der Maßnahme eindeutig vor. Alle Jugendlichen, die wir kennengelernt haben, bestehen darauf: Nur Lernen – das könnten und wollten sie nicht mehr. Die Arbeitstunden auf den Baustellen werden, im Unterschied zum Lernen in den Unterrichtsstunden, bezahlt. Aber es geht nicht nur um Geld, die Jugendlichen gewinnen aus der Arbeit mehr als das: Sie erkennen die Vielseitigkeit der Arbeit im Garten-Landschaftsbau an und schätzen den Umgang mit verschiedenen Materialien; sie würdigen die Chance, etwas zu lernen sowie die Anleitung und die Einblicke, die sie durch die Gärtner erhalten.

Gleichwohl ist in allen Gesprächen mit Maßnahmeteilnehmern von vornherein auch Unzufriedenheit präsent. Die Bilanz ist für die Jugendlichen letztendlich negativ, doch wann immer sie ihre Kritik formulieren, so versuchen sie zugleich, einen Zwiespalt auszudrücken:

»Es gibt auch Landschaftsarbeiten, die nicht schlecht sind – aber die haben wir nicht gemacht. Wir haben nur den letzten Dreck gemacht – von daher kann man nur eine schlechte Meinung haben.« (E/P91)
oder
»Die Idee ist gut, die Realität ist schlecht« (?/GW)
Wie kommt es zu diesem Vexierbild von Anerkennung und Enttäuschung? Die Jugendlichen erkennen ja sehr wohl, dass ihnen ein Angebot gemacht wird. Warum lehnen sie es dann letztlich ab?

2.1. ABM-Bedingungen

TN2: »Das mit den schlechten (Baustellen, MP), das läßt sich leicht beantworten: der Kinderbauernhof.«

Alle: Ja, genau.

TN2: »Ja, da kann jeder was zu sagen.«

TN4: »Kein Problem.«

TN3: »Keine Organisation. Gar nichts. Alles Scheiße.«

TN?: »Ja genau.«

TN2: »Und keine Maschinen und kein Material. Nichts da, um was zu machen. Und dann, dann haben wir was gemacht, zum Beispiel ein Hügelbeet, und dann kamen wir am Montag wieder und es war alles zertrampelt.«

TN4: »Die kleinen Kinder, die kleinen Teufel, die haben das alles wieder niedergemacht« (alle durcheinander: »Genau« u.ä.)

T?: »Besonders einmal, da haben die eine Fete gemacht oder was.«

TN2: »Da sind die überall rumgelaufen, über alle Beete alles. Alles hinüber.«

TN3: »Auch bei den Hügelbeeten. Der Chef von denen, der hat dagegen überhaupt nichts gemacht der Junge. Dem war das egal. Und wir fühlten uns verscheißert. Es war überhaupt keine Versorgung, kein Wasser, kein«

TN4: »Keine Toiletten, gar nichts. Wie die letzten Penner sind wir da rum gelaufen.«

...

TN5: »In anderen Betrieben, da müßtest du richtig hart ranklotzen.«

TN4: »Hier kannst du machen, was du willst. Fast. Sieht man ja, wie die Arbeitszeit hier ist.«

TN5: »Hier musst du nicht ackern wie ein Tier sondern kannst auch mal kurz ne Pause machen oder so. Woanders musst du ja ran.«

TN4: »Hier – wir sitzen immer noch im Auto. Ist schon halb zehn – andere würden jetzt schon längst hart arbeiten.«

TN3: »In anderen Betrieben, da ist nichts mit zwischendurch eine rauchen und so. Das ist nichts.«

TN1: »Das ist hier doch eine Vorbereitung auf den Beruf. Das ist doch dann richtig, dass man nicht gleich mit vollen acht Stunden anfangen muss. Hier kann man erstmal anfangen.«

TN3: »Ne richtige Firma, die wäre nach zwei Tagen wieder abgezogen. Die hätten da kurzen Prozeß gemacht. Aber das ist ja hier nicht. Die sagen: Wir lassen uns Zeit.«

T2: »Wir warten mal, ab was passiert.«

(N/P92)

Diese Arbeitsgruppe zählt auf, was ihnen die Tage vergällt hat: Es gab weder angemessene Arbeitsmittel noch sanitäre Einrichtungen. Niemand sprach ein Machtwort, um ihre Arbeit in Schutz zu nehmen, niemand kümmerte sich um sie und das Arbeitsergebnis.

Die Voraussetzungen der ABM-Aufträge schränken das Aufgabenspektrum für diese Projekte in charakteristischer Weise ein[5]: Es können keine Arbeiten sein, die in einen verbindlichen Zeitrahmen eingebunden sind und dringend gebraucht werden, denn Vereinbarungen im Hinblick auf die zeitliche Gestaltung der Auftragsdurchführung können nicht verbindlich getroffen werden. Die Bedingungen der Projekte erfordern, dass es auf Seiten der Auftraggeber eine gewisse Offenheit in der Zeitplanung gibt. Die Kollegen des Teams bestehen darauf, sich lieber nicht festzulegen: »Dann muss man den Leuten eben erklären, dass das ein soziales Projekt ist....«. Die Lernzeiten sind einzuhalten und pädagogische Projektwochen oder Gruppenaktivitäten zu berücksichtigen. Die in Betrieben einsetzbaren Techniken zum kurzfristigen Ausgleich von Disparitäten zwischen Arbeitsanfall und Kapazitäten sind im Rahmen von ABM nicht erlaubt: Es gibt keine Überstunden und die Lernzeiten halbieren den Spielraum für Zeitumschichtungen. Eine Vielzahl möglicher Störquellen bei der Abwicklung muss deshalb im Vorhinein pauschal einkalkuliert werden: Eine Autoreparatur zum Beispiel (keines der Projekte verfügte über ein auch nur einigermaßen neues Fahrzeug ohne beträchtliche Reparaturrisiken), Krankheit oder Urlaub – und nicht zuletzt das Wetter.

Das Angebot der Projekte an potentielle Auftraggeber ist trotzalledem günstig. Zu bezahlen ist lediglich das Material, für die Arbeit der ABM-Arbeiter bezahlen die Auftraggeber nichts. Das Verhältnis zwischen Auftraggebern und Auftragnehmern bleibt einigermaßen unverbindlich oder gar – wie im oben zitierten Beispiel – von völliger Gleichgültigkeit gekennzeichnet. Dass die Auftraggeber lediglich für das Material, nicht aber für die aufgewendetete Arbeitszeit

---

5   Zur Berliner Situation vgl. Huebner et al 1990; Panke/Sötje 1995; Die Probleme, die aus der Konstruktion der Arbeitsbeschaffung erwachsen sind vielschichtig. Vgl. Haunert/Lang 1992; Heinz 1985; Lappe/Heinz 1998; Lenhardt 1975.

bezahlen, hat Folgen für die Jugendlichen: Es gibt kaum Kontrollen oder Abnahmen, selten Termine und oft auch kein »Danke schön«. Planungen werden offen gehalten – eine Offenheit, die bis zur Planlosigkeit gehen kann: Wenn deutlich wird, dass Veränderungen nichts kosten und Zeitreserven verfügbar sind, werden neue Ideen entwickelt und die alten über den Haufen geworfen – schließlich kostet es ja nichts. Die Projekte sind auf Aufträge angewiesen und können sich einen Ausstieg nicht einfach leisten. Es gibt auch gute Erfahrungen, die von den Jugendlichen im Gespräch gewürdigt werden. Leider nur vereinzelt. In der Erinnerung der Teilnehmer wird schon der Besuch eines Kollegen aus dem bezirklichen Grünflächenamt zum »highlight«: »Das war gut, als der Typ da war und uns erklärt hat, warum wir die Sachen so und nicht anders machen dürfen.« (?/N/P2)

Generell kommen nur Aufträge in Frage, die von Arbeitskräften ohne fachliche Qualifikation und Erfahrung überhaupt bewältigbar sind. Und auch die Sachmittelausstattung der »ABM und Lernen-Maßnahmen« setzt Grenzen: Die Grundausstattung wie Schaufeln, Spaten, Sensen, verschiedene Hacken und Rechen, dazu Arbeitshandschuhe, Sicherheitsschuhe und Regenkleidung als persönliche Schutzausrüstung sind zwar ausreichend vorhanden, doch einen Schwachpunkt stellt die Maschinenausstattung dar. Bei größeren Trägern werden häufig die Investitionsmittel verschiedener Maßnahmen gebündelt, um Anschaffungen zu ermöglichen; die vorhandenen Mittel werden dann dort konzentriert, wo sie am häufigsten eingesetzt werden – also nicht in der AB-Maßnahme für die Jugendlichen, die keine Mindestvorschriften kennt, sondern eher in den Umschulungsmaßnahmen, für die der Einsatz bestimmter Arbeitsmittel als Prüfungsanforderung verbindlich ist. Bei Bedarf können dann zwar Werkzeuge und Maschinen ausgeliehen werden, doch das klappt nicht immer reibungslos. Bei kleineren Trägern ohne die Möglichkeiten, die ein Verbund bieten kann (wie bei einem der beiden hier beschriebenen Projekte), ist es kaum möglich, große Anschaffungen zu finanzieren. Versuche, über Spenden Mittel zu sammeln, sind mühsam und bürokratisch aufwendig.

Allenthalben machen sich also Ausstattungs- und Materialmängel bemerkbar. In vielen Fällen erhalten die jungen ABM-Arbeiter überhaupt nur Aufgaben, für die gar kein Material gebraucht wird: Aufräumen und Unkraut beseitigen. Dies liegt allerdings auch daran, dass auch bei den in Frage kommenden Auftraggebern das Geld knapp ist. In der Regel gibt es auf den Projekt-Baustellen keine angemessene Infrastruktur, doch die Projekte können keine eigenen Einrichtungen wie Bauwagen oder mobile Toiletten mitbringen, sie sind auf die Ausstattung angewiesen, die die Auftraggeber zur Verfügung stellen können –

und dies ist in der Regel: nichts. So stehen die Jugendlichen buchstäblich »ohne alles« in der Gegend herum; selbst bei Arbeiten auf dem Gelände einer Kita bleiben die ABM-Arbeiter »Zaungäste« im wahrsten Sinne des Wortes: Alle legen ihre Sachen am Zaun ab. Der Platz der Kolonne ist eine Gruppe von Baumstamm-Stücken im Garten, die sich zum Sitzen eignen (eigentlich aber Spielgeräte sind). Wer eine Toilette braucht, geht in die Kita. Jedenfalls bis um 13.00 Uhr; sobald alle Kinder abgeholt und die Beschäftigten nach Hause gegangen sind, bleibt auch die Toilette geschlossen. Ohne Unterstellmöglichkeit und ohne einen Platz, für die persönlichen Gegenstände und Wertsachen wird oft eine Parkbank der Treffpunkt der Arbeitskolonne und so heißt es dann: »Wie die Penner sind wir da rumgelaufen.«

Fast alle Aufträge sind Aufgaben am Rande des Geschehens, nicht Teilaufgaben, sondern Reste. Dies schließt nicht aus, dass die Arbeit als sinnvoll erfahren wird, doch in etlichen Fällen ließ sich ebensowenig »echter« Sinn ausmachen wie bei den allwöchentlich zerstörten Hügelbeeten: Da wurde ein Garten hergerichtet, obwohl das Gebäude bereits zum Verkauf stand und der Garten zukünftig eine gänzlich andere Nutzung erfahren würde. Verschiedene Arbeiten auf den Anlagen des Trägers wurden gemacht, ohne dass jemand zu sagen wußte, welcher Nutzung das Gelände in Zukunft zugeführt würde und welchen Zweck die Arbeit eigentlich erfülle. Oft machen die Kolonnen und ihre Anleiter die Erfahrung, dass man sie für die »richtigen« Arbeiten, die wichtigen Arbeiten nicht haben will – so zum Beispiel als es um Arbeiten in der Nähe des Schlosses Sanssouci geht. Ein anderes Beispiel: Die Jugendlichen durften zwar den mit Betonplatten versiegelten Teil eines Hinterhofes wieder frei machen – aber am Bau der neuen Anlage mit Wegen und Beeten wurden sie nicht beteiligt.

Selten haben die Jugendlichen Aufgaben, die einen klaren Anfang und ein Ende haben. Auf allen Baustellen stelle ich die Frage, was die Gruppe denn als nächstes tun würde. Keine Gruppe ist in der Lage, eine präzise Antwort auf diese Frage zu geben. Für die Jugendlichen geht der Überblick verloren, da es immer neue Anlässe gibt, die »normale« Abfolge von Arbeit und Unterricht zu ändern: Schlechtes Wetter, Materialmangel, Autopannen, Umorganisation beim Auftraggeber, Gruppenzusammlegungen durch unvorhergesehene Abwesenheit von Teilnehmenden, Lehrerinnen oder Anleitern. Fast in jeder Woche gibt es einen Tag, der nicht nach Plan ablaufen kann. Bei der Suche nach Lösungen für diese Alltagsprobleme erhält die Fertigstellung begonnener Arbeiten keine hohe Priorität – so sehen es jedenfalls die Jugendlichen. Es scheint ihnen, als verließen sie die Baustellen ohne Rücksicht auf den jeweiligen Stand der Arbeiten.

2.2. Zeitprobleme

TN 1: »Ich habe gedacht, wenn ich hier hinkomme um acht, dann wird auch dementsprechend angefangen, so wie mir das auch gesagt wurde. Aber dann wird es viertel nach, halb neun, neun und um viertel nach neun, da fangen wir wirklich immer an. Das ist genauso wie wenn man auf eine Baustelle fährt, die beendet man gar nicht und man weiß manchmal gar nicht, wie und was da vonstatten geht. Man kriegt zwar Werkzeug in die Hände, dies und das braucht ihr und ob das dann weitere Folgen hat, das ist denen eigentlich schnurzegal. Hauptsache, wir haben irgendwas zu tun und keine Langeweile. Und in einem Monat, da hat man vier oder fünf verschiedene Baustellen und hat überhaupt keinen Durchblick mehr.« (P91/RD)

Die Langsamkeit der internen Abläufe erfährt keinen Gegendruck durch Anforderungen von außen – da ja vermieden wird, Verbindlichkeiten einzugehen; das Auftragsvolumen wird eher knapp gehalten und die Entstehung von Zeitdruck unbedingt zu verhindern gesucht. Diese Strategie ermöglicht zwar Zeitpuffer und minimiert das Risiko unbewältigbarer Anforderungen – schafft jedoch letztlich latenten Arbeitsmangel. Die Vorsicht der Mitarbeiter soll die Jugendlichen vor Überforderungen schützen. Doch von diesen wird die Entlastung nicht wahrgenommen; die Jugendlichen zeichnen das Bild eines Arbeitsalltags, der immer wieder von Langeweile bedroht ist. Während Aufträge »gestreckt« und »Lückenbüßer-Arbeiten« ausgedacht werden müssen, droht der behäbige Arbeitsrhythmus gänzlich zum Erliegen zu kommen. Das Gefühl, »auf etwas zu warten«, scheint in der Wahrnehmung der Jugendlichen allgegenwärtig: Warten auf die Fahrt zur Baustelle oder den Unterrichtsbeginn, auf den Arbeitsbeginn vor Ort, auf Material, auf einen Schlüssel... Bei jeder Änderung der Routinen des Alltags, bei jedem neuen Organisationsproblem müssen die Jugendlichen erst einmal abwarten was geschieht; bis eine Lösung gefunden ist, gibt es für sie nichts zu tun; sie bleiben passiv, sie »sitzen rum«.

Zudem werden Lücken im Arbeitsablauf auch regelrecht geplant – aus pädagogischen Gründen. Ausflüge und Exkursionen sollen eine Unterbrechung des Arbeitsalltags bieten. Solche Angebote sind als Unterstützung für die Jugendlichen gedacht; die MitarbeiterInnen wollen ihnen das Durchhalten erleichtern und die Maßnahme durch ergänzende Angebote interessanter machen. Doch die Jugendlichen finden weder Ausflüge prinzipiell interessanter als Arbeit, noch erleben sie das »Ausfallen« von Arbeit als motivierend. Im

Gegenteil. Diese Angebote geben der Kritik an der Arbeitsorganisation eher neue Nahrung als ihr entgegenzuwirken.

Häufige Pausen und früher Feierabend sind oft das letzte Mittel, um Arbeitstag und Arbeitsmangel organisatorisch zu bewältigen. Sie sind jedoch weder Ausgleich noch Belohnung für geleistete Arbeit sondern Notlösungen. Mehrfach kann ich beobachten, dass der Versuch, den frühzeitigen Feierabend als Arbeitsanreiz zu nutzen und einen Intensivierungsschub auszulösen, sang- und klanglos scheitert: »Wenn wir ranklotzen, schaffen wir das zum Mittagessen und können im Prinzip Feierabend machen« offeriert der Gärtner. Doch die Reaktion ist lediglich laue Zustimmung. Es wird – so mein Eindruck – eher pflichtgemäß als wahrhaft erfreut reagiert; schneller gearbeitet wird jedenfalls nicht. Über die Bewertung des frühen Feierabends gibt es eine typische Kontroverse unter den Jugendlichen:

TN1: Gegen das früher Schluß machen habe ich eigentlich nichts einzuwenden...

TN2: Ja gut, ich ja auch nicht. Aber im richtigen Arbeitsleben ist das so ja nun auch nicht. Und so lernen wir das eigentlich auch gar nicht. Daraus lernen wir gar nichts. Wenn wir fest arbeiten würden, dann würde das anders aussehen.(P2/N)

Trotz des Zeitgewinns ist eine Mehrheit der Jugendlichen unzufrieden: Sie kritisieren, dass sie so das Durchhalten eines Arbeitstages nicht lernen; eine andere, kleinere Gruppe ist zudem der Meinung, dass sie mit dieser Zeit nicht planen können und so nichts gewonnen haben. Es sind nur wenige, die mit der geschenkten Zeit zufrieden sind und sie nicht als Zeitverschwendung betrachten.

In »normalen« Betrieben ist Zeit ein knappes Gut – für Arbeitnehmer wie Arbeitgeber; zur Normalität der Lohnarbeit gehören Formen der Überwachung wie Strategien des Sich-Entziehens. Frühes Arbeitsende oder informelle Pausen – wie die Zigarette zwischendurch beispielsweise – können in »normalen« Arbeitsverhältnissen die erfolgreiche Durchsetzung individueller Zeitautonomie signalisieren. In der AB-Maßnahme dagegen lassen sie sich nicht genießen, denn sie sind kein Resultat erfolgreicher Umgehung von Kontrollmechanismen oder verdiente Belohnung, sondern Resultat von Organisationsproblemen und Ratlosigkeit. Den Jugendlichen fällt es offenbar schwer, den Anschein von »normaler« Arbeit gänzlich aufzugeben: Selbst wenn sie eigentlich nicht einverstanden sind mit häufigem frühen Feierabend, so wollen sie ihn doch nicht offen ablehnen. Ihre Reaktion auf den Lockruf vom frühen Feierabend bleibt deshalb unentschieden: Es gibt keinen Protest, aber auch keine Zustimmung. Eine spür-

bare Beschleunigung allen Tuns tritt dagegen ein, wenn der »wirkliche« Feierabend naht. Nun wird tatsächlich schneller gearbeitet, und es wird spürbar, dass
es ein Zeitlimit zu erreichen gilt, das als verbindlich angesehen wird.

Die Jugendlichen sehen in der ABM-Arbeit beides: Unzumutbare Arbeitsbedingungen und nützliche Arbeiten, bei denen man etwas lernen kann. Doch
die negative Seite ihrer Erfahrungen drängt sich in den Vordergrund und prägt
für die Jugendlichen Eindrücke, die sich auf eingängige Weise mit dem Bild
vom »Rest der Welt« verbindet, das schon in der Schilderung ihrer Wege in die
Maßnahme verschiedentlich auftauchte und sich als Gegensatz zum Bild »normaler Firmen« besonders eindrücklich hervorheben läßt. So werden auch die
eigentlich geschätzen Arbeiten mit in den Strudel der Kritik gerissen. Den Hinweisen, dass man immerhin nicht »so hart ranklotzen« müsse und dass es sich
schließlich um eine Berufsvorbereitung handele, begegnet die Mehrheit mit
dem Einwand, dass diese Zwecksetzung in der Realität ihr wahres Gesicht
zeige: »Wir warten nur ab«, »hier tut sich nichts«. Wir brauchen zwar nicht ran-
zuklotzen und können öfter eine rauchen. Doch was wird daraus? Rumsitzen
und abwarten.[6]

2.3. Ökologie als Sinnreserve

Die motivierende Wirkung von konkreten Zwecksetzungen und sozialen Bezü-
gen ist den Mitarbeitern natürlich durchaus klar. Deshalb versuchen sie, zusätzliche »Sinnreserven« zu erschliessen. Allerdings mit zweifelhaftem Erfolg, wie
ein Beispiel zeigt: Die Teilnehmer wurden an der Planung für einen Auftrag

---

6 Mit Hilfe eines Fragebogens, der an die Fragebögen zur Untersuchung von psychischem Stress
   am Arbeitsplatz von Greiff et al (Greiff et al 1983) angelehnt war, habe ich mit drei Arbeitsgruppen ihre subjektive Wahrnehmung der Arbeitssituation noch einmal diskutiert – ein Versuch, positive wie negative Einschätzungen zu reflektieren. Das Ergebnis dieser Umfrage liegt
   im Trend: Die Antworten lassen sich für alle Gruppen so zusammenfassen, dass die Ausstattung ausreichend und die Arbeitstätigkeiten akzeptabel seien, wenig Qualifikation erforderlich, aber die Chance bestehe, Neues zu lernen und Abwechslung zu haben. Ein weiteres
   Ergebnis war: Arbeitsintensität und Verantwortung sind sehr gering, ja gleich null. Kritik rich-
   tete sich also weniger auf die »gegenständlichen« als die »sozialen« Dimensionen der Situation. Dieses Ergebnis wurde in der nachfolgenden Diskussion mit Überraschung und Zustimmung aufgenommen: »So schlecht ist die Arbeit eigentlich gar nicht«.

beteiligt und verschiedene Entwürfe der Jugendlichen werden mit den Auftraggebern diskutiert. Doch später wird bekannt, dass die Planung schon längst vorher vollständig feststand. Die Enttäuschung ist groß; die Chance entpuppt sich – mal wieder – als Täuschung und die Jugendlichen fühlen sich betrogen. Ein anderer Versuch verläuft zunächst ebenfalls erfolgreich und endet ebenfalls in Enttäuschung: Im Rahmen eines Workshops wird das Modell eines Schulhofs entworfen und gebaut. Doch anschließend steht das Modell monatelang im Weg herum, weil niemand weiß, wohin damit.

Eine tragfähigere Grundlage scheinen Motivationsbemühungen jedoch in der ökologischen Ausrichtung der Projekte zu finden: Die hier zu leistende Arbeit steht ja unter dem Anspruch, ökologisch wertvolle Leistungen zu erbringen. Der Idee nach sollen die ABM-Einschränkungen und der geringe Status der ABM-Arbeit so aufgewertet werden: ABM-Arbeiter können Aufträge erledigen, die zwar für die Allgemeinheit nützlich wären, für die es aber keine zahlungsfähige Nachfrage gibt. Dieser Zusammenhang begründet auch die Außendarstellung und prägt die Werbung und die Einführung für die Teilnehmer. Das Grundprinzip der ABM-und-Lernen-Idee scheint hier eine ideale Ausformung gefunden zu haben: Ökologisch wertvolle Tätigkeiten schaffen Erfahrungsmöglichkeiten für Jugendliche, die bislang gesellschaftliche Nutzlosigkeit und Überflüssigkeit erfahren mussten. Kann diese Konstruktion den Eindruck vom »Rest der Welt« konterkarieren? Funktioniert der ökologische Gedanke als Sinn-Reserve?

Auf den ersten Blick durchaus. Viele Jugendliche nennen »Arbeit im Naturschutz« auch als Anknüpfungspunkt für ihre Bereitschaft, im Projekt mitzumachen. Der Ansatz, für »Benachteiligte« großen Wert auf die Sinnhaftigkeit der angebotenen Arbeit zu legen, »kommt an«. Fragt man die Teilnehmer, wie sie ihre konkrete Arbeit unter ökologischen Gesichtspunkten beurteilen, so fallen die Antworten dann äußerst unterschiedlich aus. Jeder hat seine eigene Meinung über das »Ökologische« in dieser Arbeit.

TN 1: »Nicht überall, aber zum Beispiel diesen Kita-Garten, den hättest du sehen sollen – das sah es aus, als ob da eine Bombe eingeschlagen hätte. Alles zugewachsen oder Wüste. Da ist jetzt Rasen angelegt und so, das ist wesentlich besser. Oder auch bei Forstarbeiten: Da musste man z.Bsp. Bäume fällen, weil dieser Baum den anderen Pflanzen nicht nur das Licht sondern auch das ganze Wasser weggenommen hat. Also alles wäre da sonst draufgegangen. Man kann schon sagen, dass das einigermaßen ökologisch ist. Oder dieser Schutt, eine normale

Firma hätte den weggeschmissen, aber wir versuchen, möglichst viel Material wiederzuverwenden. Nicht aus Umweltgründen, sondern aus Kostengründen. Wir versuchen den Müll nochmal für was sinnvolles zu benutzen.«

TN 2: »Also ich muss sagen, wir haben ökologisch kaum was gemacht. Wir haben da den Spielplatz gemacht, den hätten andere genauso gebaut.«

TN 1: »Du musst das so sehen, dass wir fast alles per Hand machen. Da war zum Bsp. ein Boden, der war sumpfähnlich. Wenn wir da mit Maschinen reingegangen wären, dann wär dieser Boden verdichtet worden, das ganze Wasser wäre abgeflossen und das wäre dann trocken geworden und die Gegend wäre zerstört gewesen. Dann ist es so wie wir das machen, nur mit unseren Füßen da rein gehen, wesentlich ökologischer als mit großen Geräten.« (P92/N)

Eine Sammlung der verschiedenen Äußerungen zum Thema »Ökologie« ergibt ein Spektrum unterschiedlicher Ansichten, dessen Breite in den oben zitierten Beiträgen nur angedeutet ist. Die Vielfalt der Nennungen, die nicht immer die tatsächliche Begründung für einzelne Aufträge erfasst, zeigt, dass die Jugendlichen nicht über fundierte Kenntnisse zur Einschätzung der einzelnen Arbeiten verfügen. Und so denkt hier jeder, was er will; je nach Bildungsstand und Interesse bastelt sich jeder seine eigenen Maßstäbe. Gleichwohl sind sich alle einig, dass ihre Tätigkeiten unbestreitbar nützlich sind für andere – für die Kinder, für die Stadt. Der Begriff »Ökologie« fundiert eine höchst allgemeine, doch gemeinsame Sinnbestimmung, er fasst verschiedene Bilder gesellschaftlicher Nützlichkeit zusamen, die die Jugendlichen haben. Es ist diese Nützlichkeit, auf die die Jugendlichen sich als – wenn auch sehr vages – »Sinn-Angebot« beziehen. Die Qualifizierung »ökologisch« bildet so das äußerst unverbindliche, letzte Surrogat einer »corporate identity«, einer Orientierung, die die einzelnen aufgreifen und nutzen können, weil hier ein gesellschaftlich positiv besetztes Schlagwort und dessen Bedeutungshorizont für die Selbstbehauptung beansprucht werden kann.

Doch die Wirksamkeit dieser »corporate identity« ist begrenzt: Als Sinn-Mindeststandard wird sie von etlichen Jugendlichen auch kritisiert. Da es ja tatsächlich nur wenige Aufträge gibt, die das Markenzeichen »ökologisch« wirklich verdienen, bietet sich hier für kritische Geister mancher Anlass zu harscher Abgrenzung. Diese Jugendlichen haben den Eindruck, dass hier nur ein Allheilmittel gegen andere Enttäuschungen verabreicht werden soll. Für sie ist ihre Kritik am Alltag der Maßnahme durch den ökologischen Anspruch nicht zu entschärfen. Im Gegenteil: Es steigert diese noch.

Für einen anderen Teil der Teilnehmer wiederum liefern paradoxerweise gerade die wirklich ökologisch nützlichen Arbeiten besonderen Konfliktstoff. Die Liste der Aufträge weist ja tatsächlich einige Beispiele auf, die ohne das ABM-Projekt wohl kaum zur Ausführung gelangt wären: Zum Beispiel einen »lebenden Zaun« aus Weidenschnitt und die geschützte Feuchtwiese, die von Hand zu sensen ist. All dies sind durchaus sinnvolle Aufgaben, die den Personalrahmen der Grünflächenämter sprengen würden. Nun gibt es aber Auseinandersetzungen, die sich gerade an diesen Aufträgen entzünden: Das Sensen der Feuchtwiese zum Beispiel war nicht beliebt – trotz aller ökologischen Begründungen. Warum können nicht doch Maschinen diese riesige Wiese mähen? Warum muss man sich dafür so plagen? Ein anderes Beispiel: Ein Teilnehmer mokiert sich über die diffizile Flechtarbeit am lebenden Weidenzaun: Die Arbeit per Hand sei viel zu teuer und langwierig und außerdem Frauenarbeit; in richtigen Betrieben ginge das so nicht. So ungefähr lauten seine Einwände, die eine verbreitete Stimmung unter den jungen Männern wiedergeben. Dass ihre Arbeit nicht den normalen Marktbedingungen unterworfen ist und so neue Tätigkeitsfelder eröffnet – zum Beispiel Handarbeit ermöglicht, die sonst nicht zu bezahlen wäre – sehen die Jugendlichen in ihrer Mehrheit nicht als Chance, sondern eher als Verhinderung einer realistischen Vorbereitung auf »normale« Betriebe.[7]

---

[7]   Auf Seiten der Mitarbeiter und Mitarbeiterinnen gibt es eine weit größere Hoffnung auf das ökologische Moment der Arbeit als bei den Jugendlichen. Vor allem die hochqualifizierten Koordinatoren und Koordinatorinnen sehen hier Chancen: Sie können in den Projekten ohne Rücksicht auf Arbeitskosten ökologisch sinnvolle Arbeiten planen. Beim Thema »Ökologie« bietet sich für die Jugendlichen also ein Feld, auf dem die Mitarbeiter angreifbar sind, insbesondere die akademisch Ausgebildeten, denen die Jugendlichen von je her einen Mangel an Praxisnähe unterstellen. Die Jugendlichen wenden ihre Enttäuschung gegen die Mitarbeiter, für die die ökologische Orientierung ein wesentlicher Aspekt ihrer eigenen Arbeitsmotivation ist.

2.4. Frische Luft

Die Kriterien nach denen sie die verschiedenen Einsatzorte beurteilen, beschreiben die Jugendlichen folgendermaßen: Einerseits sind es, kurze Fahrtwege und Versorgungsmöglichkeiten, die – erwartungsgemäß – genannt werden: »Ich wohne da in der Nähe«, »Da war ein Laden an der Ecke«. Andererseits (und dies war überraschend) geht es oft um Ruhe: Die Jugendlichen schätzen Baustellen »ganz weit draußen«. Sie nennen auch »frische Luft« sehr oft an erster Stelle, wenn nach den positiven Seiten der Arbeit gefragt wird.

Diese Bewertungen erscheinen zunächst als Selbstverständlichkeiten. Schließlich sind viele Menschen gern an der frischen Luft und für Stadtkinder ist dies durchaus ein Privileg. »Frische Luft« – das meint erst einmal einfach Aufenthalt im Freien, der von vielen Jugendlichen geschätzt wird. Doch genaues Hinhören läßt weitere Bedeutungen aufscheinen. So spricht der Jugendliche, der zu Anfang des Abschnitts (vgl. S.134) zitiert wurde, mit der Hervorhebung der »frischen Luft« auch einen Gegensatz aus: Er grenzt die Arbeit in der Maßnahme von der Fabrikhalle ab, in der er mit seiner Ausbildung gescheitert ist. Misserfolge, Kontrolle, Auseinandersetzung – all dies gehört für ihn in den Kontext der »Fabrikhalle«. So wie ihm geht es einigen hier. Viele Jugendliche erfahren die Arbeit »draußen« als sozialen Freiraum: Hier ist einfach mehr Platz, mehr Raum für Lautstärke, man ist ungestört. Eine größere Distanz ist möglich zwischen Kollegen, die nicht miteinander klarkommen oder gerade einen schlechten Tag haben. »Draußen« ist besser als »drinnen«. Man verschwindet nicht in den Räumen einer schulartigen Institution, in der vor allem (herum-) gesessen wird. Schulerinnerungen spielen hier mit: Stillsitzen, ruhig sein, sich weg wünschen. »Draußen« bleibt man im Kontakt mit der Außenwelt, die von »drinnen« ausgeschlossen erscheint.

Ein weiterer positiver Bedeutungsaspekt, der sich im Hintergrund der Bedeutung »frischer Luft« verbirgt, ist »Bewegung«: unterwegs sein und etwas sehen, die Abwechslung verschiedener Baustellen, das Herumkommen in verschiedenen Gegenden. Und schließlich gehen auch ästhetische Empfindungen hier ein: Einige Jugendliche beziehen die Schönheiten von Landschaften explizit in ihr Urteil ein. »Total schön« heißt es zum Beispiel bei der Schilderung der Feuchtwiese, eine Wahrnehmung, die durch das vielkritisierte Dauersensen auf diesem Gelände nicht weggewischt wird.

Betrachtet man diese Zusammenhänge, so offenbart die Wertschätzung der »frischen Luft«, des »Draußenseins« auch eine defensive Komponente: »Draußen sein« bedeutet nicht nur Abstand, sondern auch: außerhalb bleiben. Allgemeiner: Die Öffentlichkeit zu meiden, ja mehr noch: sich verstecken – eine Flucht. Als nicht vollwertige Arbeitskräfte bevorzugen die Jugendlichen die Baustellen, auf denen man unter sich bleibt. Lieber weit draußen und unbeobachtet zu sein, bedeutet auch den Wunsch, die an Arbeitsrhythmus, Arbeitszeiten und Alterszusammensetzung als Sonderveranstaltung erkennbare ABM-Kolonne, dem Blick der Öffentlichkeit zu entziehen. Einige Beobachtungen stützen den Eindruck, dass die Jugendlichen Publikum beziehungsweise Öffentlichkeit als Belastung empfinden: So haben sich während der Arbeit auf einem Hinterhof Anwohner beschwert, sie hätten nicht genug gearbeitet für ihr Geld. Kommentar der Jugendlichen zu diesem Arbeitsplatz im Hof einer großen Wohnanlage: Eigentlich gute Arbeit aber »wie im Kessel« (Ch91). Es wird über Aufforderungen von Passanten berichtet, doch schneller zu arbeiten. Auch die Beschäftigten der sozialen Einrichtung, für die viele Monate an der Gartenumgestaltung gearbeitet wurde, machten aus ihrer Verachtung kaum einen Hehl, wie ich selbst erfahren konnte. Sie gaben zu Protokoll, eigentlich passiere wochenlang nichts, es ginge enorm langsam voran und: Sie sähen »ihre Sozialversicherungsgelder hier wegschwimmen«.

Auch die Gärtner und Gärtnerinnen sind am liebsten mit ihren Gruppen allein und irgendwo weit draußen. Weil es keine Störungen gibt und weil Leichtsinn oder Gleichgültigkeit hier weniger Gefahren heraufbeschwören können. Zudem schildern die Gärtner die Vorliebe einiger Jugendlicher für Arbeiten wie zum Beispiel Bäume fällen, also Tätigkeiten bei denen die jungen Männer »so richtig zuhauen können«; Tätigkeiten, die die Gärtner eigentlich nur fernab von anderen Personen verrichten lassen wollen. Dies ist natürlich nicht die Sicht der Jugendlichen selbst. Der Drang nach draußen, »an die frische Luft«, fungiert für sie als ein Ventil, als Entlastung bei der Bewältigung ihrer Randsituation – eine Strategie, die den Jugendlichen ihre Ausgrenzung zwar bestätigt, aber immerhin ermöglicht, diese zum Freiraum zu stilisieren.

3. Regelwerk und Hierarchie

Mit dem Arbeitsvertrag haben die Jugendlichen auch einen Regelkatalog unterschrieben, der sich an normalen betrieblichen Bedingungen orientiert. Sie sollen lernen, diese Regeln zu handhaben und darüber die notwendigen Arbeitstugenden entwickeln. Kontinuität, Zuverlässigkeit und Pünktlichkeit, aber auch der sachgerechte Umgang mit Formalitäten wie Krankschreibung und Anmeldung von Urlaubstagen sind als Basisanforderungen von »Arbeit« Erziehungsziele in der Maßnahme.

TN 2: »Die Regeln sind nun mal so. Das ist korrekt. Das ist auch korrekt gehandhabt worden soweit.«

TN 1/3: »Das ist das einzigste hier, was wirklich funktioniert hat.«

TN 4: »Als ich hier die Vorstellung hatte, da wurde mir gesagt, dass das hier eigentlich lässig vorgenommen wird. Sie kennen die Schluderer, wenn die fehlen, dann wird abgezogen. Und wer fehlt und keine Entschuldigung hat, der kriegt auch abgezogen. So habe ich das von, na wie heißt sie? A-L mitgekriegt.«

TN 3: »Das ist okay, weil es eben so ist. So lernt man das dann eben.« (P91/RD)

TN 1: »Also hier kann man sich einiges erlauben, was man sich in einem normalen Betrieb nicht erlauben kann.«

TN 2: »Es ist ja auch ABM.«

...

TN 3: »Die Tendenz hier zu fehlen ist schon wahrscheinlicher als in einem normalen Betrieb meiner Meinung nach. Da könnte man sich das nicht erlauben. Ich finde, dass der Druck – man kann ja nicht davon ausgehen, dass alle freiwillig die Arbeit machen oder freiwillig dahin gehen – deswegen denke ich, es ist einfacher, wenn man ein bisschen Druck macht. Man soll ja jemand nicht auspeitschen, aber schon so ein bisschen zur Sache gehen. Das ist zu lasch, das läuft hier nicht.« (P92/J)

Das Regelwerk wird von allen Teilnehmern akzeptiert: »Weil es eben so ist. Und dann lernt man das hier eben.« (TN 3/P91 RD) Die Jugendlichen akzeptieren die Regeln nicht, weil diese ihren Wünschen, sondern – in ihrer Sicht – der Realität entsprechen. Es gibt keine Klagen über gravierende Ungerechtigkeiten, und keine einzige Beschwerde im Zusammenhang mit disziplinarischen Maßnahmen wie Abmahnungen oder Kündigungen ist vernehmbar gewesen.

Gibt es Verstösse gegen die Regeln, so beginnt eine differenzierte Abfolge von Einzelgesprächen, Vorwarnungen und »letzten Versuchen« nach einem »Donnerwetter«; dann erst erhält man eine Abmahnung. Schließlich wiederholt sich dieser Ablauf bis zur zweiten, schließlich dritten Abmahnung, die zugleich die Kündigung ist. Es gibt eine Vielzahl von Stufen, über die hinweg Maßregelungen geklärt werden. Die Jugendlichen formulieren es so: »Immer noch ein Gespräch«. Es ist nicht eindeutig, welche Verstösse welche Strafe nach sich ziehen. Disziplinierungen werden von den Jugendlichen als permanente Verhandlungen über Auslegung und Folgen der Regeln wahrgenommen.

Probleme sehen die Jugendlichen nicht in den Regeln selbst, sondern in diesen Wegen ihrer Durchsetzung: »Ich denke, es ist einfacher, wenn man ein bisschen Druck macht«. Ihnen ist es »zu locker«, immer wieder wird die Forderung nach »mehr Druck« laut. Mehrere Motive scheinen sich hier zu mischen: Zum einen speist sich der Wunsch nach »mehr Druck« aus der Vorstellung, dass nur so eine Vorbereitung auf »später«, auf Arbeit, Umschulung oder Ausbildung stattfinde; die Jugendlichen wollen lernen, mit den Anforderungen zurecht zu kommen. Vereinzelt gibt es auch Stimmen von Jugendlichen, die es richtig finden, dass es »am Anfang nicht so streng ist«, schließlich solle man sich langsam an die Situation gewöhnen. Doch auch in den Argumenten dieser Minderheit wirkt die gleiche Logik: Das Ziel ist, die Anforderungen zu bewältigen, nicht: auszuweichen. Darin schwingt auch die Erwartung mit, dass der geforderte »Druck« von der Notwendigkeit eigener Motivation« entlastet: Wer von anderen zur Ordnung gerufen wird, muss dies nicht immer selber tun. Ein zweites Motiv scheint sich in der Hoffnung zu artikulieren, »mehr Druck« wirke auch als Schutz vor dem Schlendrian aller anderen, vor dem »Trott«, in den man selbst auch leicht geraten kann. Die Jugendlichen vermuten, dass sie »unter Druck« mehr Freude an der Arbeit hätten, weil man mehr schafft und Teamarbeit, die sonst kaum befriedigend gelingt, zustande käme.

Einen Hauptgrund für die unübersichtlichen Maßnahmeabläufe und mangelnden »Druck« sehen die Jugendlichen darin, dass es im Projekt anscheinend keinen »Chef« gibt. Sie vermissen eine Hierarchie von Autorität und Erfahrung und suchen nach jemandem, »der Bescheid weiß«. Dies ist ein wesentlicher Bestandteil ihrer Vorstellung vom Arbeiten. Ein Betrieb ist eine Institution; ein soziales Gebilde mit verschiedenen Abteilungen, einer Altershierarchie und abgestuften Kompetenzen: Chef, Meister, Gesellen oder Vorarbeiter, angelernte Arbeitskräfte, Auszubildende – Verhältnisse, die in keiner Maßnahme nachgestellt werden können. In ihrer Vorstellung gehören Teamgeist und ein Chef, der die Arbeit zuteilt und kontrolliert, unabdingbar zusammen. Die Hierarchie in den Projekten dagegen ist für sie diffus. »Hier hier sind alle jung und wissen nicht Bescheid.« (P92/J) Es scheint den Jugendlichen, als gäbe es niemanden, der Verantwortung übernimmt, Ziele vorgibt und diese dann auch durchsetzt.

Die von uns befragten MitarbeiterInnen stimmen dem Eindruck, dass es »keinen Chef« gebe, im Prinzip zu: Die Existenz einer formellen Hierarchie wird von ihnen bestritten. Dies entspricht auch dem Verständnis von Kooperation, das sie uns vermittelt haben: Größtmögliche Autonomie der Arbeitsbereiche, wichtige Projekt- und Personalentscheidungen im Team, Kontrolle der Arbeit durch das Team. Gleichwohl entwickelt sich faktisch in allen Projekten eine informelle Hierarchie mit Machtzentren. Die Feinheiten solcher informeller Strukturen sind für die meisten Teilnehmer allerdings schwer einzuschätzen. Doch auch für diejenigen, die die Vielfältigkeit der Zuständigkeiten zu nutzen wissen, bleibt der Eindruck, dass eine führende Autorität, ein leitendes Interesse fehle. Es sei »halbherzig«, sagt eine Teilnehmerin.

Es gibt ökonomische Zwänge, die darauf hinwirken, dass Abmahnungen und Kündigungen vorsichtig dosiert werden: Es sollen möglichst immer alle Maßnahmeplätze besetzt sein, die Finanzierung der Maßnahme und aller Mitarbeiterstellen ist nur so zu sichern. Aus der Anleiterperspektive läßt sich eine weitere Facette der »laschen« Handhabung der Regeln erkennen: Sind einmal alle Teilnehmer anwesend, so bedeutet das nicht, dass man besonders effektiv arbeiten und lehren kann – eher im Gegenteil. Für die AnleiterInnen ist es kaum möglich, acht Jugendliche, die keinerlei Vorkenntnisse haben, ausreichend einzuweisen und zu betreuen. »Eigentlich« kann man am besten mit vier Leuten arbeiten – die sichtbar große Toleranz bei der Anerkennung von Freistellungsgründen und in der Reaktion auf Fehlzeiten wirkt auch als Selbstschutz.

3.1. Widersprüche

Mit ihrer Kritik geraten die Jugendlichen allerdings auch in Widersprüche: Einerseits beschweren sie sich über den Mangel an »Druck« und halten die Hierarchie »ohne Chef« für ineffektiv; andererseits betrachten sie diese Situation aber auch mit Sympathie und profitieren erklärtermaßen selbst davon, wenn ihnen ihre Vorarbeiter nicht als »Boss« gegenübertreten. Die Jugendlichen wissen es durchaus zu schätzen, dass es hier Zeit genug gibt, um ihnen zuhören, ihre Bedürfnisse ernstzunehmen, und dass sie nicht bloß als »Stifte« an letzter Stelle einer Hierarchie stehen, sondern die Beschäftigten für sie zuständig und verantwortlich sind. Sie können Ämtergänge oder Wohnungsangelegenheiten erledigen, in dringenden Fällen auch während der Arbeitszeit, und erhalten dabei, sofern sie das wünschen, auch Unterstützung. Die jungen Männer erwarten solche Spielräume, sehen diese erklärtermaßen auch als positive Aspekte der Maßnahme und kritisieren sie dennoch.

Ihrer eigenen Forderung nach »mehr Druck« widerspricht auch ein anderer Grundkonsens: Nämlich, dass man sich »für ABM nicht totmacht«. Die Jugendlichen betrachten allzuhohe Anforderungen an ihre Arbeitsleistung gar nicht als legitim – weil es ja »nur ABM« ist. Es ist zwar verpönt, Lohn für Nichtstun oder wochenlanges »Krankfeiern« zu kassieren: Kündigungen für Kollegen, denen »Absahnen« vorgeworfen wird, gelten übereinstimmend als gerecht und angemessen. Doch eine in Einzelfällen unterschiedlich formulierte, im Tenor gleichwohl übereinstimmende Haltung läuft darauf hinaus, dass in ABM nicht »alles« verlangt werden darf.

TN 1: »… Ja, die ersten zwei Wochen, da habe ich gut gearbeitet. Da habe ich geackert, richtig geackert. Und dann habe ich gesehen, wie die anderen das so machen. Ne' Pause und dann mal Pause, nochmal Pause, immer hinsetzen und da habe ich mir gedacht: Was soll ich hier ackern? … Ich habe da mindestens zwei, drei Monate nur an einem Hügelbeet gesessen und habe da bloß gebuddelt. Immer geschippt. Eine Arbeit, die wirklich auch ein Idiot machen kann... Aber wenn wir das richtig durchgezogen hätten, dann hätten wir das auch geschafft, so'n Hügelbeet. Wenn da ne Peilung gewesen wäre und nicht so wie die das gemacht haben. Es ist irgendwie so: Du kommst dahin bis um ein Uhr oder zwei Uhr und dann kannst du wieder gehen... Hier habe ich kein besonderes Ziel. Ich bin ja mehr für eine Überbrückungszeit hier. ABM ist irgendwas für Idioten oder so... Manchmal komme ich mir hier wie in einem Kindergarten vor... Das ist so ein Feeling überhaupt hier so, die Leute und alles. Und wenn man die Schnauze selber voll hat, dann läßt man es treiben.« (P92/A)

Der Betrieb »Maßnahme« ist chaotisch organisiert, verschwendet Zeit und ist führungslos – als Arbeit ist das Angebot nicht akzeptabel; die Jugendlichen machen dafür nicht die Arbeitsaufgaben selbst, sondern das Herangehen der Projekte an die Aufträge verantwortlich: »Wenn wir das richtig durchgezogen hätten...«, »Wenn da eine Peilung gewesen wäre...«. Einzelne männliche Teilnehmer leisten demonstrativen Widerstand. Die jungen Männer empfinden die Diskrepanz zwischen ihren Vorstellungen von Arbeit und den realen Anforderungen als »Beleidigung«. Sie können hier nicht mitmachen, ohne zumindest gelegentlich deutlich zu zeigen, dass sie »eigentlich« nicht mitspielen und dass sie sich nicht vormachen machen lassen, hier würde ernsthaft gearbeitet. Doch letztlich ereilen auch diese zornigen jungen Männer »Gewöhnung« und »Abstumpfung« – sie »lassen sich treiben«. Sich zwischen den Polen von »Arbeitserwartung«

und »nur ABM« zu bewegen ist für die Jugendlichen nicht leistbar; sie finden keine Sinnperspektive, die das Angebotene positiv zu sehen erlaubt.

4. Beziehungen: Die Anleiter und »ihre« Kolonnen

Im Alltag müssen die Gärtnerinnen und Gärtner mit den ambivalenten Orientie-rungen der Jugendlichen wie mit den komplizierten Arbeitsbedingungen der Projektarbeit zurecht kommen. Auf den Baustellen sind sie mit den Jugend-lichen allein; sie sind es, die zwischen »zu viel« und »zu wenig« Anforderungen den richtigen Weg finden müssen, um die Jugendlichen zu mobilisieren, obwohl kein Auftraggeber auf termingerechte Auftragserfüllung wartet.

TN 2: »Ein Arbeitstag ist immer nur dann gut, wenn man einen anstän-digen Gärtner hat. Dazu gehört, dass er sympathisch ist, dass er nicht dauernd rummotzt, dass er auch mal Verständnis hat. Auch für solche Sachen wie z.Bsp. beim Sensen, da war ich immer ziemlich fertig gewesen, als Mädchen kann man das eben nicht so. Ich hab dann öfter mal rumgestanden und ein bißchen ausgespannt und so. J. war das z.B., der hat mich da andauernd angemacht. Die verstehen das halt nicht so, dass ein Mädchen da nicht soviel leisten kann von der Kraft her. Und dass man mit dem auch mal reden kann. Er muss halt sympathisch sein. Hier ist das ja nun mal so, dass das nicht irgendwelche Lehrer sind, die man auch siezt oder so, sondern dass das ganz normale Leute sind. Und dann muss man sich mit denen auch vertragen. Sonst habe ich keine Lust zum Arbeiten, wenn die dann sagen »mach mal das«... Und dass sie sich grundlos aufregen aus heiterem Himmel. Meistens wenn sich einer nicht so durchsetzen kann, dann flippt er aus und brüllt da rum. Bei jeder Kleinigkeit. Es hat noch nie jemand gesagt, dass ihm die Arbeit Spaß machen würde. Es gibt manchmal Tage, die sind ganz gut, aber so insgesamt. Aber die meisten machen es eben wegen Geld oder zum überhaupt etwas zu tun, eben um zu arbeiten. Viele waren vorher arbeitslos und sind jetzt mal froh, dass sie was haben. Das ist ihnen ein Greuel, wenn sie dran zurückdenken, dahin wollen sie nicht zurück. Unter den Arbeitern da ist auf alle Fälle eine gute Gemeinschaft. Man kommt da rein und wird ganz gut aufgenommen. Einer fängt einfach an zu labern und dann ergibt sich von selbst ein Gespräch. Keiner lässt halt so Sprüche ab. Es ist egal wie man dahin kommt. Wenn das heute voll gewesen wäre, dann hätte auch keiner was zu gesagt. Jeder macht sein eigenes Ding, keiner ist zu neugierig, man kann sich unterhalten... Man sieht sich ja in der Schule. Oft gibt es ja auch nicht viel zu sagen. Und es ist auch nicht so, dass sich einer nicht traut was zu sagen, aus Angst, dass es falsch sein könnte. Humor haben auch alle irgendwie. Und bei den Gärtnern und Lehrern, da ist es halt je nachdem, aber bei uns so, da ist es o.k.... Das ist halt gut, dass man so reinkommt und es gibt auch nicht sowas wie einen Mittelpunkt, so wie in der Schulklasse: Vier bis fünf die sind im Mittelpunkt, dann gibts zwei bis drei Außenseiter und der Rest ist normal. Jeder ist er selbst. Und z.Bsp. beim Kartenspielen: Das ist egal, wer dahin kommt. Man kann immer mit irgendwem ein Gespräch anfangen, wenn einem gerade langweilig ist... Da war zwar eine Reise gewesen, aber so wohl fühle ich mich denn doch nicht, dass ich mich da irgendwie binden will. Das ist so eine Erfahrung am Rande und ich will da eigentlich auch nicht so richtig zugehören. Also ein Eindruck ist es schon, aber nicht so ein tiefsitzender Eindruck... Ich weiß ja eh, was da abgelaufen wäre. Irgendwelche Beziehungen und Besäufnisse und (unverständlich) ... und wenn das zu Ende ist, dann ist das zu Ende. Und wenn ich dann irgendwelche Leute sehe, dann weiß ich, was die machen, aber nicht mehr.« (P92/A)

Interne »Druckmittel« wie externe Erwartungen stehen kaum zur Verfügung, um die Arbeit in Schwung zu bringen; so entwickeln die GärtnerInnen ein persönliches Repertoire von arbeitsorientierten Tricks und Regeln, individueller Zuwendung sowie ergänzenden Tätigkeiten, um aufkommender Langeweile entgegenzuwirken und das Aktivitätsniveau nicht zu weit absinken zu lassen. Jede Gruppe hat ihre eigenen Regeln und Gewohnheiten: Wie lange gearbeitet wird und ab wann Pausen zulässig sind; wann individuelle kurze Einkaufstouren um die Ecke akzeptiert werden; Kartenspielen in den Pausen; bestimmte Frühstücksrituale und Abschlußroutinen rund um das Aufräumen und Einpacken; die Kriterien bei der Beurteilung der Wetterlage – all dies unterscheidet sich von Gruppe zu Gruppe. So gibt es zum Beispiel Kolonnen, in denen man gleich nach Eintreffen auf der Baustelle eine Pause macht, während in anderen erst einmal der Arbeitstag besprochen, Werkzeug verteilt oder gar sofort mit der Arbeit begonnen wird. Gelingt den Anleiterinnen und Anleitern die Gratwanderung zwischen »zuviel« und »zuwenig«, so ist die eigene Kolonne auch immer die beste Kolonne. Solche einmal erarbeiteten Routinen sind von anderen Anleitern nur schwer zu verändern und führen auch zu den (allseitigen) Vorbehalten gegenüber der Zusammenarbeit verschiedener Gruppen.

Ist die Grundlage gelegt, so wird auch die Vermittlung einer fachlichen Perspektive und beruflicher Orientierung möglich, die die Arbeitshaltung der Jugendlichen stabilisieren. Die Kooperation mit den Gärtnern und Gärtnerinnen läßt die Teilnehmer deren übergeordnete Stellung akzeptieren und bei Frustration und Konflikten nicht gleich alles hinwerfen. Von ihnen erfahren die Jugendlichen auch einiges über den Beruf des Garten-Landschaftsgärtners und die Berufsrealität außerhalb der Maßnahmen. Im Zitat schwingt auch Anerkennung mit für die Geduld, die in der Zusammenarbeit einzelnen gewidmet wird, und der Stolz vom Fachman ausersehen zu sein: »Wir sind eingeteilt worden.« Hier werden Chancen eingeräumt, die man woanders nicht erhält, die Ansätze einer fachlichen Orientierung, die oben genannt ist, wären ohne die Gärtner nicht denkbar: Diese Zusammenarbeit verleiht den Dingen ihre Bedeutung und vermittelt Maßstäbe.

Die Gärtner kennen ein Segment der Arbeitswelt, das vielleicht auch den Jugendlichen offensteht – die gewerblichen Berufe, die körperlich anstrengend und gering entlohnt sind. Die Anleiter werden als Vertreter der »Praxis« anerkannt – im Gegensatz zu den akademisch qualifizierten »KoordinatorInnen«. Diese nehmen in der Wahrnehmung der Jugendlichen kaum einen Raum ein und gern werden sie für Mißgeschicke und Fehlplanungen verantwortlich gemacht – auch da, wo die anleitenden Gärtner Irrtümer einräumen. Die Anerkennung der Jugendlichen fällt den Gärtnerinnen und Gärtnern nicht in den Schoß, alle haben sich zu Beginn der Maßnahmezeit erst »durchsetzen« müssen. Vor allem gilt dies für die Frauen, die den Beruf des Gärtners beziehungsweise der Gärtnerin im Garten-Landschaftsbau hier vertreten.[8]

Die Lernprozesse in der Zusammenarbeit verlaufen zwar nicht wie planmäßig angelegte Lehrgänge, sind eher unsystematisch und zufällig, bieten den

---

8 Im Beruf Gärtner/in im Garten-Landschaftsbau sind die Berufsschancen für Männer deutlich besser als für Frauen, die in der Regel auch eine Ausbildung in der Fachrichtung Friedhofs- und Zierpflanzengärtnerei bevorzugen – eine Fachrichtung, in der es allerdings eine wesentlich höhere Arbeitslosenzahl gibt als im Garten-/Landschaftsbau. Frauen, die sich in die Männerdomäne Garten-Landschaftsbau gewagt haben, gelingt es nach ihrer Ausbildung oder Umschulung oft nicht, einen Arbeitsplatz zu finden. Der Frauenanteil unter den anleitenden Fachkräften ist deshalb sehr hoch. Die Gärtnerinnen müssen um ihre Anerkennung besonders hart

Jugendlichen jedoch persönlich bedeutsame Orientierungspunkte. Die VorarbeiterInnen verkörpern einen Beruf – in allen seinen Aspekten.[9]

In der Sicht der Jugendlichen sind die GärtnerInnen nicht in eine betriebliche Hierarchie eingebunden. Sie treten ihnen nicht als »Funktionär« gegenüber. Ihr Einfluß gründet sich vor allem darauf, als Person akzeptiert zu werden: »Der muss sympathisch sein«. Die Gärtner müssen den Bedürfnissen der TeilnehmerInnen nach individueller Beachtung und menschlichem Interesse nachkommen. Die persönliche Zuwendung gilt als Voraussetzung für ihre Bereitschaft zur Mitarbeit. Die Kehrseite der persönlichen Arbeitsbeziehungen ist, dass eben alles »persönlich« genommen wird. Der erreichte Stand ist labil. Kommt es zu Konflikten, kehrt sich die Perspektive um und der Anleiter ist auch der Verursacher aller Unbill.

Die Projekte bilden eine lockere Gemeinschaft. Die oben zitierte Teilnehmerin beschreibt den unkomplizierten Umgang miteinander und gegenseitige Akzeptanz. Andere berichten aus der Rückschau mit Erstaunen, dass sie mit allen in ihrer Kolonne klarkommen, obwohl Biker, Punks und "Normalos" hier aufeinandertreffen. Doch die meisten Teilnehmer legen zugleich Wert auf

---

kämpfen, die Jugendliche erkennen ihre Qualifikation nicht umstandslos an – die jungen Männer haben sehr traditionelle Vorstellungen von Männer- und Frauenarbeit. Die Teilnehmerinnen der Maßnahme dagegen sind fast alle gerade an einer »Männerarbeit« interessiert: Sie erfahren hier, wie gering ihre Chancen sind.

9   Die Jugendlichen machen sich wenig Illusionen über Risiken und Nachteile des Berufs, der körperlich sehr anstrengend und gering entlohnt ist. »Viel Schuften für wenig Geld« ist die Kurzformel, auf die ein Kollege seinen Eindruck von den problematischen Seiten des Berufes bringt. Die Gärtnerinnen und Gärtner kennen dies aus eigener Erfahrung; doch sie können und wollen ihre Erfahrungen nur begrenzt einbringen: Sie haben selber ein ambivalentes Verhältnis zu ihrem Beruf. Sie haben ihre berufliche Erfahrung vorwiegend in kleinen Betrieben gesammelt und ein wesentlicher Grund für ihren Einstieg in die AB-Maßnahme bzw. ihre vorhergehende Arbeitslosigkeit lag in den Arbeitsbedingungen der Gartenbaubetriebe: Saisonarbeit, Akkordarbeit, niedriger Lohn und häufige Zahlungsschwierigkeiten, außerdem erhebliche körperliche Belastungen. Alle Gärtner, mit denen wir gesprochen haben, haben ihre Stellen selbst gekündigt, sie sind aus eigener Entscheidung »ausgestiegen« – nun sollen sie in den Projekten die Teilnehmenden für das Berufsfeld motivieren. Einerseits identifizieren sie sich mit ihrem Beruf und lassen ihren »Facharbeiterstolz« spüren, sie vermitteln ihre Kenntnisse gern weiter und besuchen zum Teil auch weiterhin Fortbildungen, andererseits sind ihnen die Gesundheits- und Arbeitsplatzrisiken noch sehr präsent und sie betreiben keine Werbung für den Beruf.

Abstand: »Es ist eine Erfahrung am Rande«, sie wollen sich nicht binden (lassen). »Jeder macht sein eigenes Ding«: Man will lieber nicht dazugehören. Vor allen Dingen will niemand mit den Kollegen aus den jeweils anderen Arbeitsgruppen zusammenarbeiten: Es sind immer die anderen, die den Stress machen, die auch als Teil der »Nervenbelastung« wahrgenommen werden, als die die Jugendlichen die Maßnahmearbeit empfinden.

TN 1: Das ist eine ganz schöne »Nervenbelastung.« Es geht nicht voran, keiner weiß Bescheid. Außerdem: viele »stören«, reden dummes Zeug, fragen »was – arbeiten!?«, haben nicht das Bildungniveau.

TN ?: Nein, die Bildung als solche ist es nicht. C. (ein Kollege aus der eigenen Kolonne, MP) habe auch keinen Hautschulabschluß.

TN 4: Die haben keine geistigen Interessen, »benehmen sich wie Kinder«.

TN 3: Z.T. seien es »finstere Gestalten.; es ist schwierig mit Leuten »die nichts wollen«.

TN 2: Für mich sind das eher »Clowns«.

TN 1: Einem Mädchen werden die Zigaretten wegggenommen. Der Gärtner sagt was dagegen. Da macht einer aus dieser Mücke einen Elefanten, streitet alles ab.

TN 3: Die »Umgangsformen« sind nicht so....

TN 1: »Die reagieren nicht so wie Erwachsene

TN 2: Wir machen ja auch Spaß – Späße, bei denen wir zusammenhalten, Späße zum Zusammenhalt (oder so ähnlich), das ist aber was anderes, dabei ist immer klar, dass das bestimmte Grenzen nicht übersteigt

TN 4: Z.B. schlagen sie die Autotür zu und wer draußen steht muss rütteln. Aber wir lassen den dann rein.

TN 3: Wenn man schon arbeiten muss, dann sollte man sich das auch so machen, dass es Spaß bringt, wenn das geht.

TN 4: Oder die quatschen einen morgens immer schon an und hören überhaupt nicht auf

TN 3: Reden nur über Fußball

TN 1: Versteht nicht, wie man ein Hakenkreuz in einen alten Baum hauen kann.

TN 2: Oder an ein Auto

TN 3: Im Unterricht, wenn man etwas sagen will, dann macht einer nur Sprüche. Auch wenn man versucht, das nicht persönlich zu nehmen – man hat doch keine Lust mehr. (P92/J1.1 – mitgeschriebene Diskussion)

Auffallend ist, dass die Jugendlichen die anderen Teilnehmer ähnlich wie die MitarbeiterInnen die Jugendlichen beschreiben. Hervorgehoben wird kindisches und unverständliches Verhalten und mangelnde Motivation: »Es ist schwer mit Leuten, die nichts wollen«. Wer sich abgrenzen will, nennt die Kolonne einen »Kindergarten«. Dabei ist es auch in den eigenen Gruppen oft nicht leicht: Gemeinsam zu arbeiten ist schwierig. Oft hören die Jugendlichen einander nicht zu, reden dazwischen, gehen einfach davon oder schippen sich den Sand vor die Füße. Die meisten arbeiten gern allein, auch wenn sie eigentlich Teamarbeit besser finden. Zu den Schwierigkeiten, die jeder selbst hat, kommen die Probleme aller anderen. Es gibt keine gemeinsamen Perspektiven und Interessen, die Motivationslagen sind sehr unterschiedlich. Viele wissen nicht, was für sie als nächstes kommt, manche sehen die Zeit als Überbrückung, einige wollen auf den Erfahrungen aufbauen. Jeder hat andere Vorstellungen. Ist jedoch der Gärtner »in Ordnung«, kommt man in den Gruppen miteinander aus. Auf die Frage, was nach zehn Jahren wohl von diesem Maßnahmejahr noch in Erinnerung bleiben wird, wird von der großen Mehrheit aller Jugendlichen ihr Gärtner genannt. Unter der Leitung des Gärtners entsteht ein Zusammenhalt, der akzeptiert wird. Nach außen treten Differenzen innerhalb der Gruppen kaum in Erscheinung; niemand wünschte sich, die Kolonne zu wechseln, denn: »Hier weiß ich, wo ich hingehöre«.

Dass die Kooperation in den Gruppen in der Regel gelingt, spricht für das Engagement der Anleiter und Anleiterinnen. Umso komplizierter wird die Lage, wenn es einen »Gärtnerwechsel« gibt: Dies geschieht immer wieder und dieser Personalwechsel wird von den Jugendlichen regelmäßig als Katastrophe empfunden. Gewonnene Sicherheit und Kontinuität werden immer wieder erschüttert. Die Arbeitsverträge der Beschäftigten laufen nicht parallel zu den Beschäftigungszeiten der Jugendlichen und in Einzelfällen werden auch Chancen genutzt, auf einen Arbeitsplatz im »1. Arbeitsmarkt« zu wechseln. Durch den Personalwechsel wird die innere Ordnung der Gruppen in Frage gestellt. In der Fluktuation der Betreuerinnen und Betreuer erkennen die Jugendlichen auch den geringen sozialen Status der Maßnahme. Da die Maßnahmeplätze möglichst ständig belegt sein müssen, gibt es eine Tendenz zur Auflösung gemeinsamer »Rhythmen« auch für die Teilnehmergruppe – eine Tendenz, die von den meisten Mitarbeitern und Jugendlichen bedauert wird. Wenn Jugendliche die Maßnahme verlassen, entsteht für die verbleibendenden Jugendlichen schließlich das Gefühl, eine »Restgruppe« zu sein. Oft fällt ein Halbsatz wie: »Früher, als wir noch mehr waren...« oder »Als die anderen noch da waren...«.

4.1. Ein strukturelles Missverständnis

Die Mitarbeiter in den Projekten beschreiben die Maßnahme als Chance individueller Förderung und als Schonraum, während die Jugendlichen »Arbeit« erwarten und enttäuscht sind. Die Jugendlichen, die das Angebot der Maßnahme als »Arbeit« nicht ernstnehmen können, demonstrieren Gleichgültigkeit und Desinteresse. Aber je mehr sie sich zurückziehen, desto nachdrücklicher scheinen sie die Vorannahme zu bestätigen, dass sie einen Schonraum brauchen, weil sie überfordert sind. Dies ist wiederum Anlass und Begründung für die MitarbeiterInnen, Zielvorgaben zu reduzieren, ja vollständig darauf zu verzichten und die individuellen Problemlagen der TeilnehmerInnen in den Mittelpunkt zu stellen.

Die »Arbeitsperspektive« der Jugendlichen läßt andere Aspekte der Alltagspraxis in den Vordergrund treten als die »pädagogische Perspektive« der MitarbeiterInnen. Die Einschätzungen von Jugendlichen und Mitarbeiterinnen sind oft diametral entgegengesetzt: So wird beispielsweise An- bzw. Abwesenheit der Jugendlichen von den Mitarbeiterinnen vor allem als abhängig von deren jeweiliger psychischer Verfassung interpretiert, während die Jugendlichen die Situation auf den Baustellen als entscheidendes Kriterium darstellen: »Wenn wir eine gute Baustelle haben, dann kommen auch viel. ... wenn wir eine doofe Baustelle haben, dann kommt auch keiner. Da haben viele krank gemacht.« (TN ?/P2/N) Das Missverständnis, das aus dem Aufeinandertreffen unterschiedlicher Perspektiven entsteht, wird im alltäglichen Umgang miteinander permanent bestätigt und erneuert. Es ist ein strukturell bedingtes Missverständnis, das im Charakter der Maßnahmearbeit begründet liegt. Hier steht die pädagogische Zielsetzung im Zentrum; Arbeitsaufträge und Arbeitsergebnisse sind dagegen von untergeordneter Bedeutung. Wird Arbeit aber als pädagogisches Mittel eingesetzt, so verändert sie ihren Charakter: Arbeitsaufträge, soziale Anerkennung als Arbeitskraft und selbstverdienter Lohn sollen lediglich Anreiz und Hilfe für die Stabilisierung der Lebensführung und Motivation für berufliche Qualifizierung wecken. Doch die Jugendlichen können diese pädagogische Wendung von Arbeit nicht nachvollziehen: Ihnen wird das Angebot zur Scheinarbeit, sie sehen darin nur Bedeutungslosigkeit und Beliebigkeit.

Betreuer und Teilnehmer operieren mit verschiedenartigen Arbeitsbegriffen. Die »normale Lohnarbeitersituation« ist in den Augen des Betreuungspersonals negativ besetzt, wie die Äußerungen zur eigenen Berufswahl und zu den eigenen Berufserfahrungen zeigen (selbst wenn der Erfahrungshintergrund dafür bei den Facharbeitern und bei den akademisch gebildeten Mitarbeitern ein sehr verschiedener ist): Ablehnung industrieller, entfremdeter Arbeit, Ausrichtung auf sinnvolle Tätigkeiten und nicht-hierarchische Arbeitsorganisation sind Sinnkriterien dieser Arbeitsorientierung. Berufe am unteren Ende der Berufsskala, die für die Teilnehmer realistischerweise eine Perspektive bilden, werden auch deshalb kaum zum Thema, weil es sich um Arbeitsplätze handelt, deren Bedingungen dem Arbeitskonzept der Mitarbeiter und Mitarbeiterinnen widersprechen: Hohe körperliche Belastungen, wenig Handlungsspielräume und geringe Arbeitsplatzsicherheit. Aus ihren Erfahrungen haben sie eine kritische Haltung gegenüber »normalen« Lohnarbeitsbedingungen entwickelt. Diese kritische Haltung wird auch für die Jugendlichen erkennbar, wird von diesen jedoch als eine Haltung der Geringschätzung verstanden, die für sie eine sehr zwiespältige Botschaft transportiert: Arbeit ist anstrengend und nervtötend, eine Belastung. Und mehr noch: Eine Belastung, der die Jugendlichen nicht gewachsen sein werden. Die Jugendlichen dagegen wollen diese Belastung kennenlernen und lernen, diese auszuhalten.

Die Wahrnehmung der Jugendlichen, ihre Kritik am Missmanagement der Maßnahme, an Chaos und Warten, mangelndem Druck und Führerschaft spiegelt also nicht allein »objektive« Probleme der ABM-Situation wider, sondern gewinnt ihre Schärfe auch aus dem Gegensatz zur pädagogischen Perspektive der MitarbeiterInnen. Auch daraus erklärt sich die Bindung der Jugendlichen an die Person des Gärtners: Diese Bindung läßt sich gewissermaßen als ein Bündnis betrachten – ein Bündnis, das auf eine Wahrnehmungsdiskrepanz zwischen Vorarbeitern und pädagogischem Personal in der Maßnahme reagiert. Auch die Anleiter stehen den Entlastungsstrategien und der Tendenz zur intensiven Rücksichtnahme mehrheitlich eher ratlos gegenüber. Sie würden manches Mal gern härter auf Regelverstöße reagieren und der Bewältigung der Arbeitsaufgaben einen höheren Stellenwert verleihen – selbst um den Preis, dass einige Jugendliche die Maßnahme dann verlassen müssten. Anders als das pädagogische Personal und die Koordinatorinnen und Koordinatoren sehen sie in der Arbeit positives Potential und setzen ihre Bemühungen, die Jugendlichen zu motivieren, eher hier an.

Eine Sozialpädagogin kommentiert die Situation so: »Ist doch klar: Wenn ich immer nur Platten verlege, Tag für Tag, Woche für Woche. Also ich weiß nicht, da war ich auch schon nach zwei Tagen bedient. Das bietet wenig Anreiz.« – Nun ist ja nachvollziehbar, dass eine Sozialpädagogin Platten verlegen langweilig und unzumutbar findet, für einen Garten-und Landschaftsbauer aber gehört dies zum »täglichen Brot«. Wo akademisch qualifizierte Pädagogen und Pädagoginnen bereits die Vorboten schwindender Motivation erkennen, sehen die Gärtner und Gärtnerinnen einen notwendigen und deshalb sinnvollen Bestandteil von Arbeit, den es gerade zu bewältigen gilt. Sie haben ihren Beruf nicht nur als belastend erlebt, sondern auch erfahren, dass sich in diesem mühseligen Prozess auch persönliche Kompetenzen und berufliche Handlungsfähigkeit entwickelt haben, dass Stolz auf die eigene Leistung und die Anerkennung als Facharbeiter die »Kehrseite der Medaille« sind – Erfahrungen, die eher zu den Erwartungen der Jugendlichen »passen« als die kritische Haltung der pädagogischen Fachkräfte gegenüber körperlich schwerer Arbeit, die aus ihrer Sicht wenig abwechslungsreich scheint.

Auf der Ebene des Gesamtprojekts wird eher »pädagogisch« inspiriert gehandelt, in den Arbeitsgruppen dagegen prägt vor allem die Berufserfahrung der Anleiter und Anleiterinnen das Herangehen und die Atmosphäre. Auch dies trägt dazu bei, dass die Jugendlichen so vehement die Unübersichtlichkeit und das Chaos der Projektorganisation kritisieren. Die Diskrepanz des subjektiven Erlebens von Arbeit, die in den Einstellungen von Pädagoginnen und Facharbeitern zum Ausdruck kommt, ist Resultat unterschiedlicher Qualifikationen und Erfahrungen und als Folge gesellschaftlicher Arbeitsteilung nachvollziehbar und verständlich. Doch sie transportiert zugleich ein gesellschaftlich vorgegebenes Machtgefälle[10]: Die Wahrnehmung der Maßnahme als pädagogische Sonderveranstaltung für »benachteiligte« Jugendliche, wie sie für die Pädagoginnen charakteristisch ist, stützt die institutionelle Definition des Maßnahmezwecks und der Maßnahmeorganisation. Vielleicht läßt sich die Vehemenz, mit der die Jugendlichen die Maßnahme kritisieren auch als Widerstand gegen die gesellschaftlich sanktionierte Definition ihrer Lage interpretieren, die sie als hoffnungslose Fälle stigmatisiert.[11]

---

10 Dies sehen einige der Mitarbeiterinnen und Mitarbeiter auch selbst so. Eine Sozialpädagogin
    fasst ihren Eindruck so zusammen: »Ich denke, es ist bei uns so: Von der Konstruktion ist es
    so, dass die Gärtner den wichtigsten Platz haben. Aber sie sind die am wenigsten Geschulten,
    ihre Meinung und ihre Sachen durchzusetzen. Ich denke, eigentlich sollten sie diejenigen sein,
    die meinungsmachend sind. Letztlich sind es eben andere Leute.« (P91/A-L)
11 Zur Pädagogisierung sozialer Arbeit vgl. Münchmeier 1981; Peukert 1986.

5. Lernen

»Eigentlich« finden die Jugendlichen die Kombination von Arbeiten und Lernen ja durchaus sinnvoll. Die meisten erkennen, dass sie weiterlernen müssten – sind jedoch der Auffassung, dass Lernen allein für sie keine Perspektive mehr darstellt. Die Kombination von Arbeiten und Lernen bewerten sie deshalb zu Beginn mehrheitlich als sinnvolles Angebot.

TN1: »Ich finde auch beides gut. Arbeits- und Lernteil. Und ich finde auch gut, dass der Unterricht stressfrei abläuft... Man kann auch leichter lernen, man kann leichter was behalten, wenn da kein Zensurendruck dahinter ist. Jeder kann was aufgreifen, was er für sich halt braucht.«

TN2: »Um nicht doof dazustehen.«

TN1: «Ja, genau: was man braucht, um nicht doof dazustehen. Sehr gut.»

TN3: »In der Normalschule da machst du das so, da wird der Stoff durchgenommen und dann kommt ein Termin für die Arbeit, dann lernt man das halt, dann ist die Arbeit geschrieben, man hat seine Note gekriegt, und dann kommt das nächste Thema... Oder von wegen, dass du in der Normalschule da nur gesagt kriegst, die und die Seite bis dahin, das lernt ihr und dann schreibst du eine Arbeit, von dem Thema kriegst du eigentlich gar nichts mit. Hier geht es mehr um die Themen.« (P92/J1.2)

TN1: »... Das Bescheuerte ist ja so, dass die Lehrer sagen, wir sind hier nicht in der Schule. Das raffen die einfach nicht. Das ist doch klar, dass da keiner mehr was macht. Da hat gefälligst Ruhe zu herrschen – mit dem »Du« das ist ja ganz okay. Und dass man sich nicht melden braucht. Aber es muss ruhig sein und die Leute haben aufzupassen. Und wer dann sonst was macht, der geht dann eben nach Hause.«

TN2: »Einerseits ist es ganz gut, dass es so lässig ist – aber andererseits ist es auch zwecklos.«

TN3: »Und dann müßte man auch öfter mal einen Test schreiben. Man kann ja auch so tun als ob man aufpaßt. Wenn man öfter so was machen würde, dann würde man sehen, wer noch was lernen muss und wer nicht. Dann käme man auch später eher durch.«

TN4: »Ich würde es schon so sehen, dass man so einmal im Monat für jedes Fach einen Test machen könnte. Dann weiß man wenigstens, wo man sich noch richtig hintersetzen muss, wo man noch was nachholen muss. Dann weiß man genauer, wo man steht.« (P91/ H)

TN 2: »Da ist alles durcheinandergewürfelt.«

TN 5: »Ja, weil nicht alles so richtig gemacht wird in dem Unterricht. Da wird dann mal das Thema und mal das gemacht... Der bringt da irgendwas rüber. Der Baustellenunterricht ist eigentlich das einzige, was gut ist am Unterricht.«

TN2: »Ja, da lernt man wenigstens was. Wasseranalysen haben wir gemacht, einmal an irgendso einem Teich, haben geguckt wie der ph-Wert ist. Von mir aus könnte man auch den Boden analysieren, wieviel Säure der hat und so. So was sollte man mehr machen. Solche Sachen, wo man wirklich etwas bei lernt. Schaufeln kann jeder.«

TN5: »Aber den anderen Unterricht könnten sie eigentlich sausen lassen. Eigentlich würde das gut passen, auch mit der Schule, »Arbeiten und Lernen«, aber du hörst dir da was an, und dann ist das erledigt. So wie die das bringen, ist es nicht ganz so gut. Wie gesagt – bis auf den Baustellenunterricht. Das ist das einzige, wo man Brauchbares lernt.« (P92/N)

Die TeilnehmerInnen wollen selbst entscheiden, ob und was sie lernen. Sie wünschen sich, dass es in dieser Hinsicht anders zugeht als in der »Normal-Schule« – aus dieser Sicht erfährt der Maßnahmeunterricht also eine potentielle Aufwertung. Doch das Lernen ohne die Zwangsmomente der Schule, ohne ein langfristiges Ziel, das Orientierung gibt, überfordert die Teilnehmer. Sie genießen den Freiraum – und fürchten ihn zugleich. Die Jugendlichen erkennen kein klares Ziel und erleben das Lernangebot deshalb als abstrakte Zumutung. Da viele nicht wissen, was sie nach dem Ende der Maßnahme machen werden, bleibt der Lernstoff für sie, wie in der Schule, ohne konkreten Bezug. Die Voraussetzungen für gemeinsames Lernen sind – zumal fast alle Teilnehmer auf negative Schulerfahrungen zurückblicken – denkbar ungünstig: Das Bildungsniveau ist sehr unterschiedlich; etliche Jugendliche haben bereits einen erweiterten Hauptschulabschluss, mehrere sogar einen Realschulabschluss, während andere trotz mehrfacher Anläufe in verschiedenen Schulen und Lehrgängen dies bisher nicht erreichen konnten.

In den allgemeinen Fächern sind die Jugendlichen nicht bereit, Anstrengungen zu investieren, weil sie nicht wissen wozu. Viele schlagen vor, eine solche Maßnahme nicht ohne die Möglichkeit der Abschlussvorbereitung anzubieten. Das Lernen macht nur dort einen Sinn, wo Bezüge zu den Arbeitsthemen sichtbar werden. Für diejenigen, die ein weitergehendes Interesse am Beruf des Gärtners entwickeln, ist die Perspektive Berufsschule wiederum ein Grund, sich dann doch mit den allgemeinen Fächern auseinanderzusetzen. Der relative Erfolg des Rahmenthemas »Ökologie« im Lernteil der Maßnahme hängt nicht nur damit zusammen, dass hier Theorie und Praxis zusammenkommen, sondern auch mit der Möglichkeit, im Unterricht viel eigene Aktivität einzubauen. Über diese didaktischen Vorzüge hinaus, eröffnen sich zudem Bezüge und Fragestellungen, die Lebensstil und Lebensweise der Einzelnen in der Gesellschaft thematisieren, Grundsatzfragen, die viele Jugendliche mit Interesse diskutieren.

Die Chance, die die Jugendlichen zu Beginn noch in der Idee von »Arbeiten und Lernen« erkennen, erweist sich unter den gegebenen Bedingungen als Überforderung; letztlich bleibt das Lernen für die Jugendlichen zweitrangig und eröffnet ihnen keinen neuen Zugang zur Wissensaneignung.[12]

5.1. Lohn und Lernen

Gegenstand einhelliger Kritik ist der Lohnabzug, den die Jugendlichen hinnehmen müssen, wenn sie im Unterricht fehlen; ihnen scheint es, als erhielten sie den Lohn letztlich nur, damit er auch wieder entzogen werden kann.

Der Hintergrund ist folgender: Die Teilnehmer unterschreiben einen Arbeitsvertrag über die Hälfte der üblichen Arbeitszeit und werden hierfür tariflich entlohnt. Eine Besonderheit der Arbeitsverträge ist, dass die Verpflichtung zur Teilnahme am Unterricht im Arbeitsvertrag festgeschrieben wird, diese Zeit aber nicht bezahlt wird. Mehr noch: Wer in den Lernstunden fehlt, bekommt Lohnabzug. Die Teilnehmer nehmen dies – ausnahmslos – als Unge-

---

12 In einer Maßnahme mit Hauptschulabschluss entwickelte sich die Situation anders: Hier gewann, sobald der Termin der externen Prüfungen näher rückte, der Lernteil die überragende Bedeutung. Die Lehrerinnen wurden die wichtigsten Bezugspersonen für die Jugendlichen. Der Gegensatz zur »Normalschule« blieb positiv besetzt und wertete auch den schließlich erworbenen Schulabschluss auf. Arbeit und Arbeitslohn werden hier von den Jugendlichen als Mittel gesehen, sich selbst das Geld für den Schulabschluß zu verdienen. Lernen und Arbeiten in einen »Kontext« zu stellen, der das Unterfangen vom Bedeutungszusammenhang der Unterstützung für Benachteiligte gerade abgrenzt, ist für die Jugendlichen hilfreich: Dies kann, wie hier beschrieben, der Zusammenhang von selbständiger Lebensführung, selbstverdientem Geld und Lernmöglichkeiten sein; oder – wie beim ökologischen Kontext – die gesellschaftliche Nützlichkeit.

rechtigkeit wahr. Sie müssen den Vertrag unterschreiben, wenn sie in die Maßnahme einsteigen wollen – doch einverstanden sind sie alle nicht. Eine Bezahlung erhalten sie für ihre Arbeitsstunden, deshalb sind sie auch der Meinung,
dass nur das Fehlen bei der Arbeit mit Lohnabzug geahndet werden dürfe. Diese
Vertragsregelungen verletzen eine aus ihrer Sicht offenbar grundlegende
Vorstellung: Die klare Trennung von Arbeit und Lernen. Die Unterschiede zwischen »Arbeitsstunden« und anderen Stunden werden von den Jugendlichen
besonders herausgestellt und in Konfliktfällen demonstrativ überzogen. Die
nachfolgend geschilderte Auseinandersetzung zeigt einen exemplarischen
Konflikt:

> Anlass des Streits zwischen L. und M. ist ein Lohnabzug. Ein Teilneh-
> mer hat sich während eines Ausflugs, der der Besichtigung gärtnerisch
> hervorragender Anlagen diente, – anscheinend demonstrativ – von der
> Gruppe wegbewegt, sich in Sichtweite, aber außer Hörweite gesetzt,
> während Erläuterungen zum Gewässerschutz am Müggelsee gegeben
> wurden. Die Streitfrage lautet: War er nun »da« oder nicht? Die Mitar-
> beiterInnen werfen ihm die Verweigerung innerer Anteilnahme vor,
> betrachten die Distanzierung als »Abwesenheit« und ziehen Geld vom
> Lohn ab. Der Jugendliche ist der Meinung, dass bei Besichtigungen
> dieser Art die körperliche Anwesenheit ausreiche und besteht darauf,
> dass er ein Recht auf sein Geld habe, weil er schließlich »anwesend«
> gewesen sei. (Auszug aus Notizen nach der Team- wie der Kolonnen-
> diskussion eine Woche nach dem Vorfall)

Hier wird um den Grad des Engagements gerungen, der im pädagogischen
Begleitprogramm und im Unterricht gefordert werden kann. Solche zugespitz-
ten Auseinandersetzungen sind allerdings die Ausnahme, hier gehen andere
Streitigkeiten zwischen dem betreffenden Jugendlichen und Mitarbeitern voraus – trotzdem bleibt es aufschlussreich, mit welchen Argumenten gestritten
wird, denn diese sind unter den Jugendlichen Konsens. Während der Arbeitszeit
gilt, dass »Anwesenheit« auch einen gewissen Aktivitätsgrad einschließt. Auf
den Baustellen akzeptieren die Jugendlichen auch, dass sie nicht in jedem Fall
den Sinn der Sache einsehen müssen und manches eben gemacht werden muss
– unabhängig davon, ob einem das passt oder nicht. Anders sieht es im Unterricht aus: Hier verlangen sie, dass sie den Sinn der Arbeitsschritte einsehen. Ist
dies nicht gegeben, glauben sie sich im Recht, wenn sie lediglich körperlich
anwesend sind. Dies wird in der Regel von den Mitarbeitern und Mitarbeiterinnen auch nicht explizit in Frage gestellt. Wenn aber die Jugendlichen diese Dif-

ferenz zwischen Arbeits- und Lernteil nicht nur unauffällig und stillschweigend registrieren, sondern demonstrativ herausstellen, dann können die Mitarbeiter diese Haltung nicht mehr hinnehmen und müssen reagieren.

Der Abzug von Lohn als Strafe für das Versäumen oder Missachten von Unterricht entwertet die Tätigkeit der Jugendlichen um eine weitere Dimension: Sie empfinden die Bezahlung nicht als »Lohn«, sondern letztlich als Sozialleistung: Als erhielten sie den Lohn nur, damit man ihn ihnen wieder abziehen kann. Für die Jugendlichen löst sich der Zusammenhang von Lohn und Arbeitsleistung hier vollends auf.[13]

6. Rückblicke

In den Projekten wird – im großen und ganzen übereinstimmend – damit gerechnet, dass ein Drittel der Teilnehmer der Maßnahme versuchen wird, durch schulische Maßnahmen, den Bildungsabschluss zu verbessern, dass ein weiteres Drittel Zugang zu Arbeit, Ausbildung, Umschulung oder einer berufsvorbereitenden Maßnahme findet (dies schließt befristete, unqualifizierte »Jobs« ein ebenso ein wie öffentlich geförderte Ausbildungsprogramme) und dass das letzte Drittel mit unbekanntem Ziel »verschwindet« (das gilt für die Jahre 1990 bis 1992). Diese Größenordnungen werden auch von den Statistiken, die bei den Arbeitsämtern geführt werden, bestätigt.

Nur wenige haben einen sicheren Übergang, also konkrete Verträge über eine Ausbildung (die Ausnahme) oder bereits einen Platz in einer Anschlussmaßnahme. Für die anderen, die große Mehrheit der Teilnehmer, bleibt die Zukunft offen. Jetzt, zum Ende der Maßnahme, stehen sie wieder vor den Toren des Arbeitsmarktes, und es wird ihnen klar, dass sich für sie eigentlich nichts geändert hat. »Es war eine ganz schöne Zeit«, aber sie haben »nichts in der Hand«.

TN 1: »Bei ABM, sagen wir jetzt mal hier im Projekt, also bei Leuten, die Interesse haben an so einem Projekt, also auch an der Fortsetzung,

---

13 Unter den MitarbeiterInnen wiederum ist es Konsens, dass der ABM-Lohn pädagogisch kontraproduktiv wirke, weil die Jugendlichen an die Verfügung über relativ viel Geld gewöhnt und so von einer Ausbildung mit einer geringeren oder ohne Vergütung abgehalten würden (vgl. die Bremer Studie von Heinz et al (Heinz et al 1987) und die Duisburger Untersuchung von Eckart (Eckart 1989)).

für die bringt das was. Aber bei den anderen Leuten, da merkt man immer mehr, wie auch bei den anderen ABM-Programmen, dass die immer mehr .... ein Jahr, aber keine weitere Perspektive mehr. Ausbildung – die dauert drei Jahre, dann hat man etwas in der Hand. Hier – nichts. Das hat man schon immer irgendwie im Hinterkopf.«
TN?: »Normalerweise ist doch so, dass wenn man sowas hier macht, dann ist man nach 3 1/2 Jahren Gärtner. Landschaftsgärtner. Und die Leute die hier lernen, die lernen doch gar nichts.« (P2/J2)
TN1: »Ich fand das ganz gut – weil für ein ABM-Projekt ist das eigentlich nicht korrekt irgendwie – ich meine, es ist zwar schon korrekt, aber normalerweise gibt es ja sowas nicht, dass man nach einem ABM-Projekt sowas wie eine Umschulung machen kann.«
TN2: »Es ist das Geld. Aber auch: wenn ich jetzt hier aufhöre, stehe ich wie vorher da, fang wieder von vorne an. Die einzige Möglichkeit ist für mich weiterzumachen.« (P91/RD)

Unter dem Druck des absehbaren Maßnahmeendes entsteht ein Zwang zu Entscheidungen, und mangels Alternativen wird schließlich auf Naheliegendes zurückgegriffen: Ein Teil der Jugendlichen entschließt sich, eine Vorbereitung zur Umschulung im Garten-Landschaftsbau an die Maßnahme anzuschließen. Selten haben arbeitslose Jugendliche oder junge Erwachsene die Anspruchsberechtigung für eine Umschulung. Nach einer »ABM und Lernen«-Maßnahme und einer Anschluss-Maßnahme, die zugleich der Vorbereitung auf eine Umschulung dient, kann die zuständige Stelle des Arbeitsamtes eine Umschulung genehmigen, da die Jugendlichen während ihrer ABM-Zeit sozialversicherungspflichtig beschäftigt sind. Vor allem für Jugendliche, die sich aufgrund ihres »sozialen Alters« eine Ausbildung unter lauter Jüngeren und den Status des Auszubildenden kaum noch vorstellen und auch finanziell kaum durchhalten können, scheint dieser Ausweg verheißungsvoll. Die TeilnehmerInnen sind froh über die Chance, doch viele sind schon im Voraus von Zweifeln erfüllt: »Ich finde, das hätten sie von Anfang an gleich machen müssen, dass das eben so ist wie eine Umschulung oder wie eine Ausbildung oder so was. Da hat man sich dann dran gewöhnt, durch das ABM und dann kommst du da an und da geht es dann strenger zu. Auf manche Sachen ist man dann nicht vorbereitet.« (TN5/P92/J2) Das Gefühl, auf die Anforderungen »draußen« nicht vorbereitet zu sein, zeigt, dass der Zweck der Maßnahme, nämlich auf Arbeit vorzubereiten, verfehlt wurde. Im Gegenteil: Man hat sich an ABM, also an Nicht-Arbeit gewöhnt und befürchtet nun, aus dieser Routine nur schwer wieder herauszufinden. Andere lassen schon vor Beginn der Umschulung Zweifel an ihrer persönlichen Neigung erkennen. Ihre Entscheidung für dieses Berufsfeld hat eine resignative Tendenz: Sie versuchen, auf diesem Wege aus dem Jahr nachträglich noch etwas zu machen. Spätere Nachfragen zeigen, dass diese Lösung für die meisten keine ist. Schon im Kurs zur Vorbereitung auf die Umschulung scheitern alle.

Alle Teilnehmer wünschen sich eine »richtige« Ausbildung – ein Wunsch, der abstrakt bleibt. Einige wenige schaffen es auf dem »freien Markt«. Die, die wir kennengelernt haben, hatten das Fundament dafür schon gelegt, bevor sie zur Überbrückung in die Maßnahme kamen: Sie wussten, wo sie sich bewerben wollten, kannten die Bedingungen und bereiteten sich vor. Soweit wir es verfolgen konnten, schlugen alle anderen Versuche fehl: Bewerbungen werden abgelehnt, Begründungen werden nicht genannt. Viele wagen auch gar nicht mehr, Bewerbungen zu schreiben; sie trauen es sich einfach nicht zu oder schätzen ihr Alter als zu hoch ein. Allein der Weg in eine Ausbildung im Rahmen des Benachteiligtenprogramms oder der Jugendhilfe erscheint für die meisten TeilnehmerInnen realistisch. Doch auch der Übergang in eine geförderte Ausbildung ist nicht gesichert, selbst wenn er von den Jugendlichen gewünscht wird. Die Förderbedingungen der Arbeitsämter wie die Konzepte der einzelnen Einrichtungen klassifizieren Zielgruppen, die viele Bewerber ausschließen. Und die Plätze reichten nicht für alle Jugendlichen aus den verschiedenen (Berufsvorbereitungs-)Maßnahmen.

Auch für diejenigen, die sich vornehmen, weiter zu lernen, ist ein sinnvoller Anschluss nur schwer zu erreichen: Eine Maßnahme zum Erwerb des Hauptschulabschlusses zu besuchen, ist für die meisten Unsinn, da ja fast die Hälfte der Teilnehmer aus diesem Projekt bereits zu Beginn der Maßnahme einen solchen Abschluss hat, einige gar einen Realschulabschluss. Für eine dritte Gruppe erscheinen Bildungsanstrengungen eher hoffnungslos: Sie haben es schon in BB 10, VZ 11 oder anderen Maßnahmen nicht geschafft. Der Übergang in einen Kurs für den Realschulabschluss böte eine Alternative für diejenigen, die bereits einen Hauptschulabschluss haben. Doch offensiv geworben wird dafür nicht; das Platzangebot ist gering und es gibt immer wieder Gerüchte, die das baldige Ende dieses Angebots voraussagen.

Wenn die Jugendlichen schließlich gezwungen sind, die Maßnahme zu verlassen, dann sind sie im Hinblick auf ihr Leistungsvermögen mehr von Zweifeln als von neu gewonnener Sicherheit erfüllt. Sie sind enttäuscht – und ängstlich: Mit Begriffen wie »abstumpfen« und »Gewöhnung« beschreiben sie das Gefühl einer Dequalifizierung, nicht einer Berufsvorbereitung. Von einer sinnvollen Abfolge verschiedener, aufeinander aufbauender Maßnahmen ist in den Schilderungen der Jugendlichen in keinem Fall die Rede. Wer »ABM und Lernen« durchlaufen hat, erwirbt damit keinerlei Ansprüche oder Aussichten. Weder ein Zertifikat, das vorzeigbare Leistungen dokumentiert und anderswo nützlich sein könnte, noch Erfahrungen, die sie selbst oder gar Außenstehende als »Berufserfahrung« anerkennen, können die Jugendlichen mitnehmen: sie bleiben, wer sie waren. »Das ist nur so ein Übergang« – kein bestimmter Teil der Biographie. Ohne »Anschub« durch neu erworbenen Voraussetzungen (wie dies ein Schulabschluss für die Minderheit ist, die Maßnahme mit Abschlussmöglichkeit absolviert haben) und ohne Wahl zwischen realen Angeboten können die Jugendlichen keine gezielten Handlungsstrategien entwickeln; alle Aktivitäten bleiben eigentümlich ungerichtet. Jede beliebige Idee kann zum Anhaltspunkt werden: Ein Freund hat einen Vater, der hat eine Werkstatt ... oder: der Bruder arbeitet in einer Firma, die vielleicht... – aus diesen Plänen wird in der Regel nichts. Es gab Jugendliche, die allwöchentlich eine neue Idee mitbrachten, abhängig davon, welchen »Kumpel« sie jeweils trafen.

Die Offenheit, ja Beliebigkeit der Handlungsorientierungen der Jugendlichen am Abschluss der Maßnahme wird auch in anderen Studien[14] beschrieben und als – erwartungsgemäße – Anpassung an begrenzte Möglichkeiten in einer (vor)beruflichen Situation ohne große Entwicklungschancen verstanden. Aufgrund meiner Beobachtungen stellt sich jedoch die Frage, ob diese Interpretation nicht wichtige Aspekte des Maßnahmeverlaufs unsichtbar bleiben läßt: Versteht man diese Offenheit nicht nur als Anpassung an den übermächtigen Arbeitsmarkt, sondern erkennt auch das Bedürfnis der Jugendlichen nach Erfahrungen, die in der Maßnahme gerade nicht zu machen sind, so könnte der Maßnahmeverlauf auch als ein Prozeß gesehen werden, der – von der sozialen Anziehungskraft von Arbeit in Gang gehalten – die Hoffnung der Jugendlichen, sich auf Arbeit vorbereiten zu können, immer wieder weckt und dann enttäuscht. Am Ende ist jede Vorstellung von einer sinnvollen Vorbereitung ad

---

14 Im Zusammenhang mit dem »Benachteiligtenprogramm« der Bundesregierung hat es eine Reihe von konzeptionellen Bemühungen um die Gestaltung der Ausbildungsbedingungen gegeben, die auch in der Literatur ausführlich dokumentiert sind; vgl. u.a. Beinke 1985; Kloas 1994; Kloas 1996; Koch / Hensge 1992; Braun 1993. Sowohl das Deutsche Jugendinstitut als auch das Bundesinsitut für Berufsbildung haben richtungsweisende Initiativen gefördert und dokumentiert.

absurdum geführt. Die auf den ersten Blick so selbstverständliche Orientierung am Arbeitsmarkt müßte als Orientierungslosigkeit begriffen werden, die nicht allein durch den Anpassungsdruck des Marktes erzwungen, sondern im Maßnahmeverlauf vertieft, ja mehr noch: »erarbeitet« worden ist.

Doch das Scheitern der Maßnahmen, wie es sich aus der Sicht der Jugendlichen darstellt, ist nicht allein zu verstehen als Resultat der doppelbödigen Maßnahmekonstruktion und des vergeblichen Versuchs, ein Arbeitsversprechen pädagogisch zu nutzen. Zur Problematik gehört ebenso der Erwartungshorizont der Jugendlichen. Ihre Kritik bleibt auf eine abstrakte Alternative konzentriert: »Echte Praxis«, »normale Firmen«, »richtige Arbeit«. Die positiven Momente ihrer Erfahrungen treten dahinter zurück. Den Jugendlichen fehlt eine Deutungsperspektive, um zu beschreiben, was sie erfahren; mit ihren Deutungsmustern können sie positive und negative Erfahrungen nicht integrieren. Der Bereich des Bildungssystems, in dem sich die Jugendlichen hier wiederfinden, ist für sie »undefiniert« und wird deshalb unter bekannte, etablierte Definitionen subsumiert: Immer wieder fallen Begriffe wie »Kindergarten« oder »Beschäftigungstherapie«. Chancen, »anders« zu arbeiten, die die Jugendlichen ja durchaus benennen können, werden aus der Wahrnehmung ausgeblendet.

7. Fazit

Betrachtet man die beschriebenen Aspekte der Maßnahmeerfahrung im Lichte der bei Jahoda herausgehobenen »Erfahrungsdimensionen« der Arbeit – Zeiterleben, soziale Beziehungen, Teilhabe an überindividuellen Zielen, Statuszuweisung und persönliche Identität – ergibt sich das Bild eines ambivalenten Erfahrungsraumes, einer eigentümlichen Doppelstruktur: Einerseits finden die Jugendlichen einen Rahmen vor, der »echten« Lohnarbeitsbedingungen nachgebildet ist, andererseits sehen sie sich beständig mit Erfahrungen konfrontiert, die »aus dem Rahmen fallen«. So erhalten die Jugendlichen zwar einen Lohn, empfinden diesen jedoch als Sozialleistung und Erziehungsmittel, nicht als Entgelt für geleistete Arbeit; die Arbeitstätigkeiten werden akzeptiert und als grundsätzlich nützlich anerkannt, doch die ermäßigten Erwartungen der Auftraggeber, fehlender Zeitdruck und organisatorische Beliebigkeit entwerten die Arbeit zur Beschäftigung, die kaum für andere geleistet wird, sondern vor allem zur Beschäftigung arbeitsloser Jugendlicher dient; es geht nicht um die Herstellung von Gebrauchsgütern in Lohnarbeit, sondern darum, mit Arbeit individuelle Verhaltensprobleme zu überwinden. Die ökologische Orientierung bleibt inhaltlich vage und ihre Definition letztlich jedem einzelnen überlassen. Es gibt Arbeitsgruppen und Vorarbeiter, doch die Beziehungen sind eher Betreuungsverhältnisse und emotional intensive »große-Bruder«-Konstellationen denn kollegiale oder Vorgesetztenbeziehungen. Ein kompliziertes System von Arbeits- und Lernzeiten soll gewährleisten, dass die Jugendlichen auch etwas lernen, doch der größte Teil des Lernstoffs erscheint ihnen als irrelevant; ein Fundament für ein Facharbeiterbewußtsein oder gar Facharbeiterstolz wird nicht gelegt – statt dessen sehen sich die Jugendlichen weiterhin als »Problemfälle« und »Benachteiligte« stigmatisiert.

Die Arbeit in der Maßnahmen vermag den Anspruch, »Arbeit« zu sein, also nicht einzulösen – sie kann die Maske des Anspruchs aber auch nicht ablegen. Die »Arbeit« ist Mittel zum Zweck, eine Motivationskrücke, die versagt, weil sie Erwartungen weckt, die sie nicht erfüllen kann. Sie ist nicht einmal «Übungsarbeit«, denn Übung im Sinne einer sinnvollen Vorbereitung auf das Berufsleben, wird ja in der Sicht der Jugendlichen gerade nicht erreicht.

Die Jugendlichen sind der Auffassung, dass man arbeiten nicht üben kann. Ein pädagogischer Auftrag verlangt, Sonderbedingungen zu schaffen – die wiederum werden aber von den Jugendlichen abgelehnt, weil Arbeit für sie gerade bedeutet, von Sonderbedingungen unabhängig zu werden. Der Versuch, »Arbeit« als Mittel zum Zweck der Motivierung zu nutzen, birgt offenbar kaum geahnte Schwierigkeiten, denn die auf »Arbeit« gerichteten Erwartungen der Jugendlichen sperren sich gegen die Indienstnahme für ein pädagogisches Projekt und es entstehen unerwartete Reibungsverluste.

Um diese Schwierigkeit klarer zu sehen, hilft das Konzept des »Rahmens«bzw. der »Modulation« (Goffmann)[15]: Der »Rahmen« Lohnarbeit wird

---

15 Der Begriff des »Rahmens« hat, auch wenn hier auf Goffmann zurückgegriffen wird, viele »Väter« (vgl. Willems 1997, 38 und 50ff). Den Begriff der »Modulation« hat Goffman im Rahmen seiner Untersuchungen zur »Reflexivität und Schichtung sozialen Sinns entwickelt (vgl. Giddens 1988a, 111ff; hier zitiert nach Willems 1997, 61; vgl. Goffman 1980: »Rahmenanalyse«). »... ein System, durch das ›eine bestimmte Tätigkeit, die bereits im Rahmen eines primären Rahmens sinnvoll ist, in etwas transformiert wird, das dieser Tätigkeit nachgebildet ist, von den Beteiligten aber als etwas ganz anderes gesehen wird‹ (Goffmann 1977, 55f), nennt Goffman Modul (key). Dieses rahmentheoretische Schlüsselkonzept umfaßt die ganze Fülle tierischer und menschlicher Möglichkeiten, primär sinnvolle Aktivitäten interindividuell gemeinsam ›als etwas ganz anderes‹ zu betrachten und entsprechend zu behandeln.« (Willems

hier zu pädagogischen Zwecken »moduliert«, das heißt: als Berufsvorbereitung für Benachteiligte angeboten. Doch ein Rahmen ist nur dann sinnvoll modulierbar, wenn dies aus der Sicht aller Beteiligten auch denkbar ist. Der Kontext, der für die Jugendlichen Arbeit definiert, setzt zugleich »Sinngrenzen«, die eine Verbindung mit anderen Kontexten nicht beliebig zulassen. Die Bedeutungsgehalte von »Arbeit« sind für die Jugendlichen offenbar nicht disponibel und nicht beliebig nutzbar – sondern Konstanten, mit denen zu rechnen ist.[16]

Die nur scheinbar klare Alternative »richtige Arbeit« nimmt all die Wünsche auf, die in der Maßnahme kaum verwirklicht werden können: »richtig bei der Sache sein« statt Langeweile; Ranklotzen statt Rücksicht; handeln statt reden; Lohn für Leistung, nicht Wohlverhalten – und richtet sich auf eine Zeit jenseits der Maßnahme. So schiebt der Verweis auf die »richtige Arbeit« auch die Angst vor der Zukunft in die Zukunft. Das Idealbild der »richtigen Arbeit« muss keinem Test standhalten, die »Arbeitsperspektive« wird durch die Enttäuschungen in der Gegenwart nicht in Frage gestellt. Im Gegenteil: Diese Enttäuschungen verleihen ihr Glaubwürdigkeit und Gewicht, denn sie nährt sich aus den unablässigen Versuchen, dem institutionell definierten Zweck – der Motivierung Unmotivierter – einen eigenen Sinn entgegenzusetzen. Das Kritikmuster »richtige« Arbeit bewährt sich auch in Konflikten mit den den Mitarbeitern und Mitarbeiterinnen in ihrer Betreuungsfunktion. Für die Jugendlichen schafft der Topos »richtige Arbeit« Überlegenheit, weil er sich auf »die Wirklichkeit« beruft. Das Stigma des »Benachteiligten«, der leistungsschwachen Arbeitskraft weisen sie so zurück: In dieser Auseinandersetzung versuchen die Jugendlichen den Standpunkt derer einzunehmen, die wissen, wo es lang geht »im richtigen Leben«.

1997, 62) Bleibt der Sinn eines »Moduls« unklar – eines Spiels oder einer Übung beispielsweise – so bleibt das eigene Handeln unklar und sinnlos: »Hatte er einen Platz in einem wohlgerahmten Reich einzunehmen erwartet, so steht ihm jetzt kein bestimmter Rahmen unmittelbar zur Verfügung... Er kann keine brauchbare Reaktion mehr zustandebringen. Er kommt ins Schwimmen. Die Erfahrung – die Verschmelzung dessen, was die augenblickliche Szene an ihn heranträgt und was er in sie einbringt -, ... findet keine (Form, MP) und ist deshalb gar keine Erfahrung... Er hat eine ›negative Erfahrung‹ – negativ in dem Sinne, daß sie sich dadurch bestimmt, was sie nicht ist; ...« (Goffman 1980, 409f).

16 Mit Hilfe von Rahmenbrüchen können Untergeordnete versuchen, Übergeordnete aus dem Konzept zu bringen, deren Überlegenheit punktuell erschüttern und so auch Protest artikulieren. Goffmann berichtet über ein Beispiel (vgl. Goffman (1980, 462)): Es geht um ein Projekt

---

für farbige Jugendliche; Vertreter verschiedener Betriebe waren eingeladen, um beim Üben für Bewerbungen ihre Praxiserfahrungen einzubringen. Die Jugendlichen »spielten nicht mit«. Sie erkannten diese »Modulation« nicht an und verlangten von den geladenen Gästen entweder tatsächliche Jobvermittlung oder Abbruch der Veranstaltung. Eine solche Deutung als »soziale Sabotage«, als bewusster Protest, scheint mir auf die hier geschilderte ABM-Situation nicht übertragbar, richtig allerdings scheint mir, die sozialen Gegensätze und Diskriminierungen, denen die Jugendlichen ausgesetzt sind, als Grenze pädagogischer Veranstaltungen wahrzunehmen und zu reflektieren.

Kapitel 6:
»Richtige Arbeit«
Ergebnisse einer vergleichenden Untersuchung

Die Materialstudien beschreiben verschiedene Erfahrungswelten. Einen Leitfaden bilden Anregungen von Marie Jahoda, genauer: ihr nüchterner Vorschlag, Arbeit als eine spezifische Form der Realitätsbindung zu untersuchen. Jahoda beruft sich dabei auf Freud, der in seiner berühmten Fußnote zum »Unbehagen in der Kultur« schreibt: »Keine andere Technik der Lebensführung bindet den einzelnen so fest an die Realität als die Betonung der Arbeit, die ihn wenigstens in ein Stück Realität, in die menschliche Gemeinschaft sicher einfügt. Die Möglichkeit, ein starkes Ausmaß libidinöser Komponenten, narzisstische, aggressive und selbst erotische, auf die Berufsarbeit und auf die mit ihr verknüpften menschlichen Beziehungen zu verschieben, leiht ihr einen Wert, der hinter ihrer Unerlässlichkeit zur Behauptung und Rechtfertigung der Existenz der Gesellschaft nicht zurücksteht.« (Freud 1930, 211)[1]

Bedrohung wie Stabilisierung des Ich sind einander verbunden; Realitätsbindung ist ein ambivalenter Prozess, in dem »Lust und Frust« schier unauflöslich verwoben sind – dies zeigen auch die Erfahrungswelten der jungen Arbeiter, die hier zur Sprache kamen: Erwartungen und Wünsche werden enttäuscht. Die Auszubildenden wachsen in eine Welt der Härte und Brutalität, körperlichen Verschleisses und hierarchischer Unterordnung hinein. In der Auseinandersetzung mit diesen Realitätsbedingungen aber vollziehen sich Entwicklungs- und Reifungsprozesse. In der Bewährung am Realen erwerben sie berufliche und persönliche Anerkennung. An der Diskrepanz von Erwünschtem und Realem erfahren sie sich selbst.

Aus dem Prozess der Verarbeitung ihrer ambivalenten Erfahrungen erwachsen Muster, die, so sehr sich die Bedingungen der verschiedenen Ausbil-

---

1   In der Monographie »Freud und das Dilemma der Psychologie« hat Marie Jahoda ihre Auffassung über Freuds Beitrag zu einer allgemeinen Psycholgie dargelegt. (Jahoda 1985) Jahoda selbst hat diesen Gedanken der Realitätsbindung in einen psychoanalytischen Kontext gestellt; gleichwohl ist ihre Ausarbeitung des Konstrukts nicht allein psychoanalytisch geprägt, sondern in sehr disparate theoretische Zusammenhänge eingebunden. So lassen sich die von ihr benannten Dimensionen der Arbeitserfahrung: Zeiterfahrung, soziale Beziehungen und Einbindung in überindividuelle Zusammenhänge und Ziele, Status und Identität auch als »latente Funktionen« der Arbeit im Sinne des Funktionalismus beschreiben (vgl Fleck 1994, 31).

dungssituationen auch unterscheiden, gemeinsame Elemente haben. In den Beschreibungen der jeweils spezifischen Ausbildungsbedingungen wird – und dies ist die zentrale These dieser Arbeit – ein System von Bedeutungen, ein normatives Deutungsmuster erkennbar, das hier, mit einem Begriff der Jugendlichen in AB-Maßnahmen, »richtige Arbeit« genannt werden soll. In der Auseinandersetzung mit ihren Ausbildungsproblemen bildet der Topos der »richtigen Arbeit« für die ABM-Jugendlichen die Folie, auf der sie ihre Kritik an der Maßnahme-Realität formulieren; die Elektroniker bezeichnen das gemeinte Bedeutungsfeld als »Praxis« und beanstanden aus dieser Warte das Praxis-Defizit ihrer Ausbildung; die Maler rekurieren in ihrer Kritik am niedrigen Sozialprestige ihres Berufs auf die Vorstellung einer »Arbeit, die gemacht werden muß« – aber nicht anerkannt wird. Die drei wesentlichen Dimensionen dieser in die Arbeitskultur eingebetteten kollektiven Sinnstruktur sind die Körperlichkeit der Arbeit, der Stellenwert des Erfahrungswissens gegenüber anderen Wissensformen sowie Vorstellungen von sozialer Ordnung und Anerkennung.

1. Körperlichkeit der Arbeit

Die Jugendlichen erwarten, dass Arbeit körperliche Aktivität einschließt, mehr noch: dass diese gewissermaßen die Grundform von Arbeit ist. Die Fähigkeit zu körperlicher Arbeit bildet in ihrer Sicht die Basis menschlichen Arbeitsvermögens und ist die grundlegendste und allgemeinste Form der Arbeitskraft. Arbeit ist notwendige Mühsal und Anstrengung; die Bewältigung von körperlichen Belastungen erscheint in den Schilderungen der jungen Arbeiter weniger als Problem denn als eine Aufgabe. Körperlich arbeiten zu können ist die persönliche Ressource, die sicherstellt, dass man jenseits aller speziellen Qualifikationen eine Arbeit und damit eine Existenzgrundlage findet. Die Körperlichkeit der Arbeit wird gesehen als Basis und zugleich die Legitimationsgrundlage für einen durch Arbeit vermittelten sozialen Status, den man unabhängig von Bildungszertifikaten oder der Unterstützung durch soziale Einrichtungen erwirbt. In der Ausübung körperlich fordernder Tätigkeiten bestätigt sich für die Jugendlichen ihre Hoffnung wie ihr Anspruch auf Autonomie, also darauf, für sich selbst sorgen zu können. Wer körperlich nicht leistungsfähig ist, bleibt von selbständiger Existenzgewinnung ausgeschlossen. In dieser Perspektive erscheint die in der Arbeit(sfähigkeit) gegründete Autarkie letztlich auch als Voraussetzung individueller Autonomie; die Entwicklung und Bestätigung körperlicher Leistungsfähigkeit bilden das Fundament, auf das die identitätsstiftende Funktion der Arbeit sich gründet.

Körperliche Unterforderung wird dagegen als eine Lähmung der Kräfte erfahren. Sowohl die Jugendlichen in Arbeitsbeschaffungsmaßnahmen als auch die Elektronik-Auszubildenden beklagen sich über die ermüdende Wirkung des »Nichtstuns«, des »Wartens« und des »Rumsitzens«. Die jungen Männer erleben körperliche Inaktivität als eine Gefährdung, die ihre Energiepotentiale schwächt, so dass Langeweile zum dominierenden Zeitgefühl wird –obwohl ABMer wie Elektroniker ja durchaus beschäftigt sind. Die Bedeutung der körperlichen Anstrengung wird von der Macht der Erfahrung gestützt, dass die Zeit problemlos verfliegt, solange Betätigung und Entwicklung körperlicher Kräfte gefragt sind – bis zu der Grenze, an der wiederum Ermüdung und Erschöpfung den Ablauf der Zeit qualvoll verlangsamen. Zeit wird für die jungen Männer durch die eigene Bewegung als sinnhaft erfahrbar. Die Vorstellung vom Zusammenhang sinnvoller Arbeit und körperlicher Bewegung hat die Bedürfnisse so umfassend »grundiert«, dass die Jugendlichen Zeit als unendlich träge, gar als sinnlos erleben, solange ihr Körper stillgestellt bleibt. Hier bestätigt sich, allerdings in der Umkehrung, der Charakter der Zeit als soziale Zeit, als etwas, das sich unter Menschen im Zusammenhang mit ganz bestimmten Aufgaben, mit spezifischen Zwecken, die sie erfüllt, entwickelt hat. (Elias 1984)[2,3]

---

2   Vgl. auch Brose 1983; Brose 1985.

3   Dies schließt nicht aus, dass auch die Konzentration auf ein technisches Problem und gedankliche Aktivität Zeit wie im Fluge vergehen läßt; die Faszination durch geistig fordernde Aufgaben kann neben der Erfahrung der Langeweile durch körperliche Unterforderung existieren. Doch als dominante Aktivitätsform wird theoretisches Arbeiten von den Jugendlichen nicht akzeptiert und erhält den Charakter des Nichtstuns. Eine Diskussion im Rahmen eines »Ausbildungsforums«, in dem Auszubildende und Ausbilder über Verbesserungen in der Werkstatt diskutierten, gab weitere Hinweise darauf, dass verschiedene Aktivitätsformen auch verschiedene Zeiterfahrungen mit sich bringen: Während die körperlich definierten Tätigkeiten mit einer festen, kollektiven Zeitordnung verbunden sind, in der alle gleichzeitig zu arbeiten beginnen bzw. aufhören, verbanden die Auszubildenden die »Denk-Arbeit« mit dem Wunsch nach flexiblen Arbeitszeiten. Sie schlugen vor, Pausen und Feierabendzeiten individuell variieren zu können, um einen begonnenen Vorgang oder Gedanken jeweils abzuschliessen zu können. Dies sind bisher allerdings lediglich Einzelbeobachtungen, die weiterer Analyse und Untersuchung bedürfen.

Der Körper eröffnet den jungen Männern Ressourcen, ihrer Arbeit Sinn zu geben. Dies wird auch an einer weiteren Bedeutungsdimension der Körpererfahrung deutlich, der Entwicklung der eigenen Geschlechtsidentität. Körpergebundene Fähigkeiten wie Kraft, Geschicklichkeit und Durchhaltevermögen sind geschlechtsspezifisch unterschiedlich normiert; alle Vorstellungen von Männlichkeit schließen auch spezifische Körperbilder ein. Die körperlich fordernde Arbeit verschafft den jungen Männern einen Ort für deren Entfaltung, einen Übungsraum, ja gewissermaßen eine Bühne.[4] Für Frauen dagegen halten die Jugendlichen die körperlich anstrengende Arbeit als nicht geeignet.

Eng verbunden mit der geschlechtsspezifischen Unterscheidung ist eine weitere Grenzziehung: Auch soziale Differenzierungen werden im Reden über die körperliche Arbeit markiert und durch die Grenzlinie von Kopf- und Handarbeit definiert. In der Sicht der Jugendlichen schließt »richtige Arbeit« die Fähigkeit ein, alle möglichen – und insbesondere schwer erträgliche –Bedingungen zu meistern und erscheint so als das Gegenbild »unproduktiver« Tätigkeiten in der vor der Außenwelt geschützten, reinen Welt der Büros. Diese Vorstellungen und Abgrenzungen sind unterlegt mit idealisierten Bildern vom selbständigen Handwerker und seiner Unerschrockenheit vor allen erdenklichen praktischen Problemen, seinem Improvisationstalent und seiner Handfertigkeit. Es werden Bilder von Autonomie und Kooperation unter Gleichen, die sich unabhängig von unmittelbarer Kontrolle durch Vorgesetzte fühlen, ausgemalt und Vorstellungen gegenübergestellt von der Dienstbarkeit der Beschäftigten in der hochdifferenziert hierarchisierten Welt der Angestellten, in der selbst die Kleiderordnung nicht praktischen Zwecken, sondern der Ausstellung der »feinen Unterschiede« (vgl. Bourdieu 1982) dient. Ein solches Gegenbild präsentiert zum Beispiel die Sekretärin, die als direkte Untergebene eines »Chefs« alles tun muss, was von ihr verlangt wird, und deren Arbeitsqualität sich nur in der Zufrie-

---

4   Um diese Hypothesen zu präzisieren, erscheint es mir reizvoll zu verfolgen, woher sich das unter den männlichen Jugendlichen weit verbreitete Interesse am Training im Fitnessstudio oder auch in asiatischen Kampfsportarten speist. Als ein Thema in den Seminargesprächen kommen gelegentlich auch die Sportarten zur Sprache, die die Jugendlichen ausüben. Ihre Begründungen deuten daraufhin, dass bewusste Beherrschung und Formung des Körpers hier mindestens ebenso wichtig sind wie der Gewinn an Kraft oder äußerer Attraktivität. Zu verfolgen wäre die Hypothese, dass die Jugendlichen hier den Verlust anderer Möglichkeiten, den Umgang mit ihrem Körper »zu pflegen«, kompensieren. Eventuell wäre auch ein Vergleich mit fußballspielenden Jugendlichen interessant, gilt doch der Fußball als traditioneller Arbeitersport.

denheit eines Vorgesetzen widerspiegelt.[5] In der Welt der Jugendlichen, der Welt der »produktiven« Arbeit dagegen beruht Stolz auch auf den sichtbaren, unmittelbar nützlichen Ergebnissen, deren Wert für andere gegenständlich fassbar ist. Die Welt dieser Arbeit ist ein Territorium männlicher Dominanz, in dem die Männer – im Unterschied zur Welt der Büros – weitgehend unter sich sein können.

Oft wird die Gegenüberstellung von körperlicher Arbeit und Büroberufen von den Jugendlichen auch zur Begründung ihrer Berufswahl herangezogen. Im begrenzten Spektrum zugänglicher Berufe gelten den Jugendlichen ihre Berufe – im Unterschied zu vielen Angestelltentätigkeiten – bevorzugt als Berufe, »die immer gebraucht werden«. In dieser Zuschreibung sind in unmittelbar nützlicher Tätigkeit gegründetes Selbstbewußtsein und Furcht vor einer ungewissen Zukunft untrennbar verbunden.

In solchen Beschreibungen markieren die Jugendlichen, so meine These, Grenzlinien sozialer Klassifizierung und verorten sich selbst: Für diejenigen, die mit dem Zug der Modernisierung der Berufwelt nicht mithalten wollen oder können, lässt sich eine Zukunftsperspektive, die sich den Aufstieg in das Heer der modernen Angestellten ausmalt, nicht als Hoffnung betrachten. Im Lichte der »richtigen Arbeit« relativiert sich die Ungewissheit der Zukunft: Sicher bleibt die Unentbehrlichkeit tradierter Fähigkeiten.

Dem Bild von der »richtigen Arbeit« entspricht ein »Bedürfnis nach Belastung« – ein Bedürfnis, für dessen Erfüllung die ABM-Jugendlichen und die Elektronikauszubildenden in ihrer Erfahrungswelt keinen rechten Platz finden. Die Jugendlichen sind verunsichert, sie fühlen sich unzufrieden und unausgefüllt. Hier lediglich unbefriedigten jugendlichen Bewegungsdrang zu diagnostizieren, würde ihr Problem auf seine physische Komponente reduzieren. Im »Bedürfnis nach Belastung« liegt auch eine motivationale Triebkraft der »Einverleibung« von Arbeitshaltungen. Diese Motivation ist zwar berufstypisch geformt, wird jedoch von einem »allgemeinen Leistungsbewußtsein« (Popitz / Bahrdt 1957) gespeist, das fundamental für die Selbstachtung der jungen Männer ist.[6] Dieses Leistungsbewußtsein nimmt zwar die alte Trennung von Kopf-

---

5   Die jungen Frauen in der Malerausbildung formulieren diese Kategorien der Wertschätzung und der Abgrenzung - unter dem Beifall ihrer Kollegen - besonders deutlich. Die Behauptung der männlichen Dominanz übergehen sie dabei.
Zusammenhänge von geschlechtsspezifischer Abgrenzung einerseits und Aufwertung eines gesellschaftlich im Untergang befindlichen Segments der Berufswelt andererseits sind schon von Willis (Willis 1979) aufgezeigt worden.

und Handarbeit zum Ausgangspunkt, gleichwohl ist es nicht als »naive Identifikation jeglicher Arbeit mit körperlich schwerer Tätigkeit« (Mahnkopf 1985, 179) zu verstehen, sondern als Hervorhebung der Produktivität der lebendigen Arbeit gegenüber dem toten Kapital: »Sie wird verstanden ... als diejenige menschliche Tätigkeit, die am sinnfälligsten ›Arbeit‹ ist; als produktive Arbeit, das heißt eine Funktion, die für die anderen, für die Gesellschaft eine fundamentale Voraussetzung ihrer Existenz schafft.« (Popitz/Bahrdt 1957, 238).[7]

2. Erfahrungswissen

Die Körperlichkeit der Arbeit hat eine weitere Facette: Der Körper ist auch Träger des Wissens und der Fähigkeiten, die man erwirbt. Arbeit bedeutet: Mit allen Sinnen tätig zu sein, nicht nur mit dem Verstand, sondern auch mit einem Gefühl für Material und Werkzeug. Diese Körpergewissheit wird mit der Zeit durch Übung erworben. Weiß man etwas »nur theoretisch«, weil man es nicht ausprobiert und den Vorgang nicht immer wieder erlebt und kontrolliert hat, so verliert man diese Gewissheit oder kann sie gar nicht erst erwerben.[8] Theoreti-

---

6   Der Begriff eines arbeiterspezifischen »allgemeinen Leistungsbewußtseins« geht zurück auf Popitz/Bahrdt und ihre Untersuchung über das »Gesellschaftsbild des Arbeiters« (Popitz/Bahrdt 1957). Der Bezug auf Popitz/Bahrdt mag etwas überholt anmuten, doch meine eigene Untersuchung deutet daraufhin, dass diese Orientierungsmuster sehr langfristig wirksam sind – unter Umständen dauerhafter als die Bedingungen ihrer Entstehung. Gestützt wird diese Annahme auch durch die Studie von Böhle et al. (Böhle 1988) (vgl. auch Mooser 1984, 102).

7   Allerdings ist zu fragen, ob das hier – aus der Untersuchung der drei Gruppen – entwickelte Bild von »Körperlichkeit« der Arbeit auch anderen Berufsbereichen und zukünftigen Entwicklungen der Arbeits- und Qualifikationsanforderungen gerecht wird. Hier weiter zu arbeiten, Körperlichkeit, Gegenständlichkeit, Sinnlichkeit der Arbeit in verschiedenen Arbeitswelten zu untersuchen, erscheint mir von großer Bedeutung für die arbeitspsychologische wie – soziologische Analyse. (vgl. auch Böhle). Zu vermeiden ist, darauf hat Ulf Kadritzke in einer kritischen Anmerkung im Gutachten zu dieser Arbeit zu Recht hingewiesen, das Mißverständnis, es sei »die – historisch durch die Industrialisierung und die Figur des ›male breadwinner‹ geprägte – Körperlichkeit der Arbeit ein letztes Faustpfand, das die Chance für gelingende Identität in Beruf und Gesellschaft verbürge«.

8   Arnold Gehlen hat mit dem Begriff der »gekonnten Bewegung« auf die differenzierten Leistungen aufmerksam gemacht, die in den Bewegungen inkoporiert sind; er verweist dabei auch

sche Unterweisungen können – in dieser Sicht – Übung nicht ersetzen; das im Körper aufgehobene »Wissen« kann nicht theoretisch vermittelt, sondern nur in praktischer Erfahrung gewonnen werden. Sinnliches Erkennen, Handlungssicherheit und Routinisierung stellen sich nur im praktischen Tun her.[9] In der Perspektive der »richtigen Arbeit« ist Wissen vor allem Erfahrungswissen, ein Wissen, das durch Übung und Kooperation erworben wird – also auf ganz anderen Wegen als beispielsweise in der Schule. Die Jugendlichen sind mißtrauisch gegenüber Formen des Wissens, das in Bildungseinrichtungen vermittelt wird und stellen ihr das Bild eines Wissenstypus entgegen, der gerade nicht im schulischen Lernen entstehen kann, sondern erst in der Einheit von Arbeiten und Lernen.[10]

Vor diesem Hintergrund lassen sich nun auch Differenzen in den Erfahrungen der Jugendlichen genauer begreifen: Die Kommunikationselektronik-Auszubildenden vertrauen ihrer mühsam erworbenen Qualifikation nicht; sie sind sich nicht sicher, was sie wirklich »wissen«. Wo kaum Raum für die »Anwendung« von Fertigkeiten in praktischen Zusammenhängen bleibt und wo Routine, die innere Freiheit für neue Lernschritte schafft, kaum entstehen kann, bleiben die Jugendlichen unsicher. Und wichtiger noch: Ihnen fehlt die Absicherung durch die Kooperation mit erfahrenen Kollegen, denn die Ausbilder stehen nicht zur Verfügung, um Zusammenhänge anschaulich zu vermitteln. Gemäß dem neuen Ausbildungskonzept hat das Vor- und Nachmachen als Königsweg der Qualifikationsvermittlung ausgedient, und die Kooperation zwischen älteren Kollegen und den Auszubildenden ist aus den Ausbildungswerkstätten verschwunden – so sehen es zumindest die Auszubildenden. Das Lernen mit Hilfe

---

auf die Tatsache, dass gerade die höchsten Leistungen Unbewusstheit voraussetzen, beziehungsweise erst beherrscht werden, wenn die Abläufe nicht mehr bewusstseinspflichtig sind (Gehlen 1986, 190ff).

9   Vgl. auch: Klaus Holzkamps Studie »Sinnliche Erkenntnis« (Holzkamp 1976, 11f).

10   Einen Hinweis auf die Bedeutung solcher Deutungsmuster geben auch die Ergebnisse einer Studie von Böhle et al : »Was hier zählt, ist somit nicht isoliert die physische Konstitution oder Kraftverausgabung, sondern die Entwicklung eines Körpers, der zu einem sinnlichen »Begreifen« in seiner doppelten Bedeutung befähigt: Zum »Erkennen« wie auch zum »praktischen« Umgang mit natürlichen und sozialen Lebensbedingungen. Da dieses Wissen von sinnlicher Erfahrung und damit vom Körper nicht ablösbar ist, kann es auch ohne Verbindung mit praktischem Tun weder dargestellt noch erlernt werden. Vor- und Nachmachen sind entsprechend die Formen, in denen ein solches Wissen vermittelt wird.« (Böhle 1989, 504) vgl. auch Böhle 1988.

von Fachliteratur kann die entstandene Unsicherheit nicht kompensieren. Im Gegenteil: Der Anspruch, das allgemeine Wissen müsse selbständig für die jeweils konkrete Aufgabe aufbereitet werden, erzeugt mehr als nur Unsicherheit, er schafft Widerstände. Die Jugendlichen lehnen diese Form des Lernens ab, weil sie darin lediglich einen unzureichenden Ersatz sehen wollen, und weil sie den Eindruck haben, dass sich das Ausbildungspersonal der eigentlichen Vermittlungsarbeit verweigert. Auch das Versprechen, im Umgang mit der Literatur bilde sich die Kompetenz heraus, die in der Kooperation und Konkurrenz mit Ingenieuren gebraucht werde, erscheint den Jugendlichen nicht glaubwürdig. Sie meinen es besser zu wissen, sehen sie doch ihre potentielle Stärke als Facharbeiter in einer Wissensform, über die Ingenieure aufgrund ihrer anders strukturierten, akademischen Ausbildung gerade nicht verfügen können. Die Forderung, ausgerechnet diesen spezifischen Vorteil zur Disposition zu stellen und den akademisch qualifizierten Ingenieuren quasi auf deren eigenem Feld, der Theorie, zu begegnen, erscheint den Auszubildenden als sinnlose, ja qualifikationsgefährdende Zumutung.

Die Situation der Auszubildenden im Malerhandwerk ist eher ambivalent. Sie leiden unter der permanenten Wiederholung der immer gleichen (Vor-) Arbeiten und ihrem schmalen Tätigkeitsspektrum. Gleichwohl sind sie der Auffassung, dass die Zuweisung der Vorarbeiten an die jeweils jüngsten Auszubildenden sinnvoll sei: »Weil man es dann kann«. Sicherheit im Hinblick auf die eigene Qualifikation erwächst für sie, am Maßstab der »richtigen Arbeit« gemessen, erst im Vollzug und beweist sich als Souveränität bei der Bewältigung von Arbeitsaufgaben. Die Jugendlichen wünschen sich zwar eine Erweiterung ihres Qualifikationsprofils, doch einen prinzipiell anderen Weg des Lernens können sie sich nicht vorstellen.

Bei der ABM-Arbeit im Gartenbau verhindern wechselnde Aufgaben ohne Systematik und von nur geringer Planbarkeit, dass die positive Erfahrung von Routine und Sicherheit überhaupt zum Tragen kommt. Gleichwohl ist bei den Jugendlichen in der AB-Maßnahme die Wertschätzung des Wissens noch in ihrer Würdigung der Anleiter zu erkennen. Für die Jugendlichen sind es unter allen Betreuern in der Maßnahme nur diese, in einem Arbeiterberuf erfahrenen Kollegen, die als Wissensvermittler akzeptiert werden. Sie sind es, von denen sich die Jugendlichen zeigen lassen, wie gearbeitet wird, wie es im beruflichen Alltag zugeht und was »draußen« verlangt wird.

Unter jeweils umgekehrten Vorzeichen zeigen die Stellungnahmen der Maler einerseits und der Elektroniker und ABMer andererseits, dass die Zeit der Ausbildung von den Jugendlichen auch als eine Zeit der Prägung des Körpers erlebt wird – eine Prägung, die die Voraussetzung für die Gewissheit der eigenen Qualifikation bildet. Während die Maler zwar unzufrieden mit der Breite ihrer Qualifikation sind, so akzeptieren sie doch deren »Tiefe«: Ihre Qualifikation beruht auf teilweise mühsam erworbener Körperbeherrschung, die jedoch schließlich als Souveränität erlebt und gelegentlich sogar genossen wird. Die wiederkehrende Kritik der jungen ABM-Arbeiter wie der Elektronik-auszubildenden am »Rumsitzen« ist dagegen Indiz einer Verlusterfahrung. Die Jugendlichen leiden unter dem Mangel an körperlicher Betätigung, denn dieser bedeutet für sie mehr als Langeweile, bringt er doch eine tiefgreifende Verunsicherung zum Vorschein: Zweifel an der Realitätstüchtigkeit ihrer Qualifikationen, ja letztlich an der Realitätstüchtigkeit ihrer selbst.[11]

3. Ordnung, Autorität und Hierarchie

Die Maler durchlaufen ihre Ausbildung eingespannt und integriert in die betrieblichen Abläufe; sie sind in kooperative Strukturen eingebunden. Vor allem von den Kollegen, mit denen sie es im betrieblichen Alltag zu tun haben, hängt ab, wie sie mit ihrer Situation zurechtkommen – im Guten wie im Schlechten. Die Anstrengungen der Jugendlichen richten sich auf das Überleben in der Kooperation. Dies schließt Zurückhaltung bei der eigenen Meinung und Verzicht auf Protest gegen Belastungen und Zumutungen ein. Das Überleben in oder gar das Gelingen der Kooperation birgt eine Belohnung: kollegiale Anerkennung oder zumindest Akzeptanz. Das »Stufensystem« der Malerausbildung stellt den Jugendlichen ein Aufrücken in der Hierarchie in Aussicht. Vor

---

11 Die Untersuchungen von Böhle et al haben die Bedeutung des Wissens im Zusammenhang mit der Körperlichkeit für die Arbeiterberufe herausgearbeitet und auf eine Paradoxie verwiesen: »In dieser Verbindung von Körper und Wissen ... liegt der zentrale Grund für die besondere Bedeutung des »Körpers« im sog. »Arbeitermilieu« und seine besondere Rolle im Kontext eines spezifischen ›Klassen-Habitus‹ (Bourdieu).« (Böhle 1989, 504). Im von Bourdieu formulierten Konzept des »Habitus« dagegen (Bourdieu 1976,446; Bourdieu 1987, 98f), das vor allem auf die soziale Distinktion hin entworfen ist, oder in den Untersuchungen zur britischen Unterschichtsjugend des CCCS, die deren Interaktionskompetenzen in den Vordergrund stellen (Willis 1979, Cohen 1979, Clarke 1979), erhält diese Dimension des Wissens keine besondere Aufmerksamkeit.

diesem Hintergrund können die Jugendlichen die Unterordnung und die Zwänge des Arbeitsalltags einordnen. Das System wird akzeptiert, Kritik bleibt lediglich auf dessen »Auswüchse« bezogen.

Demgegenüber verbringen die Elektroniker die längste Zeit ihrer Ausbildung unter Jugendlichen, denen es allen naturgemäß an beruflicher und Lebenserfahrung fehlt; sie fühlen sich fernab der »Realität«, die nur die Kooperation schafft. Während für die Maler die Ausbildung einen langsamen, doch steten Aufstieg im Stufensystem in Aussicht stellt, bleiben die Elektroniker ohne solche Hoffnung; ihr Status bleibt innerhalb der Ausbildung immer derselbe schwer erträgliche Status eines Anfängers. Obwohl sie weit umfangreicher als die Maler technisch und theoretisch geschult werden, sehen die Elektroniker sich dauerhaft als »doofe Azubis« eingruppiert. Dabei richten sich ihre Wünsche nicht allein auf Anerkennung; sie suchen gleichermaßen nach Führungsfiguren, die Gleichheit mit Überlegenheit verbinden können. Doch die Suche bleibt erfolglos; die Auszubildenden finden keine hierarchische Ordnung vor, in der ihre Wünsche aufgehoben sind; ihre Ansprüche an die Ausbilder bleiben unerfüllte Sehnsüchte.

Die Jugendlichen in Arbeitsbeschaffungsmaßnahmen sehen in ihrer Beziehung zu den Anleitern zumindest noch eine rudimentäre Form eines Wechselverhältnisses von Kooperation und Wissensvermittlung. Doch letztlich bleiben auch die Anleiter für die Jugendlichen nur »Betreuer«, sie sind keine Kollegen, in deren Status sich den Jugendlichen die eigene Zukunft verkörpert und deren Zumutungen man deshalb ertragen kann, weil man selbst einmal so werden wird wie sie. Eine Hierarchie nach ihrer Vorstellung können sie in den Strukturen des Sozialprojekts nicht finden; die Forderung nach einem »Chef« gibt diesen Vorstellungen ihren knappsten Ausdruck. Ein »Chef« hat das Recht, über die Arbeitskräfte zu verfügen. Um zu lernen, wie man solchen Druck, die Macht der Vorgesetzten aushält, wünschen sich die Jugendlichen in der Maßnahme schärfere Kontrollen und Sanktionen, sie verlangen mehrheitlich strengere Führung und kritisieren jegliches »Chaos«. Doch zugleich sprechen sie den Maßnahmemitarbeitern gerade das Recht ab, so über sie zu bestimmen wie ein Arbeitgeber. Alle Versuche, stringentere Arbeitsformen durchzusetzen, werden letztlich nicht oder nur oberflächlich akzeptiert – ein Kreislauf, der erst mit der Maßnahme endet.

Der Topos der »richtigen Arbeit« schließt auch ein Bild sozialer Ordnung ein: die Vorstellung eines strukturierten, nicht chaotischen sozialen Gefüges, in dem es für jeden einen Platz gibt, der bereit ist, diesen Platz auszufüllen. Im

Topos der »richtigen Arbeit« mischen sich Einsichten in hierarchische Unter-
drückungsmechanismen mit romantischen Vorstellungen: Es wird ein Weltbild
verteidigt, das voller Ungerechtigkeit und Härte ist. Man muss etwas leisten und
sich einordnen, wenn man dazu gehören will, aber auch die Fähigkeit entwickeln, Spielräume zu erkennen und zu nutzen. Die Autorität, die hier gesucht
wird, ist eine väterliche Autorität, die zugleich Wissen und Anerkennung vermittelt. Die Hierarchie, die Unterordnung fordert, gewährt zugleich Sicherheit.
Die kollegialen Beziehungen werden idealisiert als verläßliche vorgestellt –
zumindest für jene entscheidenden Momente, in denen »es darauf ankommt«;
der Umgangston ist frei von Floskeln und falscher Höflichkeit. In diesem Bild
sind die Kollegen eine Gruppe, in der die Jugendlichen sich – sofern sie hart
arbeiten – zugleich anerkannt und geschützt sehen.

4. »Richtige Arbeit« in unterschiedlichen Erfahrungswelten

Die verschiedenen Elemente des Deutungsmusters der »richtigen Arbeit« bilden
kein festgefügtes Gebäude. Im Lichte der »richtigen Arbeit« entwickeln die
Gruppen für sich ihre je berufs- bzw. situationsspezifischen Problemdefinitio-
nen, selektive Rekonstruktionen, bei der sie jeweils bestimmte Themen des Bil-
des von der »richtigen Arbeit« akzentuieren. Für alle drei Gruppen bildet dieser
Topos auch einen Maßstab für die Formulierung gerade der problematischen
Aspekte ihrer Ausbildung. Die Elektroniker zentrieren ihre Sicht der Ausbildung
auf den Gegensatz von »Theorie« und »Praxis«. Sie sehen sich in ihrer Ausbildung vorwiegend mit Lernprojekten konfrontiert; im Unterschied zu Übungs-
und Praxiseinsätzen, die die Jugendlichen als Einblick in »richtige Arbeit« anerkennen, sehen sie die Ausbildung in der Werkstatt als bloße »Theorie«, der wichtige Dimensionen realer Anforderungen fehlen. Zwischen den abstrakten Anforderungen theoretischer Qualifizierung und den dürftigen Erfahrungen mit konkreten Arbeitszusammenhängen fühlen sich die Elektroniker weder des einen
noch des anderen sicher. Obwohl die Jugendlichen erkennen, dass die Anforderungen der »Praxis«, die sie bei Übungseinsätzen kennenlernen, längst
nicht so hoch sind, wie der ehrgeizige Anspruch ihrer Ausbildung, halten sie
doch an ihrer Kritik fest. Sie behaupten, dass diese Anforderungen auch ohne
ihre theoretischen Kenntnisse, allein auf der Grundlage mehrmonatiger praktischer Einarbeitung zu bewältigen wären und dass eben diese Einarbeitung ihnen
fehle. Sie ahnen, dass »Praxis« eine begrenzte Erfahrung ist, die wesentliche

Momente zukünftig notwendiger Qualifikation nicht vermitteln kann und sich schnell in einem eng begrenzten Tätigkeitsspektrum und Routine zu verlieren droht. Doch der Reiz der »Praxis« bleibt trotz dieser Vorahnungen erhalten. Wie kann diese Immunisierung gegen Erfahrung erklärt werden?

Meine These ist, dass die Auszubildenden, die sich in ihrer Auseinandersetzung mit der »Theorie« permanent mit sich allein auseinandersetzen müssen und von Zweifeln am Sinn dieser Vorbereitung auf zukünftige Herausforderungen geplagt werden, in praktische Arbeitsvollzüge eingebunden, all diese Motivationsprobleme vergessen. Die Erfahrung der Kooperation, der Druck der Notwendigkeit und das aktive Tun überlagern in der Wahrnehmung der jungen Männer die Einsichten in die Begrenztheit dieser Praxis. Schließlich, so meinen sie, entscheide sich in der »Praxis«, worauf es ankomme. Hier bestätigen sich ihre Erwartungen an eine »richtige Arbeit«, ihre Erfahrungen stimmen mit ihren Erwartungen von Sicherheit und Können überein und befreien die Jugendlichen – zumindest vorübergehend – von der Angst, der Basisqualifikationen zu entbehren, die der theoretischen Qualifizierung erst ein Fundament gäben. Vor die vage Drohung eines unabschließbaren theoretisch-technischen Fortschritts, auf den ihre theoretische Ausbildung vorbereiten soll, schiebt sich die unmittelbare Erfahrung der Körpersicherheit; traditionelle Facharbeiterbilder obsiegen über die diffusen Definitionen von Schlüsselqualifikationen, an denen sich die Jugendlichen nicht zu orientieren vermögen.

Für die Maler, die Gruppe, die in der »richtigen Arbeit« nicht allein eine zukünftige Perspektive, sondern ihre Gegenwart erkennt und benennt, stellt sich ihr Dilemma anders dar: Trotz aller Unzufriedenheit im einzelnen erfahren sie die Möglichkeit der Identifikation mit ihrem Beruf. Sie schildern Elemente der »richtigen Arbeit« am konkretesten: Sichtbare Ergebnisse nützlicher Tätigkeiten, dichte Zeiterfahrung, eingebunden in hierarchisch und autoritär gegliederte kooperative Zusammenhänge, körperliche Anstrengung, oft bis zur Erschöpfung und die Erfahrung der Übung, der Sicherheit im Umgang mit Material und Werkzeug. Über all dem: Der Zwang zum Handeln, der alles zusammenhält und auch bei großen Belastungen das Ergebnis sichert. Die Auszubildenden akzeptieren diese Anforderungsstruktur, obwohl die fachliche Qualifizierung dahinter zurückstehen muss. Der Hintergrund dieser Akzeptanz liegt in der Prämisse, dass die Arbeit nützlich und unentbehrlich ist. Mehr noch: Dass diese notwendige Arbeit getan werden muss und denjenigen, die sie tun, Anerkennung gebührt.

Doch diese Erwartung wird enttäuscht. Für die jungen Maler ist »richtige Arbeit« die »Arbeit, die gemacht werden muss«. Doch dieser Einsatz wird gesellschaftlich nicht honoriert. Im Gegenteil: Ihre Arbeit wird gering geschätzt. Malerarbeit zählt – so sehen es die Auszubildenden selbst – als unqualifizierte, schmutzige Arbeit, die von denen verrichtet wird, die keine andere Wahl hatten. Das Sozialprestige des Berufs ist sehr niedrig. So sehen sich die Auszubildenden zwischen der erlebten Bestätigung einerseits und sozialer Diskriminierung andererseits, einer Diskriminierung, die gerade gegen die Momente ihrer Erfahrung gleichgültig sind, aus denen die Jugendlichen selbst ihre Bestätigung schöpfen: produktive physische Arbeit, die nützlich für andere ist. Der gesellschaftlichen Mißachtung können sich die Jugendlichen nicht entziehen; sie versuchen daher, die latente Selbstentwertung, die mit der Diskriminierung einhergeht, zu verdrängen, indem sie die Forderung nach Anerkennung nach außen wenden. Im Topos der "richtigen Arbeit" finden sie dafür die Legitimation und das argumentative Fundament, das ihnen Gefühlssicherheit gibt.

Den ABM-Teilnehmern schließlich dient die »richtige Arbeit« als Maßstab ihrer Kritik des pädagogischen Schonraums. Ein Maßstab, der immer aufs Neue die Differenz ihrer Lebenslage zur gesellschaftlichen Normalität bestätigt. Die »richtige Arbeit« bietet den Jugendlichen einen Bezugspunkt für die Benennung der Unzufriedenheit, der Langsamkeit und Langeweile, die sich unter ihnen trotz aller pädagogischen Bemühungen immer wieder breit macht. Eine »Berufsvorbereitung« als Vorbereitung auf »richtige Arbeit« hat in den Augen der Jugendlichen wenig Sinn, denn deren entscheidende Dimensionen können in einer Maßnahme gerade nicht nachgestellt werden. Arbeiten kann man – in dieser Sicht – eben nicht üben. Im Lebenslauf wird die Zeit als Lücke empfunden, die Biographie läuft sozusagen im Leerlauf: Der weitere Lebensweg hängt nicht von der Maßnahme, sondern von späteren Ereignissen ab. In der Auseinandersetzung mit den steten Forderungen nach Motivation, Aufholen von Bildungsdefiziten, vernünftiger Lebensweise ermöglicht das Festhalten an der »richtigen Arbeit« einen distanzierten Standpunkt: den Standpunkt derjenigen, die – obgleich alternativlos darin gefangen – durchschauen, dass die Maßnahme letztlich nicht funktionieren kann.

Im Beharren auf der »Realität« der Arbeit erwächst für die Jugendlichen ein Moment der Selbstbehauptung gegenüber identitätsbedrohenden Zumutungen und Spannungen. Sie gewinnen aus der Perspektive der »richtigen Arbeit« eine distanzierte, latent widerständige Haltung gegenüber Zuschreibungen und Erwartungen von außen und institutionellen Zwängen: Im Topos der »richtigen Arbeit« wird eine Wirklichkeit behauptet, gegenüber welchen pädagogische

Zumutungen, theoretische Überforderung und soziale Geringschätzung als sekundär erscheinen.

5. »Bewährung«[12]

Im Topos der »richtigen Arbeit« entwerfen die Jugendlichen eine Wunschwirklichkeit, die nicht harmonisch, sondern von Macht strukturiert und von Zwängen durchzogen ist; eine übermächtige Struktur, in der sich bedrohliche wie erwünschte Anforderungen mischen. Hier findet ihre Hoffnung auf soziale Anerkennung und gesellschaftliche Integration einen – imaginären – Ort. In Ausbildung und Arbeit geht es nicht allein darum, wie man leben will, sondern vor allem darum, wie man leben muss. Selbst – ja gerade – den negativen Erfahrungen wird so ein Sinn verliehen; im Leiden an der Arbeit erfährt man die Realität und ist gezwungen standzuhalten. Den Auszubildenden gilt die Zeit ihrer Ausbildung als eine Zeit wichtiger Lebenserfahrung. Sie befinden sich in einer Übergangssituation, sind Berufsanfänger; ihre Unerfahrenheit und ihr niedriger Status prägen ihre Erfahrungen. »Berufliche Sozialisation« erscheint ihnen als der Prozess des Sich-Einlebens in eine Welt mit eigenen Gesetzen – und der Entwicklung von individuellen Vorstellungen und Zielen darin. Der Topos von der »richtigen Arbeit« läßt sich deshalb auch als ein idealtypisches Biographie-Modell lesen: In der Bewältigung körperlicher Herausforderungen, durch wachsende Beherrschung ihrer Aufgaben und in der Selbstbehauptung in der direkten Kooperation im Arbeitsprozeß erwirbt man die Kompetenzen, die einen in der Hierarchie aufrücken lassen: von der untergeordneten Hilfskraft zum vollwertigen Arbeiter, dem man nichts mehr vormachen wird. In einem überschaubaren, intensiven Zeitabschnitt werden nicht allein fachliche Kenntnisse, sondern – vor allem – Verhaltenssicherheiten erworben.

Eine Ausbildung zu durchlaufen bedeutet mehr als den Erwerb von Wissensbeständen: eine Initiation. Zum Abschluss ist man ein anderer Mensch als vorher: ein Mann. Denn »richtige Arbeit« bedeutet nicht zuletzt »Männerarbeit«. Der Weg, den die Jugendlichen vor sich sehen, ist einer der Entwicklung

---

12 Die Thesen in diesem Abschnitt beruhen nicht allein auf der Auswertung der Materialien aus Seminaren zum Thema »Arbeit und Gesundheit«; hier gehen auch Erfahrungen mit Seminaren zum Ausbildungsabschluß – »Abschied« und Seminare mit antirassistischer Zielsetzung zum Thema »Heimat« ein. (vgl. Steil 1995; Czock / Panke / Steil 1999).

und Bestätigung der beruflichen als männlicher Identität. Einer Identität, die sich zuerst und vor allem als Handlungsfähigkeit in den unmittelbaren Beziehungen am Arbeitsplatz entwickelt und bestätigt.

In den Schilderungen der Maler fallen Erwartung und Erfahrung weitgehend zusammen: die »richtige Arbeit« ist eine einschneidende Erfahrung, ein biographischer Wendepunkt. Körperliche Überlastung und Gefahren, ökonomische Ausbeutung und demütigende Behandlung sind für sie Teil der Integration in die Arbeit; in der Desillusionierung meinen die Jugendlichen zu erkennen, »wie das (Arbeits-)Leben eben ist« und wie man damit umgehen muss. Identität erwächst aus der Bewältigung der Anforderungen und Enttäuschungen. Die Macht der »richtigen Arbeit« spüren die Jugendlichen in den Veränderungen, die in ihnen selbst vorgehen. Sich selber (und auch Eltern und allen anderen) beweisen, dass man »durchhält« – dies ist eine typische Zielformulierung Auszubildender im Ausblick auf die bis zur Gesellenprüfung verbleibenden Jahre.

Das Lohnarbeitsverhältnis zwingt, Über- und Unterordnung auszuhalten. Alterstypischer moralischer Rigorismus, die jugendliche Aufteilung der Welt in Freunde und Feinde, muss schmerzhaft in kollegiale Beziehungen transformiert werden, die auch unter dem Druck interner Machtverhältnisse, persönlicher Spannungen und Verletzungen funktionieren können. Das Ideal einer sozialen Ordnung, das im Bild der »richtigen Arbeit« entworfen ist, hält einen Schwebezustand fest: Das paternalistisch geprägte Phantasma sozialer Aufgehobenheit, das hier enthalten ist, kann auch als Suche nach väterlicher Autorität bei gleichzeitiger Zurückweisung von deren Machtanspruch interpretiert werden und wird so auch als adoleszenzspezifisches Konstrukt erkennbar. Der Psychoanalytiker Peter Blos nennt das Entwicklungsziel dieses Lebensabschnitts: Leben mit Ambivalenzen, nicht Absolutheiten. (vgl. Blos 1973)[13]

---

13 Inwieweit solche Deutungsmuster und Haltungen als »Hindernisse« für moralisches Lernen bzw. für die Reflexion von Problemen vom Standpunkt einer universalistischen Moral aus zu betrachten und (pädagogisch) zu bearbeiten wären, ist eine Frage, die entwicklungspsychologisch genauer untersucht werden müßte. Wichtige Hinweise auf die Zusammenhänge von moralischem Lernen und beruflicher Sozialisation – ausgehend von den Studien Kohlbergs

5.1. »Richtige Arbeit« als Gegenwelt zur Schule

In der Sicht der Jugendlichen trennt eine unüberbrückbare Differenz des Lebens- und Zeitgefühls die Welt der Arbeit von der Welt der Schule. In der Arbeit erwarten sie einen Neuanfang. Alle Jugendlichen, mit denen wir gesprochen haben, waren der Meinung, dass es für sie Zeit war, den Lebensabschnitt »Schule« zu beenden – selbst wenn einige sich nun aus der Rückschau durchaus wieder zurückwünschen und sich ein »freies Jahr« vorstellen könnten. Die Mehrheit der jungen Männer assoziert vor allem Gleichgültigkeit mit ihren letzten Schuljahren; sie erinnern sich an Geringschätzung durch Lehrer und eigene Vermeidungsstrategien; in der Schule zu lernen bedeutet für sie, für sich allein auf einen abstrakten, kaum absehbaren Nutzen hin tätig zu sein, von Lehrern kaum als Individuum wahrgenommen zu werden und körperlich – in mühseligen Auseinandersetzungen – »ruhig gestellt« zu werden.

Diese Elemente sind es, die die Jugendlichen in Erinnerung an ihre Schulzeit ablehnen – nicht den Erwerb von Wissen überhaupt, wie ja auch ihre Sicht auf den Zusammenhang von Arbeiten und Lernen zeigt. Der Langeweile der Schulzeit wird die aus Angst wie Lust entstehende Spannung entgegensetzt, mit der die jungen Männer der Konfrontation mit der »Realität« entgegen gehen. Der intensive Wunsch nach neuen Erfahrungen verbindet sich mit dem Anspruch auf »Geltung« (McClelland) und lädt die jenseits der Schuljahre liegende Zeit mit Bedeutung auf, die die Kritik an der Schule spiegelbildlich wiedergibt. In der Entgegensetzung von Arbeit und Schule wird ein Bild von der Schule entwickelt, das ebenso stilisiert ist wie das ihres Gegenbildes, der »Realität« der »richtigen Arbeit«.

Einen Teil ihrer Schubkraft erhält die Hochschätzung »richtiger Arbeit« also aus der Distanz zur Welt der Schulen; sie entsteht in der Fluchtbewegung, mit der diejenigen Jugendlichen aus den Institutionen der »konsumistischen Sozialisation« (Baethge 1986) hinausdrängen, für die Schulbildung keine identitätsstiftende Funktion gewinnen kann. Die Vorstellung des Übergangs von

---

(Kohlberg 1986) – geben die Untersuchungen von Hoff, Lappe und Lempert zur Entwicklung des Moralbewußtseins bei Auszubildenden (vgl. Hoff 1982; Hoff 1992; Hoff 1995; Hoff / Lappe / Lempert 1991; Lempert 1981; Lempert 1986). Als repräsentative Untersuchung Auszubildender in Berlin vgl. auch Harbordt / Grieger 1995. Ein aktueller Beitrag zur Diskussion um Fremdheit als Problem moralischer Entwicklung für junge Berufstätige vgl. Kenngott / Steil 2003.

der Schule in die »richtige Arbeit« entwirft ein Zeitkontinuum, dessen Verlauf die »Realität« unweigerlich auf die Jugendlichen zukommen läßt und so dem Lebenslauf eine Richtung gibt.[15]

Der Topos der »richtigen Arbeit« – so meine These –, entsteht nicht erst mit den ersten Arbeitserfahrungen, sondern bereits im Verlauf eines zunehmend als sinnlos empfundenen Bildungsweges.[16] Der Vorstellungskomplex von Realität

---

14   Auch Marie Jahoda hat in verschiedenen Arbeiten das Motiv der Realitätsbindung in entwicklungspsychologische Überlegungen eingebettet. Arbeit wie Arbeitslosigkeit bedeuten je nach Alter und sozialer Rolle etwas anderes und müssen dementsprechend differenziert untersucht werden. So analysiert Jahoda die Arbeitsbedingungen in einer walisischen Koope-rative und reflektiert unter anderem, welche Bedeutung das Lebensalter der beteiligten Perso-nen für den Erfolg des Vorhabens hat (1989 Jahoda). In Zeiten hoher Arbeitslosigkeit werden in dieser Kooperative Ersatzarbeitsverhältnisse angeboten, für die zwar kein Lohn gezahlt wird, aus denen aber jeder einen Anteil an den erarbeiteten Naturalien erhält. Jahoda kann zei-gen, warum jüngere Männer für eine kontinuierliche Mitarbeit nicht zu gewinnen sind, während ältere dieses Angebot gern wahrnehmen: Ist Beschäftigung in der Kooperative für die einen ein akzeptabler Übergang in den Ruhestand, erfahren die anderen sie als Verweigerung einer biographisch sinnvollen Perspektive und verharren in Ablehnung, obwohl es keine Alter-native für sie gibt. (Jahoda 1989, 74) Jahoda nimmt an, dass das Jugendalter als eine Etappe im Lebenslauf anzusehen sei, während der in der Regel noch keine sozialen Erfahrungen und Betätigungsfelder gegeben sind, die einen »Ausfall« von Arbeitserfahrungen kompensieren können; in der Jugend kann es kein funktionales Äquivalent für die Arbeit geben.

15   Dies müßte jedoch weiter untersucht werden; eine ganze Reihe von Fragen wären genauer zu beantworten, wenn die These, dass das rigide Festhalten an bestimmten Bildern von Arbeit durch Bildungserfahrungen geprägt beziehungsweise als Abgrenzung davon definiert ist, gesi-chert werden soll. Läßt diese Haltung sich als Versuch begreifen, dem individuellen Lebens-lauf eine Wende zu geben, die nicht allein den Definitionen der Institution Schule überlassen bleibt? Und läßt sich die Vermutung bestätigen, dass der faktisch so wichtige Schulabschluss, der von den einzelnen oft gar nicht begriffen, ja vergessen wird, als biographischer Wende-punkt ausgeblendet wird, zugunsten einer viel entscheidenderen Prüfungszeit in der Zukunft? Welche Rolle spielt bei der Überhöhung der »Realität« die imaginäre Umkehrung der Macht-verhältnisse zwischen Lehrern und Schülern, die sich dort vollzieht - gehen doch die Schüler nun hinaus in das "wahre Leben" und lassen ihre Lehrer zurück? (zur Institutionalisierung des Lebenslaufs vgl. Kohli 1985; Kohli 1989; zum Zusammenhang von Institutionalisierung und Individualisierung vgl. Beck 1986).

16   Eine Reihe von Untersuchungen hat, neben der richtungsweisenden Studie von Hurrelmann und Wolf in den 80iger Jahren die Belastungen, die die Schulzeit für Schüler auch über diese

und »richtiger Arbeit« als Leitmotiv (arbeits-)biographischer Konstruktionen bewahrt deshalb selbst dort seine Kraft, wo gar »nicht richtig« gearbeitet wird. Untersuchungen zeigen (z.B. Hurrelmann/Wolff 1986), dass Jugendliche, denen die Integration in die Arbeit gelingt, ihr (relatives) Scheitern an der Institution Schule kompensieren können und dass im Verlauf einer Ausbildung eine Neubewertung der Biographie möglich ist.[17] So gesehen beschreibt der Topos der richtigen Arbeit auch eine schichtspezifische Hoffnung auf »Jugend als zweiter Chance« (Erdheim 1982, 298).[18]

Die Vorstellung der Bewährung in der zur »Realität« stilisierten Praxis umreißt einen »Code«[19], eine objektive Sinnstruktur, in deren Licht die Ausbildung für die Jugendlichen zur »Reifeprüfung« wird. Auf die Zumutungen, die

---

Zeit hinaus bedeuten können, thematisiert. Vgl. auch Bolder 1983; Fend 1981; Fend 1984; Helsper 1991.

17 Erdheims Begriff von der »Jugend als zweite Chance« geht auf Erikson zurück, auf dessen Begriff des »psychosozialen Moratoriums«. (Erikson 1973) Dieser Begriff beschreibt allerdings ein schichtspezifisches Phänomen, das für viele Jugendliche aus Arbeiterfamilien nie zutraf. Seit der Bildungsexpansion läßt sich jedoch annehmen, dass sich dieses Phänomen verallgemeinert – aber in seiner Funktion auch verändert hat. (vgl. Baethge 1986; Lutz 1983)

18 »Codes« im Sinne von Bourdieu sind objektive Sinnstrukturen, die die habituelle Identität programmieren. Dieser Begriff wird hier aber in einem allgemeineren Sinn verwandt; vgl. Willems 1987, der eine lange Kette von Ahnherren dieses Begriffs nennt: Gehlen, Berger/Luckmann, Elias und Foucault, Goffmann - um nur die wichtigsten zu nennen.

19 Damit ist nichts über den Stellenwert dieses gegenüber anderen »Codes« für diese Gruppe und schon gar nicht über die Individuen ausgesagt. Auch ist es nicht möglich, etwas darüber auszusagen, welchen Stellenwert Arbeit für die einzelnen Jugendlichen in ihrem Lebensentwurf hat. Diese Fragen sprengen den Rahmen und die Fragestellung dieser Arbeit. Gleichwohl gibt es Hinweise in der Literatur (und auch in den Ergebnissen dieser Studie), die darauf schliessen lassen, dass der zentrale Stellenwert der Arbeit in den Lebensperspektiven Jugendlicher erhalten bleibt und dass Arbeit und Beruf von Jugendlichen weiterhin als ein wesentliches Feld von Erfahrungen und Handlungsnotwendigkeiten erfahren und gesehen werden. (Vgl. Baethge et al 1987 und 1988; Brock / Otto-Brock 1988; Heinze et al 1987). Dazu Baethege (Baethge 1987, 1987 , 327f): »Ginge es nach gängiger Kulturkritik..., dann hätte die Arbeit als Bezug für die Lebenskonzepte von Jugendlichen weitgehend ausgespielt oder könnte allenfalls noch jenen untergeordneten Stellenwert in der Verausgabung psychischer Energien, in der inneren Beteiligung bei der Suche nach der eigenen Identität beanspruchen, den unvermeidbare Verpflichtungen jedem lästigerweise irgendwie abverlangen... Systematisiert man die Schilderungen der Jugendlichen ... so kann von einer mehrheitlichen Abwendung von Arbeit und

diese für sie bereithält, sind sie eingestellt. Was sie erhoffen und befürchten, ist sozusagen die gruppen- oder klassenspezifische Form des lebensgeschichtlichen Einschnitts, den Gadamer als »Erfahrung der Erfahrung« beschreibt: »So sehr es ein begrenztes Ziel erzieherischer Fürsorge sein mag, wie sie etwa die Eltern für ihre Kinder haben, jemandem bestimmte Erfahrungen zu ersparen – was Erfahrung im ganzen ist, ist nichts, was jemand erspart werden kann. Erfahrung in diesem Sinne setzt vielmehr notwendig mannigfache Enttäuschung von Erwartungen voraus und nur dadurch wird Erfahrung erworben. Dass Erfahrung vorzüglich die schmerzliche und unangenehme Erfahrung ist, bedeutet nicht etwa besondere Schwarzmalerei, sondern läßt sich aus ihrem Wesen unmittelbar einsehen. Nur durch negative Instanzen gelangt man (…) zu neuer Erfahrung.« (Gadamer 1960, 338).

So erfüllt der Topos der »richtigen Arbeit« eine wichtige Funktion, indem er gleichgerichtete Wahrnehmungen der Jugendlichen spiegelt und geteilte Ansichten beschreibt – doch er begründet keine Gemeinschaft. Er kann den Wandlungsprozeß nicht umkehren, dem die traditionellen Arbeitermilieus unterworfen waren. Darin liegt seine Grenze: dass er den Zerfall homogener Gemeinschaftlichkeit nicht mehr verhindern kann. Denn »homogene« Betriebs- und Berufskulturen gibt es kaum noch; anderen Gruppen als den jungen, männlichen, deutschen Jugendlichen gelingt es zunehmend, in die Stammbelegschaften der Betriebe vorzudringen. Frauen, Abiturienten, Jugendliche ausländischer Herkunft erschüttern mit ihrer Präsenz das kollektive Selbstbild der Klassenindividuen, ihre klare Vorstellung »von uns«, ebenso wie die theoretischen

---

Beruf als Zielperspektive für die Bemühungen um eine verbindliche Orientierung für die eigene Lebensgestaltung nicht die Rede sein. Nach wie vor kommt Arbeit und Beruf eine bevorzugte Stellung bei der Suche nach einer Sinn- und Gestaltungsperspektive für das eigenen Leben zu. Ihr Bedeutungsgehalt und ihr Bedeutungsgewicht wechseln zwar zwischen den vorfindlichen Lebenskonzepten, bei ihrer überwiegenden Mehrheit aber spielen Arbeit und Beruf eine große Rolle; und dies nicht vorrangig als bloßes Mittel zum Gelderwerb, als notwendiges Übel, das man ohne große innere Beteiligung auf sich nimmt, um auf dieser Grundlage das »eigentliche« Leben außerhalb der Arbeit gestalten und genießen zu können, sondern vielmehr als inhaltliches Sinn-Zentrum, auf das man sich einlassen und mit dem man sich identifizieren möchte.« (Baethge 1987, 327f) Wie Baethge geht auch diese Studie von der Prämisse aus, »solange die Definitonskraft der Arbeit für die Sozialstruktur ungebrochen fortbesteht, ist nicht damit zu rechnen, daß ihre faktische normative Kraft für die Sozialisation zu brechen ist.« (Baethge 1985, 120; vgl. auch Scherr 1995, 192ff).

Anforderungen und die gesellschaftliche Neubewertung körperlicher Arbeit. Die von den Jugendlichen im Topos der richtigen Arbeit und im Modus der »Bewährung« herausgehobenen Aspekte der Realität bewahren Reste der Wirklichkeit traditioneller Arbeitermilieus, pochen auf soziale Kontinuität und evozieren Ansprüche auf soziale Anerkennung, die heute allerdings keinen sozialen Ort mehr haben.

6. Zerfall der Arbeitskultur

Das Verhältnis der Jugendlichen zu der Arbeitskultur, in die sie sozialisiert werden, ist ambivalent: Einerseits leiden sie an einer Hierarchie, in der sie selbst als »doofe Azubis« den untersten Rang einnehmen; andererseits erscheint ihnen diese hierarchische Ordnung als unhinterfragbare Realität, die wirklicher ist als die Welt der Schulen und Schreibtische. Auf der einen Seite sehen sie die Brutalität der innerbetrieblichen Hierarchie und die verheerenden Folgen einer Arbeit, die den Arbeitenden auf seine Körperlichkeit zu reduzieren droht; andererseits erscheint die fremdbestimmte Arbeit gerade als »richtige Arbeit«, als Ort der Bewährung in einer Welt, die nun einmal ist, wie sie ist. Die ihr angemessene Tugend ist ein Heroismus, der die faktische Wirklichkeit als normatives Prinzip einer alternativlosen Welt akzeptiert, in der das, was man erleidet, zugleich das Notwendige ist, dem man sich zu stellen hat. Das Leiden an dieser Arbeitswirklichkeit, die dennoch als sinnhafte Ordnung hingenommen wird, zeigt aber, wie sehr diese Jugendlichen schon von Bedürfnissen geprägt sind, deren Erfüllung sie sich zugleich versagen müssen. Sie stehen zugleich innerhalb und außerhalb einer Ordnung, deren Macht noch ungebrochen scheint, obwohl sie schon im Untergang begriffen ist.

Die rapiden und sprunghaften Umwälzungen der Arbeitswelt haben die tradierte Arbeitskultur schon längst problematisch werden lassen. Die traditionellen Werte und Tugenden des Arbeiters verlieren ihre Funktion für die Bewältigung der Anforderungen und Belastungen des Arbeitslebens. Neue Werte und Verhaltenscodes aber haben sich noch nicht herausgebildet. Die alten Berufsbilder lösen sich auf. Die Qualifikationen und Belastungen modifizieren sich durch Intellektualisierung und Verwissenschaftlichung. Die Subjekte erleben diese Veränderungen aber noch in den tradierten Identitätsmodellen.

Die Wirkungen dieser Modernisierung habe ich an Gruppen beschrieben, die von ihr in ungleichem Maße erfaßt werden – bei Malerauszubildenden, deren Berufsbild handwerkliche Traditionen noch rudimentär erhält, sowie bei Kommunikationselektronikern, die eine verwissenschaftlichte Ausbildung absolvieren. Beide Gruppen passen nicht in das soziologische Klischee von Gewinnern und Verlierern der Modernisierung. Denn beide zahlen ihren Preis. Die Kommunikationselektroniker sehen sich mit Ausbildungsmodellen konfrontiert, in denen theoretische Grundlagen an die Stelle dessen treten, was für sie »richtige Arbeit« bedeutet: handwerkliches Geschick, die Beherrschung ganzheitlicher Arbeitsprozesse, Körpersicherheit. Obwohl objektiv ihre Qualifikation sich erhöht, sehen sie sich subjektiv dequalifiziert; und tatsächlich werden die meisten aus einer verwissenschaftlichten Ausbildung in eine Berufslaufbahn entlassen, in der sie ihr Leben lang auf dem Niveau angelernter Arbeit tätig sein werden. Während für diese Berufsgruppe das alte Berufsbild zerstört ist, ohne dass ein neues an seine Stelle getreten ist, bleibt den Malern doch immerhin die traditionelle Arbeitsidentität erhalten. Doch auch dies kostet Tribut: Die dramatische Entwertung ihres Berufsprestiges. Mit dem Ansehen des Berufs verfällt auch die Geltung der Person. Die Jugendlichen sehen sich mit einer Welt konfrontiert, in der die wirkliche Arbeit und ihre Werte nichts mehr gelten.

Die weitere Untersuchung dieser Zusammenhänge ist ein Desiderat der Forschung. Es scheint dringend, drüber nachzudenken, wie in der Berufsausbildung die Auseinandersetzung mit den beschriebenen Haltungen und Einstellungen produktiv und zielgruppengerecht gefördert werden kann. Das Training »sozialer Kompetenzen« und die Aufforderung zum »Lernen lernen« bleiben in der Regel gegenüber den beschriebenen Zusammenhängen äußerlich. Auch die politische Bildung hat dieses Problemfeld bislang vernachlässigt – will sie einen nachhaltigen Beitrag zur Auseinandersetzung mit jungen Arbeitern leisten, so kann sie sich nicht auf die Werbung für die Chancen der Informations- oder Dienstleistungsgesellschaft beschränken, sondern muss sich auch den Verlusterfahrungen stellen, die junge Arbeiter im Prozess ihrer beruflichen und politischen Sozialisation zu bewältigen haben. (vgl. Steil / Panke 2002; Kenngott / Steil 2003)

---

20   Vgl. Scherr 1995, 196; Hufer 1992, 165ff; Czock / Panke / Steil 1999.

Literaturverzeichnis

Alex, L. (1987): Berufliche Bildung im Spannungsfeld zwischen Qualifikationsbedarf und Qualifikationsangebot, in: Weymann, A. (Hrsg.): Bildung und Beschäftigung - von Prometheus zu Sisyphos? Soziale Welt, Sonderband 5. Göttingen 1987, 223–240

Arendt, H. (1981): Vita activa oder Vom tätigen Leben, München 1981

Arendt, H. (1994): Was ist Autorität?, in: dies.: Zwischen Vergangenheit und Zukunft, Übungen im politschen Denken I, München 1994, 159–200

Baacke, D. / Schulze, Th. (1993): Aus Geschichten lernen – zur Einübung pädagogischen Verstehens, Neuausgabe, München 1993

Baethge, M. (1970): Ausbildung und Herrschaft. Unternehmerinteressen in der Bildungspolitik, Frankfurt am Main 1970

Baethge, M. (1985): Individualisierung als Hoffnung und als Verhängnis. Aporien und Paradoxien der Adoleszenz in spätbürgerlichen Gesellschaften oder: Die Bedrohung der Subjektivität, in: Cohen, P. et al: Verborgen im Licht. Neues zur Jugendfrage, Frankfurt am Main 1986, 98-124

Baethge, M. (1995): Neue betriebliche Organisationskonzepte und die aktuelle Krise des dualen Systems, in: Müntefering, F. (Hrsg.): Jugend – Beruf – Zukunft, Marburg 1985, 35-48

Baethge, M. / Schomburg, H. / Voskamp, U. (1983): Jugend und Krise – Krise aktueller Jugendforschung, Frankfurt am Main 1983

Baethge, M. / Hantsche, B. / Pellul, W. / Voskamp, U. (1987): Jugend und Krise. Eine empirische Untersuchung zur Bedeutung von krisenhaften Arbeitsmarktentwicklungen für Arbeitsbewußtsein, Arbeitsverhalten und Interessenorientierungen von Jugendlichen/jungen Erwachsenen. Abschlußbericht (Soziologisches Forschungsinstitut Göttingen), Göttingen 1987

Baethge, M./ Hantsche, B. / Pellul, W. / Voskamp, U. (1988): Jugend: Arbeit und Identität,Opladen 1988

Baethge, M. / Denkinger, J. / Kadritzke, U. (1995): Das Führungskräfte-Dilemma. Manager und industrielle Experten zwischen Unternehmen und Lebenswelt, Frankfurt am Main / New York 1995

Bahrdt, H. P. (1975): Erzählte Lebensgeschichte von Arbeitern, in: Osterland, M. (Hrsg.): Arbeitssituation, Lebenslage und Konfliktpotential. Festschrift für M.E. Graf zu Solms-Roedelheim, Frankfurt am Main / Köln 1975

Bajohr, S. (1980): »Oral History« – Forschung zum Arbeitsalltag, in: Das Argument 123, Berlin 1980

Barton, A.H. / Lazarsfeld P. F. (1955): Einige Funktionen von qualitativer Analyse in der Sozialforschung. In: Hopf, C., Weingarten, E. (Hrsg.) 1979: Qualitative Sozialforschung, Stuttgart 1979, 41–89

Beck, U. (1986): Risikogesellschaft. Auf dem Weg in eine andere Moderne. Frankfurt am Main 1986

Becker, H.S. / Geer, B. (1970): Teilnehmende Beobachtung: Die Analyse qualitativer Forschungsergebnisse, in: Hopf, C. / Weingarten, E. (Hrsg.) 1979: Qualitative Sozialforschung, Stuttgart 1979, 41–89

Behringer, F. / Gaulke, K.-P (1988): Berufsstart in Berlin. Berufliche Situation im ersten Jahr nach der Lehrabschlußprüfung, Berlin (Beiträge zur Strukturforschung des DIW, Heft 106) 1988

Beinke, L. (1985): Gerade die Vorbereitung benachteiligter Jugendlicher für die Arbeits welt bedarf der sozialpädagogischen Orientierung, in: Jugend Beruf Gesellschaft 36, 137–143

Berger, U. (1993): Organisationskultur und der Mythos der kulturellen Integration, in: Müller-Jentsch, H. (Hrsg.): Profitable Ethik – effiziente Kultur. Neue Sinnstiftung durch das Management., München-Mering (Schriftenreihe industrielle Beziehungen 4) 1993, 11–38

Blos, P. (1973): Adoleszenz. Eine psychoanalytische Interpretation, Stuttgart 1995 (6. A.)

Blossfeld, H. P. (1985): Bildungsexpansion und Berufschancen. Empirische Analysen zur Lage der Berufsanfänger in der Bundesrepublik, Frankfurt am Main / New York 1985

Blossfeld, H. P. (1985a): Berufseintritt und Berufsverlauf, Frankfurt am Main, 1985

Böhle, F. / Milkau, B. (1988): Vom Handrad zum Bildschirm. Eine Untersuchung zur sinnlichen Erfahrung im Arbeitsprozeß, Frankfurt am Main / München 1988

Böhle, F. (1989): Veränderungen in der sozio-kulturellen Bedeutung körperlicher Arbeit, in: Soziale Welt 1989, 497–512

Böhle, F. (1999): Arbeit – Subjektivität und Sinnlichkeit. Paradoxien des modernen Arbeitsbegriffs, in: Schmidt, Gert (Hrsg.): Kein Ende der Arbeitsgesellschaft. Arbeit, Gesellschaft und Subjekt im Globalisierungsprozeß, 89–109

Böhnisch, L. (1994): Gespaltene Normalität. Lebensbewältigung und Sozialpädagogik an den Grenzen der Wohlfahrtsgesellschaft, Weinheim / München 1994

Böhnisch, L. / Schefold, W. (1980) : Sozialisation in sozialpädagogischen Institutionen, in: Hurrelmann, K. / Ulich, D. (Hrsg.): Handbuch der Sozialisationsforschung, Weinheim/Basel 1980

Böhnisch, L./Winter, R. (1997): Männliche Sozialisation. Bewältigungsprobleme männlicher Geschlechtsidentität im Lebenslauf, München 1997

Bohnsack,R. (1989): Generation, Milieu und Geschlecht, Ergebnisse aus Gruppendiskussionen mit Jugendlichen, Opladen 1989

Bohnsack, R. (1999): Rekonstruktive Sozialforschung, Einführung in Methodologie und Praxis qualitativer Forschung, Opladen 1999 (überarbeitete und erweiterte 3. Auflage)

Bohnsack, R./Loos, P./Städtler, K./Schäffer, B./Wild, B. (1995): Die Suche nach Gemeinsamkeit und die Gewalt der Gruppe. Hooligans, Musikgruppen und andere Jugendcliquen, Opladen 1995

Bolder, A. (1983): Ausbildung und Arbeitswelt. Eine Längsschnittuntersuchung zu Resultaten von Bildungsentscheidungen, Frankfurt am Main 1983

Bourdieu, P. (1976): Entwurf einer Theorie der Praxis auf der ethnologischen Grundlage der kabylischen Gesellschaft, Frankfurt am Main 1976

Bourdieu, P. (1982): Die feinen Unterschiede – Kritik der gesellschaftlichen Urteilskraft, Frankfurt am Main 1982

Bourdieu, P. (1985): Sozialer Raum und »Klassen«. Lecon sur la lecon. Zwei Vorlesungen, Frankfurt am Main 1985

Bourdieu, P. (1987): Sozialer Sinn. Kritik der theoretischen Vernunft, Frankfurt am Main 1987

Bourdieu, Pierre (1994): Das Elend der Welt. Zeugnisse und Diagnosen alltäglichen Leidens an der Gesellschaft, Stuttgart 1994

Brock, D. / Otto-Brock, E.-M. (1988): Hat sich die Einstellung der Jugendlichen zu Beruf und Arbeit verändert? Über Wandlungstendenzen in der Berufs- und Arbeitsorientierung Jugendlicher im Spiegel quantitativer Untersuchungen (1955-1985), in: Zeitschrift für Soziologie 1988, Heft 6

Brose, H.-G. (1983): Die Erfahrung der Arbeit. Zum berufsbiographischen Erwerb von Handlungsmustern bei Industriearbeitern, Opladen 1983

Brose, H.-G. (1985): Die Bedeutung der Zeitdimension für die Analyse des Verhältnisses von Arbeit und Persönlichkeit, in: Hoff, E./Lappe, L./Lempert, W. (Hrsg.) 1985: Arbeitsbiographie und Persönlichkeitsentwicklung, Bern / Stuttgart / Toronto 1985

Bründel, H. / Hurrelmann, K. (1999): Konkurrenz, Karriere, Kollaps. Männerforschung und der Abschied vom Mythos Mann, München 1999

Bude, H. (1985): Der Sozialforscher als Narrationsanimateur. Kritische Anmerkungen zu einer erzähltheoretischen Fundierung der interpretativen Sozialforschung, in: Kölner Zeitschrift für Soziologie und Sozialpsychologie 37, 327–336

Bundesanstalt für Arbeit (1996): Runderlaß 42/96 vom 2.5.1996 – Berufsvorbereitende Maßnahmen der Bundesanstalt für Arbeit, Nürnberg 1996

Bundesministerium für Bildung und Forschung (1994): Berufsbildungsbericht 1994, Bonn 1994

Bundesministerium für Bildung und Forschung (2000): Berufsbildungsbericht 2000, Bonn 2000

Burger, A. / Seidenspinner, G. (1979): Berufliche Ausbildung als Sozialisationsprozess, München 1979

Christie, R./Jahoda, M. (eds.) (1954): Studies in the Scope and Method of »The authoritarian personality«: Continuities in social research, Glencoe, 1954

Clarke, J./Cohen, P./Corrigan, P./Garber, J./Hall, St./Hebdige, D./Jefferson, T. / McCron, R./McRobbie, A./Murdock, G./Parker, H./Roberts, B. (1979): Jugendkultur als Widerstand. Milieus, Rituale, Provokationen, Frankfurt am Main 1979

Clarke, J. / Hall, St. / Jefferson, T. / Roberts, B. (1979): Subkulturen, Kulturen und Klasse, in: Clarke, John et al: Jugendkultur als Widerstand, Frankfurt am Main 1979, 39-132

Cohen, P. (1979) : Territorial- und Diskursregeln bei der Bildung von »Peer-Groups« unter Arbeiterjugendlichen, in: Clarke, J. et al: Jugendkultur als Widerstand, Frankfurt am Main 1979, 238–266

Cohen, P.: »Old heads on young shoulders«, in: Held, J. (Hrsg.): Subjektbezogene Jugendforschung, Berlin/West 1989, 166–190

Cohen, P.: Die Jugendfrage überdenken, in: Lindner, R. / Wiebe, H.-H. (Hrsg): Verborgen im Licht. Neues zur Jugendfrage, Frankfurt/M. 1985, 22–98

Czock, H. (1990): Von den Schwierigkeiten zu handeln, in: Czock, H./Göbel, E./ Guthke, B. (Hrsg.): Lesebuch zu Arbeit und Gesundheit. Man darf nicht wehleidig sein!, Berlin 1990, 132–142

Czock, H. (1995): Fragen, Reden, Hören, Handeln. Wie werden Erfahrungen öffentlich? Über Interviews in der betriebsnahen Bildungsarbeit der Evangelischen Industriejugend Berlin, in: Czock, H./Göbel, E./Guthke, B. (Hrsg.): Arbeit ist das halbe Leben. Lesebuch zur Arbeitskultur, Berlin 1995, 215–236

Czock, H./Göbel, E./Guthge, B. (1993): Thematisieren des Persönlichen in der betrieblichen Gesundheitspolitik, in: Czock, H./Göbel, E./Guthke, B. (Hrsg.): Gesundheitsförderung in der Arbeitswelt. Dokumentation des Fachseminars »Arbeit und Gesundheit in der Bildungsarbeit«, Berlin 1993 (2. A.)

Czock, H ./ Kuhn, J. / Panke, M. (1997): Miteinander reden – Voneinander lernen: Das Konzept »Ausbildungsforum«, in: Czock, H. / Göbel, E. / Guthke, B. / Kuhn, J. / Wehling, J. (Hrsg.): Betriebliche Gesundheitsförderung und Bildungsarbeit im gesellschaftlichen Umbruch. Boden unter die Füße bekommen!, Berlin 1997, 69-76

Czock, H. / Panke, M. / Steil, A. (1999): Arbeitswelt und Migrationskonflikte. Das »Projekt Heimat« – ein Konzept antirassistischer Pädagogik, in: Widmann, P. / Erb, R. / Benz, W. (Hrsg.): Gewalt ohne Ausweg? Strategien gegen Rechtsextremismus und Jugendgewalt in Berlin und Brandenburg, Berlin 1999, 145 – 177

Dehnbostel, P. / Holz, H. / Novak, H. (Hrsg.) (1992): Lernen für die Zukunft durch verstärktes Lernen am Arbeitsplatz. Dezentrale Aus- und Weiterbildungskonzepte in der Praxis, Berlin / Bonn (Berichte zur beruflichen Bildung 149) 1992

Dehnbostel, P.: Das Lernen mit dem Arbeiten verbinden. Einleitung, in: Bundesinstitut für Berufsbildung (Hrsg.): Lernen im Prozeß der Arbeit. Ergebnisse, Veröffentlichungen und Materialien aus dem BIBB, 1998, 5-6

Dehnbostel, P. (1994): Erschließung und Gestaltung des Lernorts Arbeitsplatz, in: Berufsbildung in Wissenschaft und Praxis (BWP) 1994, 17-22

Dehnbostel, P. (1998a): Lernorte, Lernprozesse und Lernkonzepte im lernenden Unternehmen aus berufspädagogischer Sicht, in: Dehnbostel, P./Erbe, H. H./ Novak, H. (Hrsg.): Berufliche Bildung im lernenden Unternehmen. Zum Zusammenhang von betrieblicher Reorganisation, neuen Lernkonzepten und Persönlichkeitsentwicklung, Berlin 1998

DIW (Deutsches Institut für Wirtschaftsforschung) (1996): Wochenbericht 41. Weiterhin steigender Lehrstellenbedarf in der Bundesrepublik Deutschland, Berlin 1996

Dörschel, A. (1975): Einführung in die Wirtschaftspädagogik, München 1975 (4. A.)

Dybowski, G. (1998): Methodische Erneuerungen zur Verbesserung von Lernprozessen in Betrieben. Vortrag auf dem Seminar »Vocational Education for the Future« 1997 in Budapest, in: Bundesinstitut für Berufsbildung (Hrsg): Lernen im Prozeß der Arbeit. Ergebnisse, Veröffentlichungen und Materialien aus dem BIBB, Stand: Juni 1998, 7–15

Dreher, M. / Dreher, E. (1995): Gruppendiskussionsverfahren, in: Flick, U. / Kardoff, E. v. / Keupp, H. / Rosenstiel, L. v ./ Wolff, S. (Hrsg.): Handbuch qualitative Sozialforschung. Grundlagen, Konzepte, Methoden und Anwendungen, Weinheim 1995 (2. A.), 186–188

Eckert, M. (1989): Lernen und Entwicklung in Maßnahmen. Zur Wirksamkeit berufsvorbereitender Maßnahmen und Förderlehrgänge im Kontext der Lebenswelt Jugendlicher in der Problemregion Duisburg, Opladen 1989

Elias, N. (1985): Über die Zeit, Frankfurt am Main, 1985

Engel, U. / Hurrelmann, K. (1993): Was Jugendliche wagen. Eine Längsschnittstudie über Drogenkonsum, Stressreaktionen und Delinquenz im Jugendalter, Weinheim/ München 1993

Erdheim, M. (1982): Die gesellschaftliche Produktion von Unbewußtheit. Eine Einführung in den ethnopsychoanalytischen Prozeß, Frankfurt am Main 1982

Erikson, E. H. (1973): Das Problem der Ich-Identität, in: ders.: Identität und Lebenszyklus. Drei Aufsätze, Frankfurt am Main 1994 (14. A.)

Fend, H. (1981): Identitätsentwicklung in der Adoleszenz. Lebensentwürfe, Selbstfindung und Weltaneignung in beruflichen, familiären und politisch-weltanschaulichen Bereichen. Entwicklungspsychologie der Adoleszenz in der Moderne, Band II, Bern / Stuttgart / Toronto 1981

Fend, H. (1984): Selbstbezogene Kognitionen und institutionelle Bewertungsprozesse im Bildungswesen. Verschonen schulische Bewertungsprozesse den »Kern der Persönlichkeit«? in: Zeitschrift für Sozialisationsforschung und Erziehungssoziologie 4, 251-270

Ferber, Ch. v. (1991): Subjektive und objektive Arbeitssituation – wo stehen wir in der phänomenologischen Analyse heute? in: Peter, Gerd (Hrsg.): Arbeitsforschung?, Dortmund 1991

Ferchhoff, W. (1986): Zur Differenzierung qualitativer Sozialforschung. Mit einem Vergleich von qualitativer und quantitativer Jugendforschung, in: Heitmeyer, W. (Hrsg.): Interdisziplinäre Jugendforschung. Fragestellungen, Problemlagen, Neuorientierungen, Weinheim / München, 215- 244

Fleck, Ch. (1988): Marie Jahoda, in: Friedrich Stadler (Hrsg.): Vertriebene Vernunft II. Emigration und Exil österreichischer Wissenschaft, Wien / München 1988

Fleck, Ch. (1990): Rund um „Marienthal". Von den Anfängen der Soziologie in Österreich bis zu ihrer Vertreibung, Wien 1990

Fleck, Ch. (1994): Einleitung, in: Jahoda, M.: Sozialpsychologie der Politik und Kultur, Graz / Wien 1994, 7–47

Flick, U. (1990): Fallanalysen: Geltungsbegründung durch systematische Perspektiven-Triangulation. In: Jüttemann, G. (Hrsg.): Komparative Kasuistik, Heidelberg 1990, 184– 203

Flick, U. (1995): Stationen des qualitativen Forschungsprozesses, in: Flick, U. / Kardoff, E. v./ Keupp, H./Rosenstiel, L. v./Wolff, S. (Hrsg.): Handbuch qualitative Sozialforschung. Grundlagen, Konzepte, Methoden und Anwendungen, Weinheim 1995 (2. A.), 148-176

Flick, U. (1995a): Triangulation, in: Flick, U. / Kardoff, E. v. / Keupp, H. /Rosenstiel, L. v. / Wolff, S. (Hrsg): Handbuch qualitative Sozialforschung. Grundlagen, Konzepte, Methoden und Anwendungen, Weinheim 1995 (2. A.), 432-434

Fricke, P. / Kloas, P. W. / Matzodorf, R. / Petzold, H.-J. (1992): Arbeit und Berufsausbildung kombinieren. Ein Programmenwurf zur Ausbildung junger Erwachsener, Lübeck 1993 (2. A.)

Friebel, H. (Hrsg.) 1985: Berufliche Qualifikation und Persönlichkeitsentwicklung. Alltagserfahrungen Jugendlicher und sozialwissenschaftliche Deutung, Opladen 1985

Friedeburg, L. v. (1992): Bildungsreform in Deutschland. Geschichte und gesellschaft--licher Widerspruch, Frankfurt am Main 1992

Freud, S. (1930): Das Unbehagen in der Kultur, in: Freud, Sigmund: Studienausgabe Bd. IX, Frankfurt a.M. 1982, 191–270

Gadamer, G. (1960): Wahrheit und Methode, Tübingen 1965 (2. A.)

Ganßmann, H. (1990): Arbeit und Kommunikation – Zum Arbeitsbegriff bei Habermas, in: Greiff, B. v. et al. (Hrsg.): Sozialphilosophie der industriellen Arbeit, Leviathan Sonderband, Opladen 1990

Gehlen, A. (1986): Der Mensch. Seine Natur und seine Stellung in der Welt, Wiesbaden 1986 (13.A.)

Gehlen, A. (1986a): Urmensch und Spätkultur, Wiesbaden 1986 (5. A.)

Geißler, K. / Greinert, W.-D. / Heimerer, L. / Schelten, A. / Stratmann, K. (Hrsg.) (1992): Von der staatsbürgerlichen Erziehung zur politischen Bildung: 1901-1991. 90 Jahre Preisschrift Georg Kerschensteiner. 3. Berufspädagogisch-historischer Kongreß 1991 in München, Berlin / Bonn 1992

Geißler, K. (1991): Das duale System der industriellen Berufsausbildung hat keine Zukunft, in: Leviathan 1991, 68ff

Gellhardt, H. / Kohlmeyer, K. / Theisen, M. (1995): Anatomie des Ausbildungsabbruchs. Quantitative und qualitative Aspekte eines bildungspolitischen Problems, Berlin 1995

Glaser, B. (1978): Theoretical Sensitivity, Mill Valley 1978

Glaser, B. / Strauß, A. (1967): The discovery of grounded theory – Strategies for qualitative research, New York 1967

Glaser, B. / Strauß, A. (1965): Die Entdeckung gegenstandsbezogener Theorie: Eine Grundstrategie in der Sozialforschung, in: Hopf, C. / Weingarten, E. : Qualitative Sozialforschung, Stuttgart 1979, 91–114

Goffman, E. (1980): Rahmen-Analyse. Ein Versuch über die Organisation von Alltagserfahrungen, Frankfurt am Main 1980

Goffman, E. (1986): Interaktionsrituale. Über Verhalten in direkter Kommunikation, Frankfurt am Main 1986

Göbel, E. / Guthge, B. (1995): Leben in der Arbeitskultur, in: Czock, H./Göbel, E./ Guthke, B. (Hrsg.): Arbeit ist das halbe Leben. Lesebuch zur Arbeitskultur, Berlin 1995, 139–171

Graumann, C. F./Metraux, A./Schneider, G. (1995): Ansätze des Sinnverstehens, in: Flick, U./Kardoff, E. v./Keupp, H./Rosenstiel, L. v./Wolff, St. (Hrsg.): Handbuch qualitative Sozialforschung. Grundlagen, Konzepte, Methoden und Anwendungen, Weinheim 1995 (2. A.), 67–77

Greiff, S. / Bamberg, E./Dunckel, H./Frese, M./Rückert, D./Rummel, M./Semmer, N./Zapf, D. (1983): Abschlußbericht des Forschungsprojektes »Psychischer Stress am Arbeitsplatz – Hemmende und fördernde Bedingungen für humane Arbeitsplätze«, Osnabrück (Universität Osnabrück) 1983

Greinert, W.-D. (1996): Die Berufsschule am Ende ihrer Entwicklung, in: Berufsbildung 41, 38–41

Greinert, W.-D. (1997): Das duale System der Berufsausbildung in der Bundesrepublik Deutschland, Stuttgart 1997

Grubauer, F./Mannheim-Runkel, M./Müller, W./Schick, M. (1987): Arbeiterjugendliche heute – Vom Mythos zur Realität, Opladen 1987

Haar, E. v.d./Haar, H. v.d.: Ausbildungskrise. Eine Bilanz von zehn Jahren Berufsbildung, Berlin/West 1986

Habermas, J. (1977): Erkenntnis und Interesse, Frankfurt am Main 1977

Haefeli, K. / Kraft, U. / Schallberger (1988): Berufsausbildung und Persönlichkeitsentwicklung, Bern 1988

Harbordt, S. / Grieger, D. (Hrsg.) (1995): Demokratie lernen im Alltag? Führung, Konflikte und Demokratie in Ausbildung und Elternhaus, Opladen 1995

Hartmann, H. (1956): Bemerkungen zum Realitätsproblem, in: Psyche 18, 397–419

Hartmann, H. (1975): Ich - Psychologie und Anpassungsprobleme, Stuttgart 1975

Haunert, F. / Lang, R. (1992): Zur Bedeutung von Arbeit in der Jugendsozialarbeit am Beispiel von Projekten Freier Träger, Berlin (Dissertation an der TU Berlin) 1992

Havighurst, R. J. (1972): Developmental Tasks and Education, New York, 1972

Heinz, W. R. (1985): Jugend und Arbeit: Kontinuität und Diskontinuität, in: Baacke, D. u.a. (Hrsg.): Neue Widersprüche: Jugend in den 80iger Jahren, München

Heinz, W. R. (1988): Selbstsozialisation und Arbeitsmarkt. Jugendliche zwischen Modernisierungsversprechen und Beschäftigungsrisiken, in: Das Argument 168, 198–207

Heinz, W. R. (1990): Berufliche und betriebliche Sozialisation, in: Hurrelmann, K./ Ulich, D. (Hrsg): Handbuch der Sozialisationsforschung, München 1990

Heinz, W. R./Krüger, H./Rettke, U./Wachtveitl, E./Witzel, A. (1987): »Hauptsache eine Lehrstelle«. Jugendliche vor den Hürden des Arbeitsmarktes, Weinheim 1987

Heinze, Th./Thiemann, F. (1982): Kommunikative Validierung und das Problem der Geltungsbegründung, in: Zeitschrift für Pädagogik 28, 635–642

Heitmeyer, W. (Hrsg.) (1986): Interdisziplinäre Jugendforschung. Fragestellungen, Problemlagen, Neuorientierungen, Weinheim, München 1986, 215–244

Helsper, W. / Müller, H. / Nölke, E./Combe, A. (1991): Jugendliche Außenseiter. Zur Rekonstruktion gescheiterter Bildungs- und Ausbildungsverläufe, Opladen 1991

Hitschfel, U. / Zimmer, U. P. (1990): Handbuch Berufswahl. Die wichtigsten Ausbildungsberufe und ihre Zukunftsperspektiven, Frankfurt am Main 1990

Hitschfel, U. / Zimmer, U.P. (1999): Handbuch Berufswahl 2000. Die wichtigsten Ausbildungsberufe und ihre Zukunft, Frankfurt am Main 1999

Hitzler, R. (1988): Sinnwelten. Ein Beitrag zum Verstehen von Kultur, Opladen 1988

Hoff, E. (1982): Kontrollbewußtsein: Grundvorstellungen zur eigenen Person und Umwelt bei jungen Arbeitern, in: Kölner Zeitschrift für Soziologie und Sozialpsychologie 34, 316–339

Hoff, E. (Hrsg.) (1990): Die doppelte Sozialisation Erwachsener. Zum Verhältnis von beruflichem und privatem Lebensstrang, München 1990

Hoff, E. (1990): Identität und Arbeit. Zum Verständnis der Bezüge in Wissenschaft und Alltag, in: Psychosozial 13, 7–25

Hoff, E. (1992): Arbeit, Freizeit und Persönlichkeit: wissenschaftliche und alltägliche Vorstellungsmuster, Heidelberg 1992 (2. überarbeitete und aktualisierte Auflage)

Hoff, E. (1995): Berufliche Verantwortung, in: Hoff, E./Lappe, L. (Hrsg.) (1995): Veranwortung im Arbeitsleben, Heidelberg 1995

Hoff, E. /Lappe, L. / Lempert, W. (Hrsg.) (1985): Arbeitsbiographie und Persönlichkeitsentwicklung, Bern/Stuttgart/Toronto 1985

Hoff, E. / Lappe, L. / Lempert, W. (1991): Persönlichkeitsentwicklung in Facharbeiterbiographien, Bern 1991

Holzkamp: K. (1976): Sinnliche Erkenntnis – Historischer Ursprung und gesellschaftliche Funktion der Wahrnehmung, Frankfurt am Main 1976 (3. revidierte A.)

Holzkamp, K. (1986): Die Verkennung von Handlungsbegründungen als empirische Zusammenhangsannahme in sozialpsychologischen Theorien. Methodologische Fehlorientierung in Folge von Begriffsverwirrung, in: Zeitschrift für Sozialpsychologie 17, 216–238

Honneth, A. (1992): Zur moralischen Grammatik sozialer Konflikte, Frankfurt am Main 1992

Honneth, A. / Joas, H. (1980): Soziales Handeln und menschliche Natur. Anthropologische Grundlagen der Sozialwissenschaften, Frankfurt am Main 1980

Hopf, Ch. (1978): Die Pseudo-Exploration. Überlegungen zur Technik qualitativer Interviews in der Sozialforschung, in: Zeitschrift für Soziologie 7, 97–115

Hopf, Ch. (1995): Qualitative Interviews in der Sozialforschung. Ein Überblick, in: Flick, U. / Kardoff, E. v./Keupp, H. / Rosenstiel, L. v. / Wolff, S. (Hrsg.): Handbuch qualitative Sozialforschung. Grundlagen, Konzepte, Methoden und Anwendungen, Weinheim 1995 (2. Auflage), 177–182

Hopf, D. (1982): Norm und Interpretation. Einige methodische und theoretische
Probleme der Erhebung und Analyse subjektiver Interpretationen in qualitativen
Untersuchungen, in: Zeitschrift für Soziologie 11, 307–329
Hradil, S. (1983): Die Ungleichheit der »sozialen Lage«, in: Kreckel, R. (Hrsg.): Sozia-
le Ungleichheiten, Soziale Welt Sonderband 2, Göttingen 1983, 101– 118
Hradil, S. (1987): Sozialstrukturanalyse in einer fortgeschrittenen Gesellschaft. Von
Klassen und Schichten zu Lagen und Milieus, Opladen 1987
Hradil, S. (1999): Soziale Ungleichheit in Deutschland, Opladen 1999 (7.A.)
Huebner, M. / Krafft, A. / Thormeyer, H. (1990): ABM in der lokalen Politikarena. Macht
und Interesse bei der Implementation lokaler Arbeitsmarktpolitik, Berlin 1990
Hübner-Funk, S. (1988): Strategien der Lehrstellensuche. Berufsfindungsprozesse von
Jugendlichen im interregionalen Vergleich, München (dji Forschungsberichte) 1988
Hufer, K.-P. (1992): Politische Erwachsenenbildung, Schwalbach 1992
Hurrelmann, K. / Wolf H. K. (1986): Schulerfolg und Schulversagen im Jugendalter.
Fallanalysen von Bildungslaufbahnen, Weinheim 1986
Jahoda, M. (1942): Incentives to Work. A Study of unemployed adults in a special
situation, in: Occupational Psychology 16, 22ff
Jahoda, M. (1958): Current concepts of positive mental health, Ney York 1958
Jahoda, M. (1966): Bemerkungen zum Begriff »Arbeit« in: Jahoda 1994, 285–294
Jahoda, M. (1969): The migration of Psychoanalysis: Its impact on American
psychology, in: The intellectual migration. Europe and America, 1930–1960, ed. by
Donald Fleming and Bernard Bailyn, Cambridge/Mass 1969, 420 ff
Jahoda; M. (1979): »Ich habe die Welt nicht verändert«. Gespräch mit Marie Jahoda,
in: Greffrath, Matthias (Hrsg.): Die Zerstörung einer Zukunft. Gespräche mit emi-
grierten Sozialwissenschaftlern, Reinbek bei Hamburg 1979, 106–144
Jahoda, M. (1981): Work, employment, and unemployment. Values, theories and
approaches in social Research, in: American Psychologist 36, 1981, 184–191
Jahoda, M. (1981a): To publish or not to publish?, in: Journal of Social Issues 37, 1981,
208–220
Jahoda, M. (1985): Freud und das Dilemma der Psychologie, Frankfurt am Main
1985
Jahoda, M. (1989): Arbeitslose bei der Arbeit: Die Nachfolgestudie zu »Marienthal« aus
dem Jahr 1938. Herausgegeben und mit einer Einführung versehen von Christian
Fleck, Frankfurt am Main/New York 1989
Jahoda, M. (1986): Wieviel Arbeit braucht der Mensch? Arbeit und Arbeitslosigkeit im
20. Jahrhundert, Weinheim/Basel 1983 (3. A.)
Jahoda, M. (1994): Sozialpsychologie der Politik und Kultur. Ausgewählte Schriften.
Herausgegeben und eingeleitet von Ch. Fleck, Graz 1994
Jahoda, M. / Lazarsfeld, P. F. / Zeisel, H. (1933): Die Arbeitslosen von Marienthal. Ein
soziographischer Versuch über die Wirkungen langandauernder Arbeitslosigkeit,
Frankfurt am Main 1975
Jugend 2000.13. Shell Jugendstudie. Konzeption und Koordination: Fischer, A.,
Fritzsche, Y., Fuchs-Heinritz, W., Münchmeier, R., Opladen 2000
Kadritzke, U. (1995): Komplizen und Opfer. Angestellte in der Hierarchie, in:
Lauterbach, B.(Hrsg.): Großstadtmenschen. Die Welt der Angestellten, Frankfurt
am Main 1995, 271-288
Kadritzke, U. (1997): Die Grenzen professioneller Autonomie. Wiedersprüche
moderner Unternehmenskulturen aus der Perspektive qualifizierter Expertenberufe,

in: Kadritzke, U. (Hrsg.): »Unternehmenskulturen« unter Druck: neue Managementkonzepte zwischen Anspruch und Wirklichkeit, FHW-Forschung 30/31, Berlin 1997, 123–162

Kärtner, G. / Leu, H. G. / Wahler, P. (1981): Die Entwicklung gesellschaftlich-politischer Handlungsfähigkeit in der Berufsbildung. Bericht aus einer laufenden Längsschnittuntersuchung, in : Soziale Welt 32, 1981, 57-85

Kärtner, G. Leu, H. G. / Otto, E.-M. / Wahler, P. (1983): Zu Elementen politischer Kultur bei Auszubildenden in Industrie und Handwerk, in: Matthes, J. (Hrsg.): Krise der Arbeitsgesellschaft? Verhandlungen des 21. Dt. Soziologentages in Bamberg 1982, Frankfurt am Main 1983

Kärtner, G./Otto, E.-M. / Wahler, P. (1984): Berufliche Sozialisation im Zeitverlauf, in: Zeitschrift für Sozialisationsforschung und Erziehungssoziologie 1984, 211–229

Kenngott, E.-M. / Steil, A. (2003): Fremdheit als Problem moralischen Lernens, in: Stender, W./Rohde, G./Weber, T.: Perspektiven antirassistischer und interkultureller Bildungsarbeit – Projekterfahrungen und theoretische Beiträge, Frankfurt/M: Brandes und Apsel 2003, 105–141

Kloas, P.-W. (1994): Benachteiligte Jugendliche und junge Erwachsene in der beruflichen Bildung – noch im Blickpunkt der Förderung?, in: Gewerkschaftliche Bildungspolitik 1994, 44–49

Kloas, Peter-Werner (1986): Ausbildung ins Ungewisse – Wie wirkt sich der Arbeitsmangel innerhalb der Ausbildung aus? in: Recht der Jugend und des Bildungswesens 1986, 63–71

Kloas, P.-W. (1996): 15 Jahre Benachteiligtenförderung – eine Zwischenbilanz, in: Berufsbildung in Wissenschaft und Praxis 25, 11–17

Kloas, P.-W. (1999): Praktisch orientierte Berufe – ein unzureichendes Konzept, in: Berufsbildung in Wissenschaft und Praxis 28, 22ff

Koch, Ch. / Hensge, K. (1992): Muß ein Mensch denn alles können? Schlüsselqualifikationen – eine Bestandsaufnahme von (berufspädagogischer) Theorie und (betrieblicher) Praxis mit Perspektiven für die Ausbildung benachteiligter Jugendlicher in neugeordneten Metallberufen, Bonn / Berlin (Bundesinstitut für Berufsbildung, Modellversuche zur beruflichen Bildung Heft 29) 1992

Köckeis-Stangl, E. (1980): Methoden der Sozialisationsforschung, in: Ulich, D./ Hurrelmann, K. (Hrsg.): Handbuch der Sozialisationsforschung, Weinheim 1980, 321–370

Kohlberg, L. (1996): Die Psychologie der Moralentwicklung, Frankfurt am Main 1986

Kohli, M. (1985): Die Institutionalisierung des Lebenslaufs. Historische Befunde und theoretische Argumente, in: Kölner Zeitschrift für Soziologie und Sozialpsychologie 37, Heft 1, 1–29

Kohli, M. (1989): Institutionalisierung und Individualisierung der Erwerbsbiographie. Aktuelle Veränderungstendenzen und ihre Folgen, in: Brock, D. et al. (Hrsg.): Subjektivität im gesellschaftlichen Wandel, München, 1989, 249– 278

Krafeld, F. (1991): Anders leben lernen. Von berufsfixierten zu ganzheitlichen Lebensorientierungen, Weinheim/Basel 1991

Kraft, U. (1987): »Würdest Du nochmals den gleichen Beruf wählen?« Arbeitszufriedenheit, berufliche Erwartungen und ihre Veränderbarkeit bei Jugendlichen, in: Häfeli, K. u.a. (Hrsg.): Berufsausbildung zwischen Qual und Wahl, Zürich 1987

Kriesi, H.P. (1982): Soziologische Methodologien und die Rebellion der Betroffenen, in: Kölner Zeitschrift für Soziologie und Sozialpsychologie 34, 749ff

Krogoll, T. (1992): CNC mit CLAUS. Aufgabenorientiertes Lernen für die Arbeit, Köln 1992

Krüger, H. (1983): Gruppendiskussion. Überlegungen zur Rekonstruktion sozialer Wirklichkeit aus der Sicht der Betroffenen, in: Soziale Welt 34, 90ff

Krüger, H.-H. (1989): Qualitative Jugendforschung – Historische Entwicklungslinien, Forschungsrichtungen, Problemstellungen und Perspektiven, in: Held, J. (Hrsg.): Subjektbezogene Jugendforschung, Berlin/West 1989, 1–15

Kruse, W. / Paul-Kohlhoff, A. (1987): Jugendliche: Orientierungslos im Wandel von Ausbildung und Beschäftigung? Orientierungen und Verarbeitungsweisen beim Übergang in Ausbildung und Beschäftigung, in: Weymann, A. (Hrsg.): Bildung und Beschäftigung. Soziale Welt Sonderband 5, Göttingen 1987

Kuhn, J. (1997): Die schwierige Wertschätzung des Subjektiven in der reformierten Ausbildung, in: Czock, H. / Göbel, E. / Guthke, B. / Kuhn, J. / Wehling, J. (Hrsg.): Betriebliche Gesundheitsförderung und Bildungsarbeit im gesellschaftlichen Umbruch. Boden unter die Füße bekommen!, Berlin 1997, 55– 59

Kuhn, J. (2001): Junge Beschäftigte – höchster Krankenstand, höchstes Unfallrisiko?, in: Ministerium für Arbeit, Soziales, Gesundheit und Frauen (Hrsg.): Bericht zur sozialen und gesundheitlichen Lage von jungen Menschen im Land Brandenburg, Potsdam 2001.

Lappe, L. (1993): Berufsperspektiven junger Facharbeiter, Frankfurt am Main 1993

Lappe, L./Heinz, W. R. (1998): Strukturwandel der Arbeit – Orientierungswandel der Jugend?, in: Diskurs 1998, 4-9

Lappe, L. (1999): Berufliche Chancen Jugendlicher in der Bundesrepublik Deutschland, in: Aus Politik und Zeitgeschichte, Beilage zu »Das Parlament« B26/99, 30– 39

Lazarsfeld, P. (1931): Jugend und Beruf. Kritik und Material, Quellen und Studien zur Jugendkunde, Jena (1931)

Leithäuser, T./Volmerg, B. (1988): Psychoanalyse in der Sozialforschung, Opladen 1988

Lempert, W. (1971): Leistungsprinzip und Emanzipation. Studien zu Realität, Reform und Erforschung des beruflichen Bildungswesens, Frankfurt am Main 1971

Lempert, W. (1974): Berufliche Bildung als Beitrag zur gesellschaftlichen Demokratisierung, Frankfurt am Main 1974

Lempert, W. (1974): Die notwendige und mögliche Funktion des Lernorts Betrieb im Verhältnis zur Lehrwerkstätte und Schule unter dem Gesichtspunkt sozialen Lernens und der Funktionalität der Ausbildung, in: Die Bedeutung verschiedener Lernorte in der beruflichen Bildung, Stuttgart 1974

Lempert, W. (1977): Industriearbeit als Lernprozeß? In: Soziale Welt 18, Heft 3, 307–327

Lempert, W. (1978): Zur theoretischen und empirischen Analyse von Beziehungen zwischen Arbeiten und Lernen, in: Die Deutsche Berufs- und Fachschule 1978

Lempert, W. (1981) : Moralische Sozialisation durch den »heimlichen Lehrplan« des Betriebs, in: Zeitschrift für Pädagogik 27, 723–738

Lempert, W. (1986): Moralische Entwicklung und berufliche Sozialisation, in: Bertram, H. (Hrsg.) 1986: Gesellschaftlicher Zwang und moralische Autonomie, Frankfurt am Main 1986, 224–257

Lempert, W. (1988): Soziobiographische Bedingungen der Entwicklung moralischer Urteilsfähigkeit. Theoretische Überlegungen und empirische Befunde, in: Kölner Zeitschrift für Soziologie und Sozialpsychologie 40, 62–92

Lempert, W. (1989): »Feilen, bis einem die Arme abfallen«– Erinnerungen junger Facharbeiter an ihre metallhandwerkliche Grundausbildung in der Lehrwerkstatt, in: Arnold, R./Lipsmeier, A. (Hrsg.): Betriebspädagogik in nationaler und internationaler Perspektive, Baden-Baden 1989, 198–209

Lempert, W./Thomssen, W. (1974): Berufliche Erfahrung und gesellschaftliches Bewußtsein. Untersuchungen über berufliche Werdegänge, soziale Einstellungen, Sozialisationsbedingungen und Persönlichkeitsmerkmale ehemaliger Industrielehrlinge, Stuttgart 1974

Lempert, W./Hoff, E.-H./Lappe, L. (1990): Berufsbiographien und Persönlichkeitsentwicklung junger Facharbeiter, in: Zeitschrift für Sozialisationsforschung und Erziehungssoziologie 10, Heft 3

Lempert, W. (2002): Berufliche Sozialisation oder Was Berufe aus Menschen machen. Eine Einführung, Baltmannsweiler 2002,(2. A.)

Lenhardt, G. (1975): Berufliche Qualifikation und Arbeitslosigkeit, in: Leviathan 1975, 370ff

Lenz, K. (1986): Alltagswelten von Jugendlichen. Eine empirische Studie über jugendliche Handlungstypen, Frankfurt am Main 1986

Lüdtke, A. (1983): »Kolonialisierung der Lebenswelten«– oder: Geschichte als Einbahnstraße?, in: Das Argument 140, 536–541

Lutz, B. (1983): Bildungsexpansion und soziale Ungleichheit – Eine historischsoziologische Skizze, in: Kreckel, R. (Hrsg.): Soziale Ungleichheiten, Soziale Welt Sonderband 2, Göttingen 1983, 221–245

Lutz, B. (1988): Arbeitsmarktstruktur und betriebliche Arbeitskräftestrategie. Eine theoretisch-historische Skizze zur Entstehung betriebszentrierter Arbeitsmarktsegmentation, Frankfurt am Main 1988

Lutz, B. (1995): Es geht um die Zukunft qualifizierter Industriearbeit!, in: Müntefering, F. (Hrsg.): Jugend, Beruf, Zukunft: Modernisierung der Wirtschaft – Modernisierung der beruflichen Bildung, Marburg 1995, 8–22

Mahnkopf, B. (1982): Das kulturtheoretische Defizit industriesoziologischer Forschung – aus Anlaß einer Studie zu „Arbeiterbewußtsein in der Wirtschaftskrise“, in: Prokla 12, 41–60.

Mahnkopf, B. (1985): Verbürgerlichung. Die Legende vom Ende des Proletariats, Frankfurt am Main 1985

Mahnkopf, B. (1997): Wo das »deutsche Modell« (nicht) verteidigt werden sollte, in: Kadritzke, U. (Hrsg.): »Unternehmenskulturen« unter Druck. Neue Managementkonzepte zwischen Anspruch und Wirklichkeit, (Fhw forschung 30/31)

Mangold, W. (1960): Gegenstand und Methode des Gruppendiskussionsverfahrens, Frankfurt am Main 1960

Mansel, J. / Hurrelmann, K. (1993): Außen- und innengerichtete Formen der Problemverarbeitung Jugendlicher. Aggressivität und psychosomatische Beschwerden, in: Soziale Welt 45, 1994, 147–179

Mansel, J. / Hurrelmann, K. (1994): Alltagsstreß bei Jugendlichen. Eine Untersuchung über Lebenschancen, Lebensrisiken und psychosoziale Befindlichkeiten im Statusübergang, Weinheim / München 1994

Mayer, K. U. (1995): Das duale System der beruflichen Ausbildung – Ultrastabilität oder Auflösung?, in: Hoff, E.-H. / Lappe, L.: Verantwortung im Arbeitsleben, Heidelberg 1995, 89–98

Mead, G. H. (1934): Geist, Identität und Gesellschaft, Frankfurt am Main 1978 (3. A.)

Merten, E. (1992): Handlungsbezogene Lernsystematisierung in der Projektausbildung – Ergebnisse aus dem Modellversuch »Lola« bei der Telecom, in: Berufsbildung in Wissenschaft und Praxis 25, 34ff

Mooser, J. (1984): Arbeiterleben in Deutschland 1900–1970. Klassenlagen, Kultur und Politik, Frankfurt am Main 1984

Müller, R. / Helmer, U. / Marstedt, G. (1999): Gesunder Start ins Handwerk. Ergebnisse einer Befragung von Auszubildenden im Handwerk über Fragen der Berufswahl und Berufsausbildung, Gesundheit und Krankheit im Auftrag des Bundesverbandes der Innungskrankenkassen, Bremen (Zentrum für Sozialpolitik der Universität Bremen), 1999

Münchmeier, R. (1981): Zugänge zur Geschichte der Sozialarbeit, München 1981

Münch, J. (1997): Berufsausbildung im nächsten Jahrtausend oder die Zukunft des Dualen Systems, in: Zeitschrift für Berufs- und Wirtschaftspädagogik 93, 161–176

Niethammer, L. (Hrsg.) (1980): Lebenserfahrung und kollektives Gedächtnis. Die Praxis der »Oral History«, Frankfurt am Main 1980

Oerter, R. (Hrsg.): Lebensbewältigung im Jugendalter, Weinheim 1985

Offe, C. (1975): Berufsbildungsreform. Eine Fallstudie über Reformpolitik, Frankfurt am Main 1975

Osterland, M. (1978): Lebensbilanzen und Lebensperspektiven von Industriearbeitern, in: Kohli, M. (Hrsg.): Soziologie des Lebenslaufs, Neuwied / Darmstadt 1978, 291ff

Panke, M. (1993): Seminare zum Thema »Arbeit und Gesundheit« mit jungen Männern, in: Czock, H. / Göbel, E. / Guthke, B. / Panke, M. (Hrsg.) (1993): Gesundheitsförderung in der Arbeitswelt. Dokumentation des Fachseminars »Arbeit und Gesundheit in der Bildungsarbeit«, Berlin 1993, 33–53

Panke, M. / Sötje, K. (1995): Kann man arbeiten üben? Arbeiten und Lernen: Alltag in Berufsvorbereitungsmaßnahmen, Berlin 1995

Panke, M. / Kuhn, J. (1996): Arbeitskultur, in: Prävention – Zeitschrift für Gesundheitsförderung 3, 91–93

Pearse I. H. / Williamson G. Scott (1938): Biologists in Search of Material, London 1938, 4–50

Peukert, D. (1983): Glanz und Elend der Bartwichserei. Eine Replik auf Alf Lüdtke, in: Das Argument 140, 542–549

Peukert, D. (1986): Grenzen der Sozialdisziplinierung: Aufstieg und Krise der deutschen Jugendfürsorge von 1878 bis 1932, Köln 1986

Peukert, D. (1987): Jugend zwischen Krieg und Krise. Lebenswelten von Arbeiterjungen in der Weimarer Republik, Köln 1987

Popitz, H. / Bahrdt, H. P. (1957): Das Gesellschaftsbild des Arbeiters. Soziologische Untersuchungen in der Hüttenindustrie, Tübingen 1977

ProBeruf (1993): Der Modellversuch ProBeruf – Beratung für Auszubildende. Jahresbericht 1992, Berlin (unveröff. Ms., TU Berlin / Arbeit und Bildung in Berlin e.V.) 1993

Reetz, L. / Reitmann, Th. (Hrsg.) (1990): Schlüsselqualifikationen, Hamburg 1990

Reier, G. (1997): Die Instabilität des dualen Systems beruflicher Bildung, in: Bundesinstitut für Berufsbildung (Hrsg.): Wert und Zukunft dualer Berufsausbildung – Beiträge aus Berufsbildungswissenschaft und –praxis, Bielefeld 1997

Rogers, C. (1944): The nondirective method as a technique for social research, in: American Journal of Sociology 50, 279–293

Rogers, C. (1972): Die klientenzentrierte Gesprächspsychotherapie, München 1972

Rosenbaum, H. (1983): Das Konzept der Sozialstruktur in der schichtenspezifischen Sozialisationsforschung, in: Kölner Zeitschrift für Soziologie und Sozialpsychologie 35, 41–58

Rosenbaum, H. (1992): Proletarische Familien. Arbeiterfamilien und Arbeiterväter im frühen 20. Jahrhundert zwischen traditioneller, sozialdemokratischer und kleinbürgerlicher Orientierung, Frankfurt am Main 1992

Rützel, J. (1995): Randgruppen in der berulichen Bildung, in: Handbuch der Berufsbildung, Opladen 1995, 109–120

Scharmann, Th. (1966): Die individuelle Entwicklung in der sozialen Wirklichkeit von Arbeit, Beruf und Betrieb, in: Friedeburg,L. v.: Jugend in der modernen Gesellschaft. Köln/Berlin 1966 (3. A.), 459–485

Schelsky, H. (1952): Arbeitslosigkeit und Berufsnot der Jugend. 2 Bde, Köln 1952

Scherr, A. (1995): Soziale Identitäten Jugendlicher. Politische und berufsbiographische Orientierungen von Auszubildenden und Studenten, Opladen 1995

Schober, K. (1980): Zur Durchführung und Wirksamkeit berufsvorbereitender Lehrgänge. Eine empirische Untersuchung bei ehemaligen Lehrgangsteilnehmern, in: Mitteilungen aus der Arbeitsmarkt- und Berufsforschung 13, 573–587

Schober, K. (1992): Ungelernte Jugendliche: Zur veränderten Sozialstruktur und Genese einer Problemgruppe, in: Brinkmann, C./Schober, K.: Erwerbsarbeit und Arbeitslosigkeit im Zeichen des Strukturwandels. Chancen und Risiken am Arbeitsmarkt, Nürnberg (Beiträge zur Arbeitsmarkt- und Berufsforschung 163), 71–108

Schober, K./Wolfinger, C. (1992): Ausbildungsbereitschaft und Ausbildungshemmnisse, IAB-Werkstattbericht Nr. 15, 1992

Schweikert, K. (1989): Ganz die alten? – Was Auszubildende meinen, was Auszubildende tun. Ergebnisse einer bundesweiten Repräsentativstudie, Berlin 1989

Schweikert, K. (1993): Jugend und Berufsausbildung in den neuen Bundesländern – Wechselwirkung von Berufsausbildung und Perspektiventwicklung, in: Jugend, Bildung, Arbeit. Dokumentation einer Fachtagung des DGB, Landesbezirk Berlin-Brandenburg im Oktober 1992, Berlin 1993

Seligmann, M. (1986): Erlernte Hilflosigkeit, München 1986

Selltiz, C. / Jahoda, M ./ Deutsch, M. / Cook, S. (1972): Untersuchungsmethoden in der Sozialforschung, 2 Bde, Darmstadt 1972

Senatsverwaltung für Arbeit, Berufsbildung und Frauen (1999) Berufsbildungsbericht Berlin 1999, Berlin 1999

Seubert, R. (1992): Der Berufsbegriff als Instrument politischer Integration im NS-Staat, in: Geißler, K / Greinert, W.-D. / Heimerer, L. / Schelten, A. / Stratmann, K.: Von der staatsbürgerlichen Erziehung zur politischen Bildung. 90 Jahre Preisschrift Georg Kerschensteiner. 3. Berufspädagogisch-historischer Kongreß, Berlin/Bonn (Tagungen und Expertengespräche zur beruflichen Bildung, Heft 13) 1992, 352–373

Sötje, K. (2000): Gesund in Gesundheitsberufen, in: Landesarbeitskreis Arbeit und Gesundheit des Landes Brandenburg (Hrsg.): Gesundheit und Ausbildung im Land Brandenburg, Potsdam 2000

Sozialwissenschaftliches Institut der Evangelischen Kirche in Deutschland / Wissen schaftliche Arbeitstelle des Oswald-von-Nell-Breuning-Hauses (1998): Betriebsbezogene Arbeit der Kirchen. Bestandsaufnahme, Krefeld/Bochum/Herzogenrath 1998

Steil, A. (1995): Fremde im eigenen Land. Ein deutscher Konflikt in ethnologischer Perspektive, in: Lengfeld, H. (Hrsg.): Entfesselte Feindbilder. Über die Ursachen und Erscheinungsformen von Fremdenfeindlichkeit, FHW-Forschung 27–28, Berlin, 1995, 145-177

Steil, A. / Panke, M. (2002): Moralisches Lernen in der betriebsnahen Bildungsarbeit. Erfahrungen mit dem Projekt »Heimat« in Brandenburg, in: Lynen von Berg, H./ Roth, R. (Hrsg): Maßnahmen und Programme gegen Rechtsextremismus wissenschaftlich begleitet. Aufgaben, Konzepte und Erfahrungen, Opladen 2002, 135-174.

Steinkamp, G. (1998): Sozialstruktur und Sozialisation, in: Hurrelmann, K./Ulich, D. (Hrsg.): Handbuch der Sozialisationsforschung, Weinheim Basel 1998, 251-278

Stiehl, H. (1985): »Handlungslernen« – Begriffe, Konstrukte, Konzepte, Defizite. Der Versuch einer Systematisierung, in: Passe-Tietjen, H./Stiehl,H. (Hrsg.): Handlungslernen und die Rolle des Ausbilders, Wetzlar 1985, 86–108

Stratmann, K. / Schlösser, M. (1990): Das duale System der Berufsausbildung. Eine historische Analyse seiner Reformdebatten, Frankfurt am Main 1990

Strauß, A. L. (1987): Qualitative analysis for social scientists, Cambridge 1987

Tessaring, M. (1993): Das duale System der Berufsausbildung in Deutschland: Attraktivität und Beschäftigungsperspektiven. Ein Beitrag zur gegenwärtigen Diskussion, in: Mitteilungen aus dem Arbeitsmarkt- und Berufsforschung 1993, 131–161

Volmerg, B. (1978): Identität und Arbeitserfahrung. Eine theoretische Konzeption zu einer Sozialpsychologie der Arbeit, Frankfurt am Main 1978

Volmerg, U. (1977): Kritik und Perspektiven des Gruppendiskussionsverfahrens in der Forschungspraxis, in: Leithäuser, Th. et al: Entwurf zu einer Theorie des Alltagsbewußtseins, Frankfurt am Main 1981

Volmerg, B. / Senghaas-Knobloch, E. / Leithäuser, Th. (1986): Betriebliche Lebenswelt. Eine Sozialpsychologie industrieller Arbeitsverhältnisse. Mit einem Vorwort von Marie Jahoda, Opladen 1986

Whyte, W.F. (1961): Street Corner Society, Chicago 1961

Willems, H. (1997): Rahmen und Habitus. Zum theoretischen und methodischen Ansatz Erving Goffmans: Vergleich, Anschlüsse und Anwendungen, Frankfurt am Main 1997

Willis, P. (1981): »Profane Culture«. Rocker, Hippies: Subversive Stile der Jugendkultur. Frankfurt am Main 1981

Willis, P. (1982): Spaß am Widerstand. Gegenkultur in der Arbeiterschule, Frankfurt am Main 1982

Wittel, A. (1996): Belegschaftskultur im Schatten der Firmenideologie. Eine ethnologische Fallstudie, Berlin 1996

Witzel, A. (1982): Verfahren der qualitativen Sozialforschung. Überblick und Alternativen, Frankfurt am Main/New York 1982

Zilian, H.G./Fleck, Ch. (1990): Die verborgenen Kosten der Arbeitslosigkeit. Unter Mitarbeit von Josef Hödl und Anton Krickl, Frankfurt am Main 1990

Zilian, H. G./Verhovsek, J. (1998): Das Anforderungsprofil von Hilfskräften. Studie im

Auftrag des Instituts für experimentelle Qualifikations- und Arbeitsmarktfor-
schung. Endbericht, Graz 1998

Sozialstruktur

Peter A. Berger /
Volker H. Schmidt (Hrsg.)

**Welche Gleichheit –
welche Ungleichheit?**

Grundlagen der Ungleichheitsforschung
2004. 244 S. mit 4 Abb. Sozialstrukturanalyse, Bd. 20. Br. EUR 26,90
ISBN 3-8100-4200-5

Matthias Drilling

Young urban poor

Abstiegsprozesse in den Zentren
der Sozialstaaten
2004. 339 S. mit 41 Abb. und 57 Tab.
Br. EUR 29,90
ISBN 3-531-14258-5

Klaus Eder / Valentin Rauer /
Oliver Schmidtke

Die Einhegung des Anderen

Türkische, polnische und russland-
deutsche Einwanderer in Deutschland
2004. 308 S. mit 35 Abb. und 8 Tab.
Br. EUR 32,90
ISBN 3-531-14302-6

Ronald Hitzler / Stefan Hornbostel /
Cornelia Mohr (Hrsg.)

Elitenmacht

2004. 351 S. Soziologie der Politik, Bd. 5.
Br. EUR 32,90
ISBN 3-8100-3195-X

Stefan Hradil

**Die Sozialstruktur Deutschlands
im internationalen Vergleich**

2004. 304 S. Br. EUR 24,90
ISBN 3-8100-4210-2

Monika Jungbauer-Gans /
Peter Kriwy (Hrsg.)

**Soziale Benachteiligung
und Gesundheit bei Kindern
und Jugendlichen**

2004. 205 S. mit 33 Abb. und 33 Tab.
Br. EUR 29,90
ISBN 3-531-14261-5

Gunnar Otte

**Sozialstrukturanalysen
mit Lebensstilen**

Eine Studie zur theoretischen
und methodischen Neuorientierung
der Lebensstilforschung
2004. 400 S. mit 35 Abb. und. 50 Tab.
Sozialstrukturanalyse, Bd. 18.
Br. EUR 34,90
ISBN 3-8100-4161-0

Marc Szydlik (Hrsg.)

Generation und Ungleichheit

2004. 276 S. Sozialstrukturanalyse,
Bd. 19. Br. EUR 24,90
ISBN 3-8100-4219-6

Erhältlich im Buchhandel oder beim Verlag.
Anderungen vorbehalten. Stand: Januar 2005.

www.vs-verlag.de

VS VERLAG FÜR SOZIALWISSENSCHAFTEN

Abraham-Lincoln-Straße 46
65189 Wiesbaden
Tel. 0611.7878-722
Fax 0611.7878-400

Neu im Programm Soziologie

Rolf Becker /
Wolfgang Lauterbach (Hrsg.)

Bildung als Privileg?
Erklärungen und Befunde zu den
Ursachen der Bildungsungleichheit
2004. 451 S. Br. EUR 39,90
ISBN 3-531-14259-3

Birgit Blättel-Mink / Ingrid Katz (Hrsg.)

Soziologie als Beruf?
Soziologische Beratung zwischen
Wissenschaft und Praxis
2004. 265 S. mit 4 Abb. und 3 Tab.
Br. EUR 17,90
ISBN 3-531-14131-7

Christoph Butterwegge / Karin Holm /
Barbara Imholz / Michael Klundt /
Caren Michels / Uwe Schulz /
Gisela Wuttke / Margherita Zander /
Matthias Zeng

Armut und Kindheit
Ein regionaler, nationaler und
internationaler Vergleich
2. Aufl. 2004. 319 S. Br. EUR 19,90
ISBN 3-531-33707-6

Klaus Feldmann

Tod und Gesellschaft
Sozialwissenschaftliche Thanatologie
im Überblick
2004. 309 S. Br. EUR 32,90
ISBN 3-531-14297-6

Kai-Uwe Hellmann /
Dominik Schrage (Hrsg.)

Konsum der Werbung
Zur Produktion und Rezeption von
Sinn in der kommerziellen Kultur
2004. 208 S. Konsumsoziologie
und Massenkultur. Br. EUR 27,90
ISBN 3-8100-4203-X

Matthias Junge / Götz Lechner (Hrsg.)

Scheitern.
Aspekte eines sozialen Phänomens
2004. 226 S. Br. EUR 25,90
ISBN 3-8100-4116-5

Elmar Lange

**Jugendkonsum im
21. Jahrhundert**
Eine Untersuchung der Einkommens,-
Konsum- und Verschuldungsmuster der
Jugendlichen in Deutschland
2004. Unter Mitarbeit von Sunjong Choi.
183 S. Br. EUR 22,90
ISBN 3-8100-3941-1

Udo Thiedeke (Hrsg.)

Soziologie des Cyberspace
Medien, Strukturen und Semantiken
2004. 608 S. mit 29 Abb. und 5 Tab.
Br. EUR 49,90
ISBN 3-531-14072-8

Erhältlich im Buchhandel oder beim Verlag.
Änderungen vorbehalten. Stand: Januar 2005.   **www.vs-verlag.de**

VS VERLAG FÜR SOZIALWISSENSCHAFTEN

Abraham-Lincoln-Straße 46
65189 Wiesbaden
Tel. 0611.7878-722
Fax 0611.7878-400

MIX
Papier aus verantwortungsvollen Quellen
Paper from responsible sources
FSC® C105338

If you have any concerns about our products,
you can contact us on
ProductSafety@springernature.com

In case Publisher is established outside the EU,
the EU authorized representative is:
Springer Nature Customer Service Center GmbH
Europaplatz 3, 69115 Heidelberg, Germany

Printed by Libri Plureos GmbH
in Hamburg, Germany